卓越学术文库

本书为河南省高校人文社会科学研究项目"基于转喻框架的汉语语义仿词研究"（2020-ZZJH-288）成果

转喻视角下汉语仿词的认知机制研究

ZHUANYU SHIJIAO XIA HANYU FANGCI DE RENZHI JIZHI YANJIU

河南省高等学校哲学社会科学优秀著作资助项目

蒋大山 著

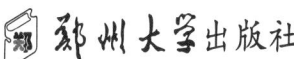

图书在版编目(CIP)数据

转喻视角下汉语仿词的认知机制研究／蒋大山著. — 郑州：郑州大学出版社,2022.5

(卓越学术文库)

ISBN 978-7-5645-8734-5

Ⅰ.①转… Ⅱ.①蒋… Ⅲ.①汉语－词汇－认知语言学－研究 Ⅳ.①H13

中国版本图书馆 CIP 数据核字(2022)第 085302 号

转喻视角下汉语仿词的认知机制研究

策划编辑	孙保营	封面设计	苏永生
责任编辑	刘晓晓	版式设计	凌　青
责任校对	暴晓楠	责任监制	李瑞卿

出版发行	郑州大学出版社	地　　址	郑州市大学路40号(450052)
出 版 人	孙保营	网　　址	http://www.zzup.cn
经　　销	全国新华书店	发行电话	0371-66966070
印　　刷	河南龙华印务有限公司		
开　　本	710 mm×1 010 mm　1／16		
印　　张	13.75	字　　数	215千字
版　　次	2022年5月第1版	印　　次	2022年5月第1次印刷
书　　号	ISBN 978-7-5645-8734-5	定　　价	69.00元

本书如有印装质量问题,请与本社联系调换。

序

认知语言学把语言能力看作人类一般认知能力的一部分,语言能力与其他认知能力相互作用,因此,认知语言学通过语言同认知域和语言之外其他认知能力,如身体和心理经验、感知、注意、思维、范畴化和推理等的相互作用来分析语言。认知包括各种各样的认知能力,因此认知语言学的研究并没有一个统一的理论框架,而是包含了各种不同的流派和分支。概念转喻就是其中一个分支。转喻其实是人类重要的一种认知识解方式,它在语言的词汇、句法、语义、语用和语篇中发挥着重要作用。

蒋大山博士的专著《转喻视角下汉语仿词的认知机制研究》就是利用概念转喻理论来分析汉语仿词的认知机制。该书首先梳理了汉语仿词的定义和分类,然后引入转喻思维,建立了转喻分析框架,统一阐释了各类仿词的生成与理解过程。简言之,仿词的生成过程是:首先,说写者在受到外界刺激后,头脑中出现需要表达的仿体的概念意义,然后,据此始源概念通过转喻过程确定本体概念,之后本体概念激活用以表征的本体表达,再次通过转喻以及概念整合过程,最终获得仿体表达。仿拟的理解过程是:听读者先根据仿体表达,结合个人百科知识,通过语音转喻或概念转喻得到本体表达形式,再通过符号转喻激活本体概念,最后通过概念转喻获得仿体意义。

该书的创新主要包括以下几点:

首先,不论在书面语还是口头语中,很多仿词都属于隐性仿词,本研究区分并强调了在隐性仿词的生成过程中确定本体这一关键步骤的认知阐释。

其次,尝试提出基于转喻的仿词认知机制分析框架,分别对语音仿词、语义仿词和结构仿词等三类仿词的生成与理解的具体认知过程进行统一的阐释。最终发现,仿词就是经历多重转喻的结果,也就是说,仿词的本质就是转喻。

再次,提出了"语音转喻",并用来解释间接仿词中的语音转喻间接仿词。语音转喻是指某个词语喻指位于相同语音域中,即语音相同或相似的另一个词语。

最后,对两类间接仿词,即语音转喻间接仿词和语义转喻间接仿词的认知机制研究进行探索性的研究。间接仿词是指此类仿词并非直接仿照文中的本体其本义而拟得,而是本体先经过一次转喻过程之后,仿照其转义再经仿拟而得。间接仿词的本质是本体经语义或语音转喻后成为同形异义或同音异义词,再经仿拟过程而得仿体。

蒋大山博士在做这个研究时参阅了大量文献,花费很大精力建立了专门语料库,克服了许多困难,终于取得了较好的成果。现在该书即将出版,我很为他高兴,这也算是他于不惑之年得到的一个很好的礼物。希望他在语言学丛林中继续披荆斩棘,开辟出属于自己的一条坦途。

刘辰诞
2021 年 12 月 9 日

前 言

仿词,即词语仿拟,是汉语中的一种特殊现象,指人们仿照既成词语的语音、语义或结构而拟构的新奇词语。由于仿词本身具有讽刺、幽默等多种修辞功能及引人注目、意味深长等特点,故人们对其喜闻乐见,众多学者也对其展开了各方面的探讨。但在20世纪,学者多以仿词的定义、分类和功能为主要研究方向,而且对仿词的定义和性质的确定比较混乱,分类也多有不同。21世纪以来,语言学界对仿词的定义和属性已经达成一致,分类也基本大同小异,而且对仿词的研究呈现出多元化趋势。国内众多学者分别从关联理论、概念整合理论、原型范畴理论、图形—背景理论以及构式语法等多个认知视角对仿词的生成与理解机制进行了阐述,但都未说明具体的类推、合成、关联、替换以及压制的过程。有待解决的问题主要包括:第一,在仿词或仿拟的生成机制研究中,重点探讨了仿体的生成过程,却忽略了本体的搜寻与确定这一关键过程;第二,之前的研究一般仅限于仿词或仿拟的生成或理解的单一过程,而很少涉及从说写者生成仿拟到听读者理解仿拟的完整过程;第三,之前对仿词和仿拟的理解机制研究多集中在显性仿词之上,即本体出现在上下文中的情况,而较少涉及隐性仿词,即本体隐藏在语境之中的情况;第四,之前在对仿词的定义和分类研究中明确规定了"间接仿词"或"曲折仿词"一类,但对此类仿词的认知机制研究却鲜有涉及。因此,本书梳理了汉语仿词的定义与分类,引入转喻思维,建立新的汉语仿词认知机制分析框架,试图对各类仿词的生成与理解的具体过程做出充分的统一解释,并针对以上问题提出较为合理的解决方法。

本书分为8章:第1章是绪论,主要介绍研究动机、研究对象、研究方案、理论基础以及研究内容。

第2章是文献综述,按照时间顺序及分类特点对国内现当代具有代表性的学者对仿词的定义与分类进行梳理。以往的研究曾将仿词归为引用和拈连,后来才将其确定为仿词一类。仿词包括义仿、音仿与结构仿,义仿又包括反义仿词、近义仿词与类义仿词。另外,还介绍了间接仿词与曲折仿词。笔者亦回顾了代表性学者与理论对仿词认知机制的研究,所用理论主要包括关联理论、概念整合理论、原型范畴理论、图形—背景理论以及构式语法等。笔者对这些理论进行梳理并指出其优势与不足。

第3章是理论框架,介绍本书建立理论模型所用的支撑理论,包括概念转喻理论、概念整合理论以及认知语法中的象征化,并提出自己的理论框架和研究假设,认为仿词的生成是经过认知域矩阵内的域扩展和域减缩的两次转喻,由始源域矩阵中的仿体概念激活该域图式概念再激活本体概念,再由被本体概念激活的本体形式经过在结构域矩阵中的两次转喻并经整合得到仿体形式;仿词的理解是经过结构域矩阵内的域扩展和域减缩的两次转喻,由仿体形式激活域内抽象结构再激活本体形式,再由本体形式所激活的本体概念通过在概念域矩阵内的两次转喻过程激活仿体概念。

第4章是仿词的分类研究。笔者首先对语料进行说明和分析,对研究对象进行界定和分类,以便在第5章至第7章中根据语言单位上的分类,对仿词的生成与理解机制进行阐释。本书涉及的仿词主要分为语音仿词、语义仿词和结构仿词。其中,语音仿词又分为同音仿词与近音仿词,语义仿词又分为近义仿词、反义仿词和类义仿词。另外,笔者还会分析间接仿词的认知机制。

第5章探讨语音仿词的认知机制,分别对同音仿词和近音仿词的生成与理解机制进行阐释。语音仿词是指仿照现成的词语临时造出语音相同或相近的新奇词语。典型的隐性语音仿词的生成与理解过程大致如下:仿拟说写者首先根据头脑中出现的始源概念中的主要概念的语言形式通过整合激活本体形式,该形式通过在语音域矩阵中的域扩展转喻激活代表主域的同音或近音的抽象形式;然后根据始源概念,由本体形式通过符号转喻激活的本体概念在其所在的概念域矩阵中域扩展和域减缩两次转喻激活仿体概念,最后结合仿体概念中的关键概念所激活的语言形式与形式域矩阵中的抽象形式进行整合得到仿体形式。仿拟听读者首先对接收到的仿词形式,根据语境和百科知识判断出其中的关键语素及其概念,再在形式域矩阵中通过域扩展和域减缩两次转喻由仿体形式激活本体形式,该形式通过符号转喻激活其概念,该本体概念再次通过域扩展转喻激活概念域矩阵中的主域,即图式概念;最后通过将仿体的关键概念与图式概念整合而得仿体概念。

第6章探讨语义仿词的认知机制。语义仿词是指根据本体或其语素的意义仿造的新奇词语。笔者按照仿体与本体或二者对应语素之间的语义关系,对近义仿词、反义仿词和类义仿词的生成与理解机制进行分类阐释。典型的隐性语义仿词的生成与理解过程大致如下:仿拟说写者在语境的作用下,首先在头脑中形成了始源概念,即仿体概念,根据仿拟者的个人百科知识,此概念作为其所在的概念域矩阵的一个次域,通过域扩展和域减缩两次转喻分别激活其中的主域,即图式概念以及本体概念,此概念通过象征关系激活本体形式,该形式再通过域扩展转喻激活形式域矩阵中的抽象形式;最后通过仿体概念中的关键概念所激活的语素形式和图式结构进行整合得到仿体形式。仿拟听读者在听或看到仿词后,首先会根据自身的成语知识判断出该仿体形式中的关键语素及其概念,仿体形式作为其所在的形式域矩阵中的一个次域,通过域扩展和域减缩两次转喻激活本体形式,再通过符号转喻激活本体概念;然后,本体概念作为所在概念域矩阵中的一个次域,通过域扩展转喻,结合形式域矩阵中的抽象形式,激活该矩阵中的主域,即图式概念,最后经整合图式概念与仿体形式中的关键语素的概念,在语境的作用下,通过域减缩转喻激活概念域矩阵中的另一次域,即仿体概念。

第7章探讨结构仿词的认知机制。结构仿词是指仿照词语的语法结构,同时替换其中某个语素而造的新奇词语。典型的隐性结构仿词的生成与理解过程大致如下:仿拟说写者根据头脑中的意向始源概念,即仿体概念,结合仿拟者的百科知识,作为其所在的概念域矩阵的一个次域,通过域扩展和域减缩两次转喻激活本体概念,随即通过象征方式激活本体形式;然后,该形式作为形式域矩阵中的一个次域通过域扩展转喻激活该域矩阵中的主域,即图式结构或抽象形式;最后,通过整合仿体中的关键概念所激活的对应形式以及形式域矩阵的图式结构,经域减缩转喻激活另一次域,即仿体形式。仿拟听读者在听或看到仿词形式后,首先会根据自身的百科知识判断出该仿体形式中的关键语素,该语素形式在语境作用下激活其概念;仿体形式作为其所在的形式域矩阵中的一个次域,通过域扩展和域减缩两次转喻激活本体形式,再通过符号转喻激活本体概念,然后,本体概念作为所在概念域矩阵中的一个次域,通过域扩展转喻的方式,结合形式域矩阵中的抽象形式,激活该域矩阵中的主域或矩阵域,即图式概念;最后,经整合图式概念与仿体的关键概念,在语境的作用下,通过域减缩转喻激活概念域矩阵中的另一次域,即仿体概念。

第 8 章是结论,对全书进行总结,并提出需要进一步研究的问题。

本书在撰写时参考了大量文献,除了陈望道先生的《修辞学发凡》,还包括 20 世纪七八十年代的一些修辞方面的参考书,以求对汉语仿词的定义与分类追根溯源,进行较为清晰的梳理。书中引用和分析的仿词基本上来自《鲁迅全集》(人民文学出版社 1973 年版)中的杂文和《红楼梦》(人民文学出版社 2000 年版)。本书建立的理论框架主要源于认知语言学中的概念转喻理论和概念整合理论。希望本书的出版对认知语言学方向的硕士、博士研究生以及对认知语言学感兴趣的教师有些许参考价值。

蒋大山
2021 年 12 月 10 日

目 录

第1章 绪论	001
1.1 研究动机	002
1.2 研究对象	005
1.3 研究方案	010
1.4 理论基础	012
1.5 研究内容	014
第2章 文献综述	018
2.1 对仿词定义与分类的研究	019
2.2 对仿词认知机制的研究	041
第3章 理论基础与分析框架	061
3.1 理论基础	061
3.2 仿词的认知机制分析框架	089
第4章 基于转喻分析框架的仿词分类	101
4.1 语料分析	101
4.2 仿词分类	108
第5章 基于转喻分析框架的语音仿词研究	123
5.1 语音仿词的生成机制	123
5.2 语音仿词的理解机制	133
第6章 基于转喻分析框架的语义仿词研究	140
6.1 语义仿词的生成机制	140
6.2 语义仿词的理解机制	156

第7章 基于转喻分析框架的结构仿词研究 ········· 170
- 7.1 结构仿词的生成机制 ········· 170
- 7.2 结构仿词的理解机制 ········· 177

第8章 结论 ········· 186
- 8.1 主要发现 ········· 187
- 8.2 本研究的理论意义和实践意义 ········· 189
- 8.3 本书的局限性和未来研究的方向 ········· 194

参考文献 ········· 200

后记 ········· 208

第1章
绪　论

在诸多文学作品以及电视、广播、报刊、网络等各类媒体,甚至是人们的日常交谈中,我们时常会遇到一种特别的语言现象,即利用现成的或者为大众所熟知的词语、句子甚至篇章而改成的新奇但类似的词语、句子或者篇章,二者的类似之处包括仿照对象的读音、意义或者结构等。例如:

(1)(黛玉)一面理鬓,笑道:"我有'奇香',你有'暖香'没有?"宝玉见问,一时解不来,因问:"什么暖香?"黛玉点头叹笑道:"蠢才,蠢才!你有玉,人家就有金来配你;人家有'冷香',你就没有'暖香'去配!"(《红楼梦》第十九回,203)

(2)草木皆冰(《河南商报》2011年1月7日)

(3)利润诚可贵,信用价更高。(《科学时报》2009年3月20日)

例(1)中黛玉所说的"暖香"是仿照前句的"冷香"而得,"冷香"是借由宝钗所食药丸名称"冷香丸"而来。例(2)中"草木皆冰"由谐音仿照成语"草木皆兵"而得。例(3)是仿照匈牙利诗人裴多菲的著名诗句"生命诚可贵,爱情价更高"而得。以上几例分别从语义、语音和结构方面仿照既成语言形式创造出新的表达。此类语言现象属于仿拟。

汉语仿拟,古已有之。但古时的仿拟多为仿照著名诗句或典籍而作的诗句或文章,"有的是生吞活剥,纯属抄袭,有的是因个人写作的文思、意境与前人之作吻合,借他山之石,攻自己之玉。这种仿句模篇不无简便精切之处,但都不具备仿拟格的辞效"(武占坤,1990:248)。到了现代,仿拟正式成为修辞格后,随着社会的变迁以及语言自身的演变,越来越多的学者开始关注词语,尤其是成语的仿造。然而,在最初的研究中,词语仿造现象被纳入了引用和拈连等其他辞格。直到20世纪70年代,此类现象才被明确归入仿词进行探讨。自此开始,仿词在仿拟家族中所占比重日益增大,尤其是小说、报刊、广告,再到如今的影视、歌曲、网络等领域频繁出现,而且越发受到人们的重视和喜爱,学者们对仿词的研究也日益深入。

起初,对包括仿词在内的各类仿拟现象的研究主要集中于修辞方面,即定义、分类与功能。如陈望道(1932),谭正璧(1953),胡裕树(1962),郑远汉(1982),王希杰(1983),濮侃(1983),黄民裕(1983),张拱之(1987),唐松波、黄建霖(1989),武占坤(1990),黄伯荣、廖序东(1991),等等。近二十年来,有不少学者从修辞以外的多种角度对仿拟进行了广泛研究:在心理学方面,有李鑫华(2001),胡剑波、唐忠顺(2002),龙绍赟(2008),等等;在语用方面,有陈勇(2000),徐国珍(2002),权巧丽(2007),等等;翻译方面,有周双娥(2001),刘荣征(2002),郑丽芳、戴聪腾(2005),等等;中外对比方面,有杨才元、吴彩亚(2002),孙荣实(2004),吴亚芝(2004),等等;在认知方面,有徐国珍(2003,2006),彭艳、夏耕(2005),靳琰、王小龙(2006),罗胜杰(2007,2009),么孝颖(2007),牛保义、席留生(2009),等等。

众多学者试图从不同的认知视角来解读仿拟这一传统修辞格的理解机制,所用理论主要有原型范畴理论、概念整合理论、关联理论、图形—背景理论以及构式语法理论。但从以上某一理论出发对仿拟进行分析似乎不能充分解释其理解机制,对其生成机制也鲜有提及。因此,我们希望提出一个新的理论框架,以期对仿词的生成与理解机制进行统一阐释。

1.1 研究动机

国内众多学者分别从关联理论、概念整合理论、原型范畴理论、图形—背景理论以及构式语法等多个认知视角对仿拟的生成和理解机制进行阐述。

李鑫华(2001)、罗胜杰(2007,2008)、权巧丽(2007)、岳本杰(2007)等人从关联理论出发,对仿拟做出了近似的解释。利用关联理论对仿拟产生机制进行阐释的主要思想是:利用两个词语或语篇之间语音、语义或语调的关联性进行推导和仿造,以最小的仿拟努力获取最大的语境效果。该解释看似合理,但细想之下不禁让人发问:仿照原有语言形式的语音、语义或语调而拟造出新的语言形式当真只是付出最小的认知努力吗?说写者为了达到特定的修辞效果或语用目的使用仿拟表达,首先要找到合适的本体,再根据语境和背景知识进行语音、语义或语调上的仿照,在原有结构上做出替换,得出仿体。尤其是像诗词之类的语篇仿拟,除了要保持本体结构之外,还要考虑所用新词语的语义、语音和格式,即确保在意义连贯的前提下还要保证押韵甚至对称。换句话说,本体和仿体之间语音、语义或语调的关联性并非一开始就显现出来,而是靠说写者大量的思维加工获得的。仿拟无疑会带来较大的语境效果,但所付出的努力却不是最小的。另外,我们也无法从中得知基于关联的联想和类比的具体运作,即仿拟的产生过程。

彭艳、夏耕(2005),靳琰、王小龙(2006)与罗胜杰、张从益(2009)等人利用概念整合理论对仿拟产生或理解的过程进行了相似的阐释。他们认为:"仿拟的认知过程是经过了两个不同认知域进行跨空间映射、抽象出共有的语义结构及其语言组织形式的类属空间映射、概念经整合而成为新的语言表达式、最终形成自身的层创结构四个阶段。"(彭艳、夏耕,2005:8)意思是将本体的形式与意义和仿体的意义作为两个输入空间,类属空间提取出二者共同的形式或意义元素,两个输入空间进行选择性投射至合成空间,形成突现结构,即仿体形式。如:"赔了夫人又折朋"[①],是仿照源自三国故事的"赔了夫人又折兵"而作。

该理论的解释存在两点弊端:一是将本体作为一个输入空间,掩盖了本体隐藏在上下文之外这种情况,也就是说,当本体没有出现时,将其推导出来的过程没办法交代清楚;二是没有说明两个输入空间之间是如何通过映射分别进行"仿"与"拟"这两个过程的。

---

① 出自钱锺书《围城》第八章。

徐国珍(2002)用原型范畴理论和类推机制对仿拟的创造与理解过程做了分析。她将仿拟的创造过程归纳为以下模式：

$$感知客体 \xrightarrow{激发联想} 提取本体 \xrightarrow{类推创造} 生成仿体$$

同时将仿拟的接受过程归纳为以下模式：

$$感知仿体 \xrightarrow{探究原型} 确定本体 \xrightarrow{类推完形} 理解仿体$$

上述两个模式的结合构成了仿拟行为的基本认知过程。但作者没有展开说明"行为者"（即仿拟建构者）如何具体通过联想和类推分别进行提取本体和生成仿体，以及"接受者"（即仿拟理解者）如何通过探究原型和类推完形进行理解本体的具体过程。

么孝颖(2007)等人使用图形—背景理论对仿拟的原理做出了解释："称这些不同语法单位的'词、短语、句子、段落或篇章'为仿拟的本体背景，当这些不同语法单位的本体背景中的'某个或某些语素、词、短语'成为认知域中最突显的焦点时，它们就成了仿拟的本体图形。语言使用者根据表达的需要，以仿拟背景为依托，对仿拟的本体图形进行聚合关系的替换，'创造出偶发的词、短语、句子、段落或篇章'，这些'偶发的词、短语、句子、段落或篇章'就是仿体背景，替换部分就是仿体图形。"(么孝颖,2007:22)

在上述观点中，被仿拟的是作为本体背景的"词、短语、句子、段落或篇章"的一部分，称为本体图形，将其替换为仿体图形后得到作为仿体背景的新的语法单位。但作者没有交代清楚本体图形是如何以及为何替换为仿体图形的。

刘宇红、谢亚军(2007)，牛保义、席留生(2009)等人从构式语法的角度对仿拟的机制与制约因素做了分析。刘宇红、谢亚军(2007)认为，在对构式进行仿拟的过程中，其形式和语义会发生不同程度的改变，首先必须激活完整的始源构式。另外，"由于仿用后的成语在句法语义上可能不协调，所以构式必须改变仿用后部分词汇单位的句法语义特征，使之与构式的结构与意义协调,这一过程称作语义压制(semantic coercion)"。"在语义压制过程中,构式中没有被扭曲的成分是压制者,称为压制因子(coercing operator),被扭曲的成分是被压制者。压制力的来源或基础是构式本身相对固化的语言形式和语义内容。"(刘宇红、谢亚军,2007:11)

牛保义、席留生(2009)认为,在一个仿拟生成的过程中,仿拟者所"仿"的既不单单是某一形式或某一语义,也不单单是一种文体,而是一个形义结合体(form-meaning pairing)或构式(construction);所"拟"的也是一个形义结合体或构式。他们将仿拟的生成简单概括为:"模仿现有的旧构式拟创出一个新的构式。"(牛保义、席留生,2009:119)仿拟运用的方法就是,仿拟者使用认知和语用能力借用已知的旧构式的概念或概念系统(构式的句法结构和语义结构知识)感知新信息,仿拟出一种简洁、新奇的表达形式。(出处同上:125)

将构式理论应用到对仿拟的解释中的确带来很大便利,不论本体是词语、句子还是篇章均视为构式,而且仿体同样也是构式。根据马瑞云(2013:9—14)的研究,仿体构式包括仿音构式、仿词构式、仿句构式和仿篇构式。仿拟机制包括语音压制、转喻压制以及隐喻压制。但上述学者没有交代清楚构式压制的具体过程。

综上所述,诸多学者运用上述不同理论对仿拟的认知机制进行了探讨,但都没有说明具体的类推、合成、关联、替换以及压制的过程。因此,我们在此引入概念转喻思维,同时融合概念整合理论,形成新的理论框架,试图对仿词生成与理解的具体过程做出较为充分的统一解释。我们假设,仿词的生成与理解是经多次转喻过程完成的。

1.2 研究对象

仿拟是一种古老的语言现象,但它获得正式的修辞格身份也只是九十年前的事情。我国现代修辞学的奠基人陈望道先生最早对仿拟格进行了定义与分类。在其著作《修辞学发凡》中,陈先生将之定义为"为了讽刺嘲弄而故意仿拟特种即成形式的,名叫仿拟格。仿拟有两种:第一是拟句,全拟既成的句法;第二是仿调,只拟既成的腔调"(陈望道,1979[1932]:108)。

后来的众多学者对仿拟也进行了定义与分类,如谭正璧(1953),胡裕树(1962),郑远汉(1982),王希杰(1983),濮侃(1983),黄民裕(1984),张拱之(1987),唐松波、黄建霖(1989),武占坤(1990),黄伯荣、廖序东(1991),等等。我们列出几个作为代表:

"在现成词语的比照下,更换词语的某个词或词素,临时仿造新词语的修辞方式叫仿词。"(黄伯荣、廖序东,1980:534)

"仿拟,就是根据交际的需要,模仿现有的格式,临时新创一种说法。"(王希杰,1983:309)仿拟对象包括词、成语以及格式或语调等。

仿拟是"故意模仿现成的词、语、句、篇而临时创造新的词、语、句、篇"。(唐松波、黄建霖,1989:82)仿拟分为仿词、仿句、仿调三类。

"仿拟格是为了实现一定的辞效,适应特定的语境,故意仿效既有的词、语、句子或作品的格调,创造偶发性的语言成分或言语作品的一种修辞方式。"(武占坤,1990:247)作者根据仿体的性质,将仿拟格分为仿词、仿语和仿调三个大的类聚系统。其中仿调又分为仿句和仿篇两种。以语言中既有的词语或既有的作品为"本体",即被仿效者,而仿效者被称为"仿体"。

"为了增强语言的表现力,达到诙谐、讽刺等效果,在特定的环境里,更换现成词语中的结构成分,临时仿造出新的词语来,叫作'仿用'。"(胡裕树,2011[1995]:412)包括语素更换、成语翻新,以及句子、段落或篇章的仿用。

由此可见,前人对仿拟所下定义大同小异,我们将之归纳为:"为了达到某种言辞效果或交际目的,仿照一个规约表达式(本体)的语音、意义、结构或语调拟构出另一个具有相同或相近语音、结构或语调,或者与其意义相近、相反或相关的新奇表达式(仿体)。"

在当代各类仿拟中,"'仿词'现象更为常见,更能反映仿拟格的特点本质"(王占福,2001:260)。而且认知语法认为,词语、句子、篇章等大小不同的语言单位只有复杂性的不同,在本质上同样都是语音单位和语义单位结合而成的象征单位,或"形—义对子"。我们认为,解释仿词生成与理解机制的认知框架也能应用到仿句和仿篇之上。因此,由于篇幅关系,我们将研究对象限定在仿词现象。

1.2.1 语音仿词

语音仿词是指仿照本体词语的语音而拟得的新颖词语。可分为以下两种情况。

1.2.1.1 同音仿词

同音仿词,即仿体与本体的语音相同。如:

(4) 富翁→负翁,前途→钱途①。

"富"与"负"以及"前"与"钱"皆读音相同。

1.2.1.2 近音仿词

近音仿词,即仿体与本体的语音相近。如:

(5) 刻不容缓→咳不容缓(广告语);精诚所至,金石为开→金城所至,金石为开(广告语)。

"刻"与"咳"二字以及"精诚"与"金城"二词读音相近,前者的区别是声调不同,后者是韵母不同。

1.2.2 语义仿词

语义仿词是指根据与本体词语中某个语素的语义关系仿照本体而造的新词语。可分为以下三种。

1.2.2.1 近义仿词

近义仿词,即仿体与本体的意义相近。如:

---

① 符号"→"表示"经仿拟而得"。后同。

(6)黛玉想了一想,笑道:"是了。想必是你的丫头们懒待动,丧声歪气的,也是有的。"宝玉道:"想必是这个原故。等我回去问了是谁,教训教训他们就好了。"黛玉道:"你的那些姑娘们也该教训教训,——只是论理我不该说,——今儿得罪了我的事小,倘或明儿*宝姑娘*来,什么*贝姑娘*来,也得罪了,事情岂不大了。"(《红楼梦》第二十八回,292)

此例中,"贝姑娘"仿照"宝姑娘"而得。"宝"与"贝"二字是由"宝贝"一词拆开而得,二者意义相近。

1.2.2.2 反义仿词

反义仿词,即仿体与本体的意义相反。如:

(7)我近来对于年关颇有些*神经过钝*了,全不觉得怎样。其实,倘要觉得罢,可是也不胜其觉得。大家挂上五色旗,大街上搭起几坐彩坊,中间还有四个字道:"普天同庆",据说这算是过年。(《鲁迅全集·华盖集续编·杂论管闲事·做学问·灰色等》,181)

此例中,"神经过钝"仿照"神经过敏"而得。"敏"与"钝"二字分别来自"敏锐"与"迟钝"二词,二者意义相反。

1.2.2.3 类义仿词

类义仿词,即仿体与本体的意义不相近或相反,而是属于同类范畴。如:

(8)每于夜间针线暇时,临寝之先,坐了小轿,带领园中上夜人等各处巡察一次。他三人如此一理,更觉比凤姐儿当权时倒更谨慎了些,因而里外下人都暗中抱怨,说:"刚刚的倒了一个*巡海夜叉*,又添了三个*镇山太岁*,率性连夜里偷着吃酒顽的工夫都没了。"(《红楼梦》第五十五回,602—603)

此例中,"镇山"仿照"巡海","太岁"仿照"夜叉",因而合成词"镇山太岁"仿照"巡海夜叉"而得。"巡海"与"镇山"、"夜叉"与"太岁"均属于同类事物。

除了以上三种语义仿词,还有一种特殊的语义仿词——间接语义仿词,即并非直接仿照文中的本体,而是本体先经过一次转喻过程之后再经语义仿拟而得。如:

(9)宋嬷嬷听了,心下便知镯子事发,因笑道:"虽如此说,也等*花姑娘*回来知道了,再打发他。"晴雯道:"宝二爷今儿千叮咛万嘱咐的。什么*花姑娘草姑娘*,我们自然有道理。你只依我的话,快叫他家的人来领他出去。"(《红楼梦》第五十二回,571)

此例中本体为"花姑娘",仿体为"草姑娘",但该仿体的意义并非直接由本体的原义仿拟而得,而是由本体中"花"字的原义——"花姓"转喻为"花朵",再由转喻后的本体"'花'姑娘"经仿拟过程而得仿体——"草姑娘"。

1.2.3 结构仿词

结构仿词,是仿照本体词语的结构,同时替换其中某个语素而得。如:

(10)然而不知怎么一回事,总还是阿Q吃亏的时候多。于是他渐渐的变换了方针,大抵改为怒目而视了。谁知道阿Q采用*怒目主义*之后,未庄的闲人们便愈喜欢玩笑他。一见面,他们便假作吃惊的说:"哈,亮起来了。"(《鲁迅全集·呐喊·阿Q正传》,365)

此例中,"怒目主义"是仿照结构"××主义"而拟得的。

另外,有些结构仿词经过人们长期的使用已经规约化为日常用词。如:

(11)*面的→摩的、板的、飞的;炒菜→炒股、炒汇、炒房*。

两组词语的结构分别为"×的"与"炒×"。

我们将分别对这三类仿词的生成与理解过程进行详细阐释。

1.3 研究方案

1.3.1 研究目的

前人对仿拟的研究大多集中在定义、分类与功能方面。虽然近些年来有不少学者从原型范畴理论、概念合成理论、关联理论、图形—背景理论及构式语法等多个角度对其生成和理解的机制进行了阐述,但都没有具体说明如何找到原型进行类推、利用映射进行合成、借助关联创造新词、仿体替换本体图形,以及仿体构式语义压制,等等。所以,我们在此引入转喻机制,试图在转喻视角下对汉语仿词的生成与理解过程做出较为合理、充分的解释。

1.3.2 研究方法

本书旨在在认知语言学的理论框架下,利用当代认知语言学,包括对转喻的研究成果、传统修辞学思想以及前人对仿拟的研究成果,对其生成与理解的机制进行探讨。在理论论述中应用了描述和解释的方法阐释交际双方对仿词的产生与理解。主要方法是溯因推理,具体步骤是:首先,选取典型的仿词进行观察、分析,在观察、分析的结果中发现具有普遍意义的语言事实,并在此基础上提出阐释仿词认知机制的假设分析框架;然后,用假设的分析框架解释仿拟现象;最后,用解释的有效性强调假设分析框架的适用性。

1.3.3 语料来源

仿拟的首要特征是否定与创新,即否定现有语言表达,创造新奇表达。另外,仿拟还具有高度凝练性和间接性。而且,仿拟的主要功能之一是讽刺。而鲁迅杂文具有否定性、攻击性、偏激性和隐蔽性等特性。可以看出,仿拟的特征与鲁迅杂文的特性有很大的共同性。而作为中国四大名著之一的《红楼梦》，其语言特色便是人物对话高度个性化，大量运用修辞手法，其中仿拟现象多达四十余例，其中仿词占逾九成，多为表现人物言语的幽默与讽刺特性。鲁迅杂文和《红楼梦》均为典型地大量运用仿词的经典著作，分别侧重包含丰富修辞手法的书面语和口头语。

因此，本书所用语料以《红楼梦》（人民文学出版社 2000 年版）与《鲁迅全集》（人民文学出版社 1973 年版）中的杂文集为主体，为此建立了《红楼梦》以及《鲁迅全集》杂文集中仿词的封闭语料库。其中，在《红楼梦》中收集仿拟现象共 41 例，仿词占逾九成，有 37 例，包括语音仿词 5 例，语义仿词 26 例，结构仿词 6 例；在《鲁迅全集》的杂文集中收集仿拟共 359 例，仿词占近九成，有 313 例，包括语音仿词 4 例，语义仿词 64 例，以及结构仿词 245 例。除此以外，还有一部分语料来自报刊、小说、广告、影视、网络语言以及前人的相关研究等。

1.3.4 研究问题

本研究提出以下问题：第一，在显性仿词的生成过程中，仿体可直接仿照上下文中的本体拟构仿体；但在隐性仿词的生成过程中，作为仿照对象的隐藏本体是如何被确定的？第二，如何建立起一个能够对仿词的生成与理解这两个相对的认知过程进行统一阐释的分析框架？第三，直接仿词为普通仿词，其本体意义没有发生变化，而间接仿词是特殊仿词，其本体首先发生了变化，再根据该本体的变体进行仿拟，那么这两种仿词的认知机制有何不同？间接仿词如何从认知的角度进行分类与阐释？

首先，本书将补充并强调在隐性仿词的生成过程中对本体的确定这一关键步骤的认知阐释；其次，尝试提出仿词的认知机制分析框架，对语音仿词、语义仿词及结构仿词等三类仿词的生成与理解的具体认知过程进行阐述，并且对语义仿词进行再分类研究；最后，对两类间接仿词，即语音转喻间接仿词和语义转喻间接仿词的认知机制研究进行探索性研究。我们认为，仿词就是经历多重转喻的结果，也就是说，仿词的本质就是转喻。

1.4 理论基础

我们对汉语仿词进行研究的理论基础主要有概念转喻和概念整合理论。

1.4.1 概念转喻

Lakoff & Johnson(1980)首先将转喻视为一个认知过程,该认知过程可使我们通过一个事件与其他事件的关系对该事件进行概念化。Lakoff & Turner(1989)则将转喻视为一个认知域(conceptual domain)中的概念映射(conceptual mapping)。Croft(1993)利用域矩阵和域突显解释转喻。一个概念可以预设几个不同的域,一个概念所预设的域的集合称为域矩阵(domain matrix)。他认为,转喻是对域矩阵中的一个概念域进行突显(domain highlighting),从而通达至目标域。

Kövecses & Radden 提出,转喻是一种认知过程,其间一个概念实体,即喻体(vehicle),向处于相同概念域或理想认知模型(Idealized Cognitive Model,ICM)中的另一个概念实体,即目标(target),提供心理可及(mental access)。(Kövecses & Radden,1998:39)他们根据"概念""形式"以及"事物和事件"之间的关系,将 ICM 分为三类:符号 ICM、指称 ICM 和概念 ICM。同样,转喻也分为三类:符号转喻(sign metonymy)、指称转喻(reference metonymy)和概念转喻(concept metonymy)。

符号转喻,即"形式代概念"(form for concept)转喻,是一种特别转喻,表明语言的本质是基于转喻原则的。指称转喻属于普通转喻,可再分为三个次类:形式—概念代事物/事件、概念代事物/事件、形式代事物/事件。概念转喻是指一个形式—概念指代另一个形式—概念。

Mendoza 与合作者运用了 Lakoff 的域理论及其将转喻视为单一映射的观点,将自己的思想发展为单对应映射而非多对应映射。另外,发展了 Croft

的域矩阵及域突显的观点,提出了域扩展和域减缩。他认为,转喻操作总是发生在主域和次域之间,主域是一个矩阵域(matrix domain),由诸多的次域组成,据此,转喻可以分为两类:源域寓于目标域的转喻(source-in-target metonymies)和目标域寓于源域的转喻(target-in-source metonymies)。而后作者明确指出,转喻存在着域—次域关系(domain-subdomain relationship),分别有两种概念操作——源域的一个次域突显以及源域概念结构的扩展。(Mendoza & Hernández,2003:35)

我们认为,仿拟的认知机制中存在着两次域扩展和域减缩的转喻过程。

1.4.2 概念整合理论

Fauconnier在1985年出版了具有里程碑意义的专著《心理空间》(*Mental Spaces*)。在此基础上,他在1997年出版了专著《思维和语言中的映射》(*Mappings in Thought and Language*),指出心理空间是人们在言语交际过程中建立起的临时性的在线动态概念,心理空间之间的映射是人类特有的生成、转移以及处理意义等认知能力的核心。(Fauconnier,1997:1)同时提出了概念整合理论(Conceptual Blending Theory)并进行了详尽阐释。Fauconnier认为,最基本的概念整合网络模式由四个空间构成:两个输入空间(input spaces)、一个类属空间(generic space)以及一个合成空间(blending space)。各空间之间通过跨空间映射(cross-space mapping)进行对应连接。而类属空间包含着两个输入空间所共有的部分抽象结构,形成普遍结构;合成空间除了包含该普遍结构外,还包含两个输入空间选择性投射(selective projection)的特定结构,以及合成空间本身通过组合(composition)、完善(completion)、扩展(elaboration)等方式建立起来的层创结构(emergent structure)。(Fauconnier,1997:149-150)输入空间中的元素和关系有选择性地投射至合成空间,两个输入空间内的对应元素可能被分别投射或者在合成空间进行融合。层创结构中除了从输入空间投射来的元素和关系之外还具有该结构自身的元素,它们不与输入空间相连接。

概念整合理论在仿拟的认知机制中起到了很重要的作用,它帮助位于经过转喻操作而得的仿拟域矩阵中的语音、语义或者结构与本体的相关元素进行整合而成为仿体。

除了上述两种主要理论,在我们的分析框架中还用到了象征理论的观点,即象征单位包含的语音单位与语义单位之间可以相互激活。此观点用于本体或仿体的概念可自动激活其形式,或者形式自动激活其概念。

1.5 研究内容

本书尝试在前人研究的基础上利用认知语言学和认知语用学的相关理论形成新的理论框架,在转喻视角下对各类仿词的生成与理解机制进行阐释。后文我们将对三类仿词分别进行分析。

我们认为,仿拟的生成过程是说写者首先在受到外界刺激后头脑中出现仿体的概念意义,然后据此始源概念通过转喻过程确定本体概念,之后本体概念激活用以表征的本体表达,再次通过转喻以及概念整合过程最终获得仿体表达。仿拟的理解过程是听读者首先根据仿体表达,结合个人百科知识,通过语音转喻或概念转喻得到本体表达形式,再通过符号转喻激活本体概念,最后通过概念转喻获得仿体意义。例如:

(12)我闻阎王十殿中,有一殿是割舌头的,罪名就是生前说谎,这是假话的处罚。而现在却因为"把国民的*丑德*都暴露出来",既承认是"*丑德*",则其非假也可知,而仍有"割舌"之罪,这真是人间地狱,这真是人间有甚于地狱了!(《鲁迅全集·两地书》,76)

此例中的仿体"丑德"是仿照隐性本体"美德"而造的。二者的关键语素"丑"与"美"之间为反义关系,分别表"丑恶"与"美好"之义。该仿词的生成过程可用下图表示:

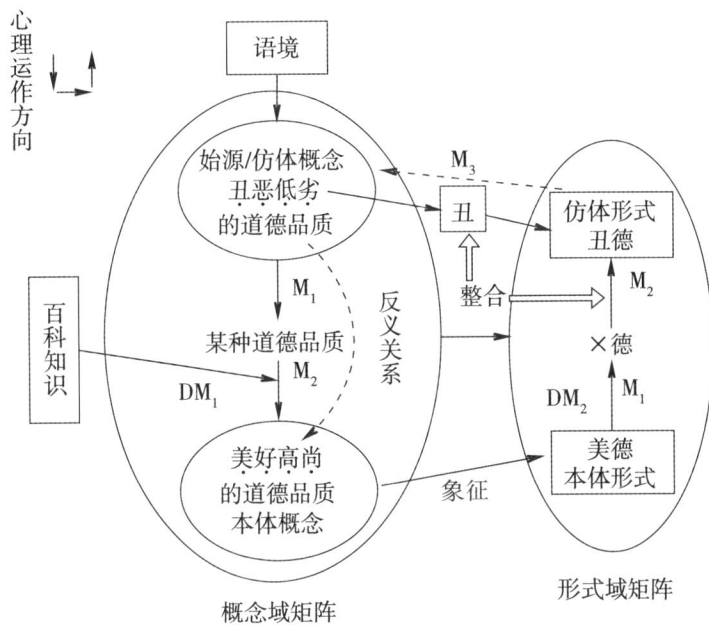

图1-1 反义仿词"丑德"生成图示

如图1-1所示,仿词"丑德"的生成过程大致如下:仿拟说写者首先根据语境的作用,在头脑中形成了始源概念或仿体概念"丑陋低劣的道德品质",但尚未有具体语言形式对其进行表征;始源概念作为其所在的概念域矩阵"DM_1"的一个次域,通过域扩展或"部分代整体"转喻(M_1)激活该域矩阵中的主域,其意义为图式概念"某种道德品质";然后根据仿拟者的百科知识,作为概念矩阵域的图式概念通过域减缩或"整体代部分"转喻(M_2)激活了域矩阵中的另一次域,即本体概念域"美好高尚的道德品质";仿体概念与本体概念中的关键概念"丑陋低劣"与"美好高尚"之间为反义关系;本体概念通过象征关系激活了与其对应的语言形式,即本体"美德";本体形式作为形式域矩阵"DM_2"中的一个次域,通过"部分代整体"转喻(M_1)激活该域矩阵中的主域,即抽象形式"×德",与其对应的正是概念域矩阵中的图式概念"某种道德品质";最后,通过整合仿体关键概念"丑陋低劣"所激活的语言形式"丑"以及形式域矩阵的主域"×德",使得该抽象形式经"整体代部分"转喻(M_2)激活另一次域"丑德",即仿体形式。该仿体形式可通过"形式代概念"

转喻(M_3)随时激活仿体概念。

仍以"丑德"为例,该反义仿词的理解过程用图表示如下:

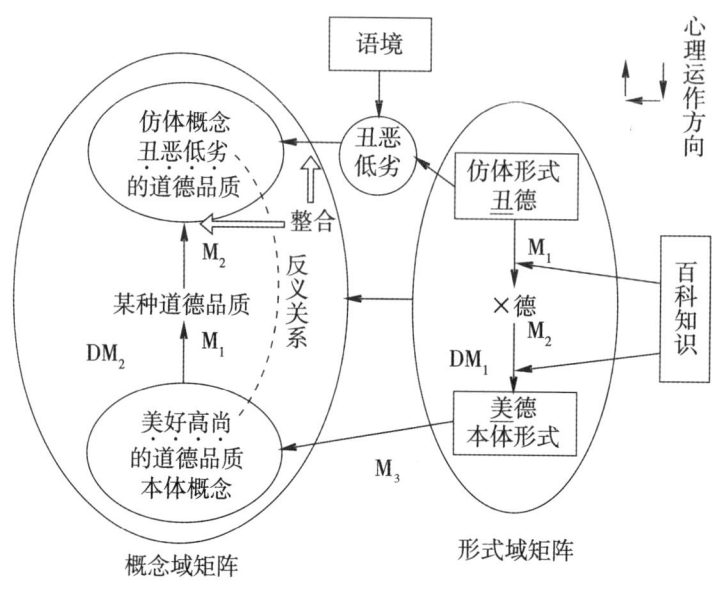

图1-2 反义仿词"丑德"理解图示

如图1-2所示,仿词"丑德"的理解过程大致如下:仿拟听读者在文中看到仿词"丑德"时,首先会根据自身的百科知识判断出该仿体形式中的关键语素"丑",该语素形式在语境作用下激活其概念"丑恶低劣";仿体形式作为其所在的形式域矩阵("DM_1")中的一个次域,通过域扩展或"部分代整体"转喻(M_1)并结合个人的百科知识激活该域矩阵的主域或矩阵域,即图式结构或抽象形式"×德";之后,再次根据百科知识,将抽象形式"×德"在形式域矩阵通过域减缩或"整体代部分"转喻(M_2)激活另一次域,即本体形式"美德";此时,听读者会将本体形式通过"形式代概念"的符号转喻(M_3)激活本体概念"美好高尚的道德品质";然后,本体概念作为所在概念域矩阵"DM_2"中的一个次域,通过域扩展或"部分代整体"转喻(M_1)的方式,结合形式域矩阵中的抽象形式,激活该域矩阵中的主域或矩阵域,其意义为图式概念"某种道德品质";最后,在语境的作用下,经与仿体形式中关键语素所激活的概念"丑恶低劣"的整合,使图式概念通过域减缩或"整体代部分"转喻

(M_2)激活概念域矩阵中的另一次域,即仿体概念"丑恶低劣的道德品质"。

需要注意的是,上述仿词的生成与理解的心理操作过程均针对典型的隐性仿词,其他类型的仿词的认知机制与其略有差异,我们将在后文逐一分析。

综上所述,我们将更为典型的隐性仿拟中仿词的生成模型归纳如下:

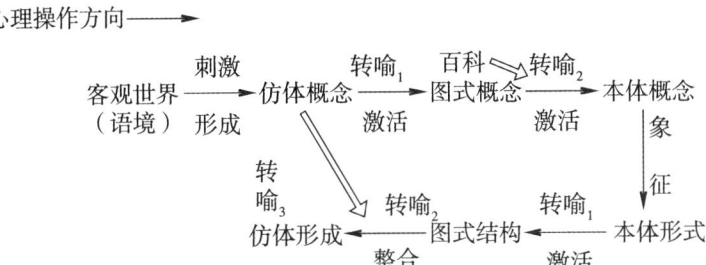

图 1-3 仿词的生成模型

仿词的理解模型可归纳如下:

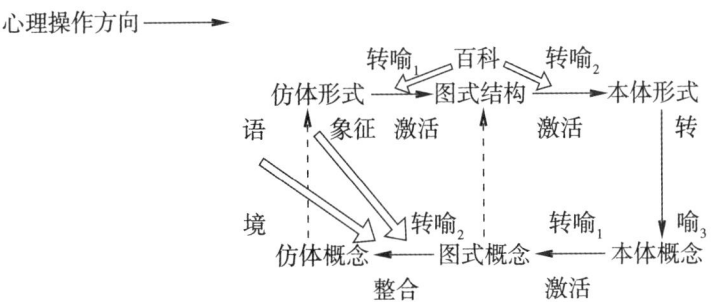

图 1-4 仿词的理解模型

第 2 章
文献综述

仿拟这种修辞现象早在先秦两汉时期就已出现,尤其是当时一些文学家在著作中使用的很多语句都是仿照《论语》而作。例如:

(1) 天之肇降生民,使其目见耳闻,是以视之礼,听之乐。如视不礼,听不乐,虽有民,焉得而涂诸。(扬雄《法言·问道卷》)

此例中最后一句仿自《论语·颜渊》中"善哉!信如君不君,臣不臣,父不父,子不子,虽有粟,吾得而食诸?"的后一句。

自魏晋以来,出现了许多各类文体的仿拟诗。例如:

(2) *落霞* 与 *孤鹜* 齐飞,*秋水* 共 *长天* 一色。(王勃《滕王阁序》)

这是唐代诗人王勃的名篇《滕王阁序》中的千古名句。此句是仿照南北朝诗人庾信的《马射赋》其中一句:"*落花* 与 *芝盖* 同飞,*杨柳* 与 *春旗* 一色。"

进入现代社会,仿拟现象首先被陈望道先生正式赋予了"修辞格籍",自此"名正言顺",之后越发显得生机勃发、活力无限。不仅众多学者对仿拟格进行了多方面的研究,而且在报纸、杂志、影视、小说、网络、广告、体育、音乐等诸多领域仿拟"军团"也占据了不少领地,人们也对其喜闻乐见。既然仿拟不仅经受住了历史的考验,并且以修辞格的姿态在当今社会生活中"大行其道",我们更要对其进行不断深入的了解。当然,首先要明确其定义与分类,这样才能更好地探讨其认知机制。

2.1 对仿词定义与分类的研究

我们按照仿词分类特点对国内具有代表性的学者对仿词的定义与分类进行梳理。

2.1.1 引用

自 20 世纪 50 年代末,就有学者在谈论"引用"这一修辞方式时涉及了"成语的改造"这一现象。随后又有一批学者以相似的方式对其进行了探讨。

2.1.1.1 *成语的改造和翻造*

朱德熙(1959)首先讨论了"成语的改造"问题,并将其归入了"引用"这一修辞方式。他认为,文章里常常引用成语、谚语或是典籍中的现成话,有时可以加以改造,赋予新的意义。例如:

(3)我们都是中国人。三十六计,和为上计。[《中华人民共和国国防部告台湾同胞书》(1958 年 10 月 6 日)]

(4)他(按指蒋介石)说,"国际观察家"都是"莫明其妙"的,"外国舆论对我们军事政治纷纷议论",都是相信了"敌寇汉奸造谣作祟"的缘故。……由此看来,对于蒋介石及其一群的军事政治发生"纷纷议论"的人们,究竟是"莫明其妙"呢,还是已明其妙呢?这个"妙"的出处,究竟是"敌寇汉奸造谣作祟"呢,还是在蒋介石自己及其一群的身上呢?[毛泽东《评蒋介石在双十节的演说》(1944 年 10 月 11 日)](朱德熙,1956:102)

例(3)中后一句"三十六计,和为上计"是仿照成语"三十六计,走为上计",改换语素"走"为"和"而成的。例(4)中的"已明其妙"仿照的是上文的成语"莫明其妙",将语素"莫"改换成了"已"。

在北京电视大学中文系(1961)所编的《语法修辞讲义》中,同样将"改造"归为"引用"修辞法。对于所引用的成语或话语,作者有时故意改造原文的结构,赋予新的意义。例如:

(5)马克思列宁主义理论和中国革命实际,怎样互相联系呢?拿一句通俗的话来讲,就是"*有的放矢*"。"矢"就是箭,"的"就是靶,放箭要对准靶。马克思列宁主义和中国革命的关系,就是箭和靶的关系。有些同志却在那里"*无的放矢*",乱放一通,这样的人就容易把革命弄坏。[毛泽东《整顿党的作风》(1942年2月1日)]

例(5)中"有的放矢"是从成语"无的放矢"里利用"无"的反义词"有"套出来的。"这类改造是为了利用旧的形式来说明一个新的事理。"(《语法修辞讲义》,1961:186)

而在北京大学中文系(1972)所编的《语法 逻辑 修辞》讲义中,将"成语的翻造"归入"引用"这一修辞方式。编写组将引用分为三种:正面引用、反其意而用以及对原文改动。第三种引用是指对成语、谚语、格言或典故略加改动。"翻造"一词就是从鲁迅文章中借来的:

(6)中国的成语只有"人生识字忧患始",这一句是我翻造的。……这一种"有所得"当然不会清清楚楚,大概是似懂非懂的居多,所以自以为通文了,其实却没有通,自以为识字了,其实也没有识。自己本是胡涂的,写起文章来自然也胡涂,读者看起文章来,自然也不会倒明白。(《鲁迅全集·且介亭杂文二集·人生识字胡涂始》,294)

鲁迅在这里把宋代苏轼《石苍舒醉墨堂》一诗中的一句成语翻造成为"人生识字忧患始"。"可见,我们在运用成语时,在一定的语言环境中是可以根据行文的要求来推陈出新的。"(《语法 逻辑 修辞》,1972:97)

改造,意为"就原有的事物加以修改或变更,使适合需要";翻造,意为推翻旧的、建造新的,即翻新改造。"成语的翻造"与朱德熙提出的"成语的改造"意义相近,都是指将原本的成语作为仿照对象,通过改变语素,构造出新的成语。

2.1.1.2　仿引

黄汉生(1981)在《现代汉语(语法修辞)》一书中提出,在说话或行文当中,引入现成的语句(包括诗文、成语、谚语、故事等)来提高表达效果的,就叫引用。引用分为明引、暗引与仿引。"仿引"是指"仿用原话句式,保留一部分原话,另外换上某些新词"(黄汉生,1981:358)。例如:

(7)楚汉成皋之战、新汉昆阳之战、袁曹官渡之战、吴魏赤壁之战、吴蜀彝陵之战、秦晋淝水之战等等有名的大战,都是双方强弱不同,弱者先让一步,*后发制人*,因而战胜的。[毛泽东《中国革命战争的战略问题》(1936年12月)]

(8)敌军打了一个或几个败仗,这时的有利于我不利于敌的条件,就不仅敌军疲劳等等,而是增加了敌军打败仗这个新的条件了。形势也起了新的变化。敌军调动忙乱,*举措失当*,两军优劣之势,也就不同于前了。(出处同上)

例(7)中的"后发制人"仿用的是《汉书》中"*先发制人,后发制于人*"一句。毛泽东将"后发制于人"改写后,意义发生了转变。例(8)中的"举措失当"仿用的是《史记·秦始皇本纪》里"*举错必当,莫不如画*"一句。"必当"改为了"失当",同样是反其意而用。"举错"同"举措"。

2.1.2　拈连

自20世纪70年代开始,有不少学者的研究以及修辞学教材中将"成语的仿造"及类似语言现象纳入了"拈连"修辞格,进行了探讨。

2.1.2.1　反连

将上述"词语的仿造"现象归入拈连修辞方式是华中师范学院中文系现

代汉语教研组(1972)在其所编的《现代汉语修辞知识》一书中首先提出的。该书在介绍"拈连"修辞法时提到,拈连是利用上下文的联系,巧妙地把适用于甲事物的词语用于乙事物的一种修辞手法。拈连有两种格式,一是"顺连",二是"反连"。反连是指根据上文出现的某个词语,仿造出一个"反义词"用于下文。例如:

(9)现在创造派的革命文学家和无产阶级作家虽然不得已而玩着"艺术的武器",而有着"武器的艺术"的非革命武学家也玩起这玩意儿来了,有几种笑迷迷的期刊便是这。他们自己也不大相信手里的"武器的艺术"了罢。(《鲁迅全集·三闲集·"醉眼"中的朦胧》,79)

此例是根据上文的"文学家"通过"反义拈连"仿造出"武学家"。"这一种拈连,也是利用上下文的联系信手拈来。但是不像顺连是一词二任,而是要临时仿造一个新的'反义词'来,造出来的'反义词'依靠上下文才能存在,一般不能单独用。"(华中师范学院中文系,1972:99)

后来在《现代汉语修辞》①《修辞知识》②等教材,《修辞自学入门》③《现代汉语》④等专著,以及《关于拈连、仿词与仿拟》⑤《试论拈连》⑥等论文中,也均对"反连"进行了论述。黄汉生(1981)在《现代汉语(语法修辞)》一书中提出了"仿引"修辞格,即"仿用原话句式,保留一部分原话,另外换上某些新词",如"后发制人"仿引于成语"先发制人"。但他却在书中讨论最后一种修辞格——拈连——时提出,"甲乙两类事物连说时,把本来适用于甲事物的词语趁势连用到乙事物上,或者根据上文出现的词,临时仿造一个'反义词'用于下文,就叫拈连"(黄汉生,1981:366)。他将拈连前一种情况称为"顺连",后一种情况称为"反连"。例如:

---

① 《现代汉语修辞》,南京师范学院中文系,1973年。
② 《修辞知识》,天津师范学院中文系,1975年。
③ 彭先初.修辞自学入门[M].武汉:湖北人民出版社,1981.
④ 吴积才,程家枢.现代汉语[M].昆明:云南人民出版社,1981.
⑤ 吴宗渊.关于拈连、仿词与仿拟[J].宁夏大学学报(社会科学版),1981(2):24-26.
⑥ 吴鼎.试论拈连[J].南昌师范学院学报,1982(2):91.

(10) 例如那些口讲大众化而实是*小众化*的人，就很要当心，如果有一天大众中间有一个什么人在路上碰到他，对他说："先生，请你化一下给我看。"就会将起军的。如果是不但口头上提倡提倡而且自己真想实行大众化的人，那就要实地跟老百姓去学，否则仍然"化"不了的。有些天天喊大众化的人，连三句老百姓的话都讲不来，可见他就没有下过决心跟老百姓学，实在他的意思仍是小众化。[毛泽东《反对党八股》(1942年2月8日)]

例(10)中的"小众化"是根据前面出现的"大众化"，将"大"更换为反义语素"小"而临时仿造的。"这些反连的形式，大体适用于讽刺，或者把话说得生动诙谐，或者是给论争对方的回击。"(黄汉生,1981:370)

可以看出，分别按照"先发制人"与"大众化"而仿造的"后发制人"与"小众化"在本质上是一致的，即都是将一个词语中的某个语素更换为反义语素而得的临时"新词"。只是前者是对成语的仿造，后者是对一般词语的仿造。因此，将同一种语言现象归为两种修辞方式的做法是互相矛盾的。

而陈树民、袁浩(1979)与陆文蔚(1984)等人在探讨此类拈连时，用的术语是"反义拈连"："根据上文的某个词语，通过反义联想，选用一个反义词，或者仿造出一个反义词，用于下文。"(陆文蔚,1984:95)从其定义就可以看出，"反义拈连"其实就是"反连"。而"反连"实质上就是反义仿词。

2.1.2.2 类连与音连

在南京师范学院中文系(1973)编写的《现代汉语修辞》中，将拈连修辞格分为了"活用词语"和"改造词语"两类。前者相当于"顺连"，后者这种形式是把上文的某个词语改造一下，用在下文。所谓"改造"，就是通过词义的联想，把原来词里的一两个字改换一下，临时造个新词，这个词只能用在一定的上下文里。(《现代汉语修辞》,1973:86)例如：

(11) 有人说，这是*阴谋*。我们说，这是*阳谋*。[毛泽东《文汇报的资产阶级方向应当批判》(1957年7月1日)]

例(11)中的"阳谋"是比照着"阴谋"一词,通过反义的联想临时造出来的。

编者又引用两例说明了谐音拈连与类及拈连。举例如下:

(12)李玉和:哈东西?
鸠山:密电码!
李玉和:哈……什么电马电驴的,我就会扳道岔,从来没玩过那个玩艺儿!(《红灯记》第六场)

例(12)中的"电码"和"电马"是谐音的拈连,"电马"和"电驴"是类及的拈连。这里所谓"谐音的拈连"应该属于飞白修辞格。编者也没有对这两类拈连给出明确的定义。

陈树民、袁浩(1979)同样将拈连分为了"活用词语"和"改造词语"两类。改造词语这种拈连是根据上文出现的某个词语,在下文中,通过联想把原来词语里的一两个字改换一下,临时仿造出一个新词,或改用另外一个谐音词。作者指出,"仿造词语的方法大致有三种:谐音拈连,类及拈连,反义拈连。其中,以仿造'反义词'为最常见"(陈树民、袁浩,1979:63)。随后他们用实例进行了说明,但仍然没有给出定义。

吴积才、程家枢(1981)将拈连分为了顺连、反连、类连三种。反连的定义和前人的相似:它是仿照上文的词语,造一新词,或更换某一词素,这就和上文的词发生了紧密的联系。从意义上看,它和前面的词是相对的,是以反义联想为基础的。"类连是同类相连。它和反连又恰恰相反,不是意义相对相反,而是意义相近,同类。"(吴积才、程家枢,1981:524)例如:

(13)这些,就是中国主和派即投降派的整套观点,整套做法,整套阴谋。这一套,不但汪精卫在演出,更严重的就是还有许多的张精卫、李精卫,他们暗藏在抗日阵线内部,也在和汪精卫里应外合地演出,有些唱双簧,有些装红白脸。[毛泽东《当前时局的最大危机》(1939年6月30日)]

这里的"张精卫、李精卫"都是根据"汪精卫"的近义联想而仿造出来的，他们都是"精卫"，只不过姓不同而已。这种类连，不仅幽默、风趣，而且也是使语言简洁、明快的好方法。类连就相当于前人所说的"类及拈连"。我们认为，"类及拈连"或"类连"实质上就是类义仿词。

吴鼎(1982)将拈连分为了四种：顺连、反连、类连、音连。前三种的定义与分析和前人的相似，而他提出的"音连"其实就是前人所说的"谐音的拈连"。他将其定义为："音连就是在后项中用了一个跟前项中某词语同音的词语。"(吴鼎,1982:92)例如：

(14)住下吧，管他什么唐有才"盐有才"！（宗福先《于无声处》）

例(14)中的"唐有才"首先通过谐音拈连出隐藏的"糖有才"，接着又通过类义联想拈连出个"盐有才"。

陆文蔚(1984)同样将拈连分为顺义拈连、反义拈连和谐音拈连。其中谐音拈连是指"利用某一词语声音上的相同或相近，联想起另一词语，而运用另一词语，又蕴含着深刻的意义"（陆文蔚,1984:97）。例如：

(15)我瞅了老跳一眼，他脸色一点也没变，我想起陈昆的一句趣话：他的脸皮是从什么国家进口的不羞钢材料做的。（刘富道《眼镜》）

例中的"不羞钢"是利用不锈钢的"锈"字谐音仿造出来的，用于揭露小说人物老跳的厚颜无耻，寓嘲讽、挖苦于一词之中，收到独特的表达效果。我们认为，"谐音拈连"或"音连"的实质就是语音仿词。

2.1.3 仿词

自20世纪70年代中期，有一些学者将"成语的翻造"这类语言现象明确归入仿词进行研究，并对仿词进行分类探讨。

2.1.3.1 仿词

在教材《语法 修辞 逻辑》①(第二分册 修辞)中提出了"仿词"这一修辞方式:"我们说话写文章,用的词语一般都是现成的;但是,有时为了修辞上的需要,却可以临时仿造新的词语。这种修辞方式叫作仿词。"[《语法 修辞 逻辑》(第二分册 修辞),1975:103]例如:

(16)我们认为,要真正保障欧洲的和平与安全,就必须坚决反对超级大国的侵略、干涉、颠覆和控制,就必须解散军事集团,撤退外国军队,在尊重独立主权、互不侵犯、互不干涉内政、平等互利的基础上,实现欧洲各国之间的和平共处。否则,所谓欧洲安全会议只能是两个超级大国利用军事集团划分势力范围的别名。这样的会议,与其称之为"*欧安会*",倒不如称之为"*欧危会*"。[《乔冠华团长在联大第二十七届会议全体会议上的发言》(1972年10月3日)]

例(16)中的"欧安会"即欧洲安全会议,在这里被称为"欧危会",是为了讽刺与揭露其本质,经"转安为危"的替换反义词素后仿造而得。

教材指出,除了词,成语和词组也可以仿造。像这样在具体语言环境中含有丰富内容的仿词,不是现成的语言材料可以代替的。这种利用反义词语,采用替换词或词素的办法临时仿造"新词"的修辞方式,也常常用以揭示事物的本质;仿词本身的含义必须明确显豁,即仿词要借助于上下文,并且通常要用上引号。但也有只出现仿造的词语而不出现被仿词语的用例,这是因为被仿的词语是大家熟悉的或是从上下文中可以领会出来的;另外,还要划清仿词与生造词语的界限。(出处同上:105—106)

另外两本参考书——《逻辑语法修辞漫谈》②与《修辞》③——也都对仿

---

① 上海师范大学复旦大学中文系《语法 修辞 逻辑》编写组.语法 修辞 逻辑:第二分册:修辞[M].试用本.上海:上海人民出版社,1975.
② 《逻辑语法修辞漫谈》编写组.逻辑语法修辞漫谈[M].上海:上海教育出版社,1978.
③ 《修辞》编写组.修辞[M].上海:上海教育出版社,1978.

词下了相似的定义:为了表达上的需要,更换现成词语中的某个词或词素,临时仿造出新的词语。二者也均指出,有时"只出现仿造的词语,被仿造的词语并不出现,而意思仍然是显豁的,原因是被仿造的词语是大家都熟悉的"(《逻辑语法修辞漫谈》,1978:168)。例如:

(17)龙二井又有油和水的矛盾,这是它的特殊性。周队长说:要促使矛盾转化,就要捞水,把水捞干。我们想一不做,二不休,搞它个水落油出!(电影文学剧本《创业》)

例(17)中的"水落油出"是仿"水落石出"而造的,因为后者是人们熟悉的成语,虽然没有出现,也不妨碍对仿造的"水落油出"的理解。

黄伯荣、廖序东(1980)在其主编的《现代汉语》中也谈到了仿词:"在现成词语的比照下,更换词语的某个词或词素,临时仿造新词语的修辞方式叫仿词。……仿词大多是以反义联想为基础的,所以往往是反义对用的。它有鲜明的修辞效果。"(黄伯荣、廖序东,1980:534)编者还提到,仿词也有近义、同义的仿造形式:词、词组,包括成语都可以仿造。另外,仿词一般情况是"一对一"的,即仿照一个词语造出一个"新词语",但也有"一词多仿"的情况。例如:

(18)实现全党工作重心的转移,把主要精力集中到生产建设上来,加速实现四个现代化,要靠实干,不凭空谈。而"老实疙瘩"可贵之处,就在于有一股勤奋努力、虚怀若谷、老老实实的好作风。……许多事实说明,这些"老实疙瘩"是"金疙瘩"、"银疙瘩"、是实现四化的"宝疙瘩"。(出处同上:536)

这里以"老实疙瘩"为基础,仿照其结构造出了"金疙瘩""银疙瘩""宝疙瘩"。

后来还有不少学者对仿词进行了研究,如关滢、江天(1980),马松亭(1981),谭永祥(1982),吴家珍、刘培育、胡耀鼎(1982),黄民裕(1984)等。

他们对仿词的定义与分类也都基本相同。

2.1.3.2 词语仿造与词语仿用

潘嘉静(1979)将此类语言现象命名为"仿造"——"为了深刻揭示事物的本质,使语言具有高度的概括性,又有诙谐、讽刺的色彩,而临时仿造出一种新的词语,来增加文章的战斗力,这种修辞方式叫仿造"(潘嘉静,1979:176)。作者将仿造分为两类:词的仿造和成语的仿造。前者是指在现成词的基础上,用替换词素的方法,临时造出新词。如例(11)中的"阳谋"是从"阴谋"一词仿造而成的。后者是指在现有成语的基础上,根据特殊需要,临时变换成语的结构成分,而造出新的成语。这相当于前人所说的"成语的改造(翻造)"。我们认为,这两类"仿造"都可以归为仿词。

姚殿芳、潘兆明(1987)也谈到了"临时仿造词语"——"根据修辞的需要,在特定的上下文里,故意不用现成的词语而突破词汇规范,仿照上下文里相关词语的音节、结构,用抽换语素的方式(多半是换上一个反义语素),仿造出临时性新词,仿照的词跟被仿的词格式相同,意思相反或相关,语素有同有异,让它们在上下文里互相映衬,形成鲜明的对照,从而取得变异性仿造的独特效果:讽刺、幽默、机智"(姚殿芳、潘兆明,1987:149—150)。

胡裕树(1981)在其主编的《现代汉语》(增订本)中也对仿词现象下了定义:"为了增强语言的表现力,达到诙谐、讽刺等目的,在特定的环境里,更换现成词语中的结构成分,临时仿造出新的词语来,叫作'仿用'。"(胡裕树,1981:447)胡先生采用的术语不是"仿词",而是"仿用"。该定义明确了仿拟的具体方式——更换与仿造,以及仿拟的性质——临时的新的词语,同时也强调了语境的作用。

胡先生将"词语的仿用"分为词素更换、成语翻新两大类。

词素更换是指,"根据上下文中某一词语,用更换词素的办法临时仿造一个新的词语"。(出处同上)

一种是利用相对、相反的意义来仿造。例如:

(19)有"小广播",是因为"大广播"不发达。只要民主生活充分,当面揭了疮疤,让人家"小广播",他还会说没时间,要休息了。[毛泽东《青年团

的工作要照顾青年的特点》(1953年6月30日)]

该例中的"大广播"是仿照现成的词语"小广播",更换了相反的词素临时创造出来的。

还有一种是利用连类而及的意义来仿造。如例(13)中的"张精卫、李精卫"是从"汪精卫"一词仿造出来的。我们认为,上述两种词素更换分别等同于反义仿词和类义仿词。

"成语翻新"是指,"为了修辞的需要,也可以在一定的语言环境里,利用已有的成语,临时翻新。这种翻新的成语,有的是利用意义相对相反或连类而及来构成的"(胡裕树,1981:448—449)。"成语翻新"相当于前人所说的"成语的改造(翻造)",包括反义仿造和类义仿造两种。如前文例(7)、例(17)中的"后发制人"和"水落油出"。作者在最后提到,除了词语的仿用外,还有句子、段落或篇章的仿用。但这种说法和前面"仿用"的定义有些矛盾。

"仿用",实质上就是"仿造使用"。我们认为,两类仿词——语素更换与成语翻新——有重合之处:成语翻新也可视为一个词语更换其中的语素后翻新而成。如作者同样引用的例(7)中的成语"先发制人",将"先"字更换为意义相反的"后"字,从而翻新为"后发制人"一词,这与例(19)中"小广播"换"小"为"大"后仿造出"大广播"的道理是一样的。

2.1.3.3 反义仿拟词与语素抽换

郑远汉(1979)在谈到"利用词语的反义关系"时提出了"反义仿拟"这一表达手段。"反义仿拟,是把现成的合成词或成语中的一个语素换成意义相反的语素,临时仿造出一个新的'反义词',有加强对比和语言的幽默感等作用。这种仿拟词,是一种修辞手段,一般来说离开特定的语言环境就不能用。"(郑远汉,1979:55)作者提出了"反义仿拟",采用了"仿拟词"这一术语。我们认为,这里所说的"反义仿拟"其实就是反义仿词。

在谈到"利用词形的分合变化"时,他还提出了"抽换"手法,即"在一定的语言环境中,为了表达的需要,把合成词或成语的一个语素分离出来,换成别的语素,这样的语素抽换法,也是一种表达手段"(出处同上:71)。

例如：

（20）这时有两种反革命的"围剿"：军事"围剿"和文化"围剿"。……这两种"围剿"，在帝国主义策动之下，曾经动员了全中国和全世界的反革命力量，其时间延长至十年之久，其残酷是举世未有的，杀戮了几十万共产党员和青年学生，摧残了几百万工人农民。从当事者看来，似乎以为共产主义和共产党是一定可以"*剿尽杀绝*"的了。但结果却相反，两种"围剿"都惨败了。[毛泽东《新民主主义论》(1940年1月)]

例(20)中的"*剿尽杀绝*"是由"斩尽杀绝"调换语素而成的。作者认为，"反义仿拟"和语素调换有相通之处。"但是反义仿拟限于意义相反的，而且一般仿拟'词'需要与被仿词同时出现，有映照的作用；这里所说的语素掉（调）换，换与被换不是反义关系，大量的用例是被换词不出现，一般没有映照的作用。"(郑远汉，1979：72)我们认为，所谓"语素抽换"，即变换词语语素而形成新词语，其本质也是仿词，包括类义仿词、谐音仿词和结构仿词等。

2.1.3.4 反义仿词、近义仿词与谐音仿词

何明延(1982)在文章中专门讨论了仿词，其所下定义与前人一致。作者将仿词分为反义仿词、近义仿词和谐音仿词三类。这三个术语的提出有利于明晰地区分各类仿词，但他没有为这三类仿词给出明确的定义。其中近义仿词举例如下：

（21）尽管革命的力量有消长胜败，而*人心*和*党心*的高度统一，则是决定的因素，弱者可以转强，弱者可以取胜。(《文学报》1981年7月2日)

例(21)中的"人心"是现成语，"党心"是利用近义关系仿"人心"而造成的。

谐音仿词举例如下：

（22）出口成"*脏*"(《新观察》1981年11期漫画题)

"出口成'脏'"是由"出口成章"通过谐音仿造而成的。

濮侃(1983)对仿词、仿语和仿句进行了分析与比较。他首先定义了仿词和仿语:"为了增强语言表达的生动性和深刻性,临时更换现成词语中的某个部分,使之成为修辞学的一个'新词语',仿照与之有关的词语而使用,仿用而成的'新词'就叫仿词,仿用而成的'新语'则叫仿语。"(濮侃,1983:80)随后对仿词和仿语进行了分类,其中仿词分为反义仿词、谐音仿词、比照仿词以及否定仿词。

反义仿词是指临时仿造出来的新词与现成词是反义关系,如例(10)的"小众化"。谐音仿词是指临时仿造出来的新词与现成词在某个音节上有相同或相近之处,如例(22)的"出口成'脏'"。比照仿词是指参照现成词,临时仿造出来的词,它们之间大多数是近义关系,如:

(23)反正他挣钱不多,花匠也罢,草匠也罢。(老舍《柳家大院》)(郑远汉,1979:71)

例(23)中的"草匠"是仿照现成词"花匠"而造出的。濮侃认为,"花、草是两个不同而又相近的事物,这种连类及义的仿词还有'张精卫、李精卫'(仿'汪精卫')"等。我们认为,这里说的"比照仿词"并非依据近义关系,反而是"类义"关系,因此应属于类义仿词。

除了以上三类,濮侃还提出了"否定仿词",即参照现成的词,中间运用否定词,临时仿造出来的词。其中仿造的词与原词往往是指同一个对象。例如:

(24)他口里的阎罗天子仿佛也不大高明,竟会误解他的人格,——不,鬼格。(《鲁迅全集·朝花夕拾·无常》,381)

例中的"鬼格"是仿"人格"而造,"阎罗天子"统治的是"鬼"不是人。运用否定词"不"后仿造了一个确切的"新词"。

2.1.3.5 反仿、近仿与类仿

邸巨(1984)在讨论仿拟辞格时,将仿词分为谐音和仿义两大类。其中仿义类又分为近仿与反仿两种。近仿是指"根据上下文的词语临时仿拟一个形式相似的词语",例如:

(25) 一天,上官云珠对我说:"我再也不演交际花,交际草了。"(黄宗英《星》)

此例中的"交际草"是仿"交际花"而造,道理同例(23)。反仿是指"根据上下文的词义临时仿拟一个反义仿词",其实就是前人所说的反义仿词的简称。

宋振华等人(1984)编著的《现代汉语修辞学》将仿拟分为了反仿和类仿。其中类仿是指"就相似或相近意义临时仿拟词语"(宋振华等,1984:187),如例(25)的"交际草"。编者提出的"类仿",很好地区别于反仿与近仿,但对"类仿"所下定义和所引例子前后矛盾:从定义来看应属于近义仿词或近仿,而此例同例(23),"花"与"草"的意义并非相似或相近,而是属于同类关系。因此,类仿的定义应改为:利用意义同类或"连类及义"临时仿拟词语。

2.1.3.6 义仿、音仿与结构仿

金慧萍(1987)在文章中讨论仿拟辞格时,对仿词做了明确的定义和分类。"仿词是更换现成词语中某个成分,临时仿造新的词语。"(金慧萍,1987:90)她将仿词分为四类:第一类为义仿,即运用意义手段进行仿拟,这类仿词大多数是反义仿拟,所更换的成分与原成分的意义相反或相对,仿体与本体的意义也是相反相对的;第二类为音仿,即运用语音手段进行仿拟,实质上指的就是谐音仿词;第三类为结构仿,即照原有词语的结构形式进行仿拟,例如:

(26) "这女人野心不小,得寸进尺,吞并了吴家,又想吞并张家,这叫什么? 这叫侵略,懂不懂? 你可别当卖家贼!"(罗旋《缺男户》)(金慧萍,

1987:92)

例(26)中的"卖家贼"是仿照"卖国贼"一词的结构形式而造出的。作者强调,"这类仿词,由于不受声音的限制,受意义限制也不大,所以来得更灵活,用得也很多"(金慧萍,1987:93)。

第四类是音仿、结构仿相结合,即先谐音仿词,然后根据谐音仿出来的词,再照结构形式仿造出一个新词。如:

(27)"不许你诬蔑!"他的话象根针,一下子刺痛了我的神经。不料,他比我还冲:"什么五灭六灭,少跟俺来这套!"说完"啪啪"两下子,把鞭梢儿抽得直飞。(运新华《山路崎岖》)(金慧萍,1987:94)

此例首先根据谐音由"诬蔑"仿出"五灭",再根据"五灭"的结构形式仿造出"六灭"。

我们发现,金慧萍所说的第一类仿词其实就是前人所说的反仿;第二类是音仿;第三类结构仿的提出无疑使仿词的分类更为清晰、明确;而第四类所引例中的"五灭"并非谐音仿词,而是"诬蔑"的飞白词。因此,这一类仿词其实是两种修辞格的并用,即飞白加仿词。具体地说,是谐音飞白加类义仿词,其认知机制为语音转喻和仿义转喻。另外,作者将仿造出的词语、句子称为仿体,被仿照的词语、句子称为本体,这也是一大贡献。

2.1.3.7 相关仿词、对义仿词与涉义仿词

武占坤(1990)根据本体和仿体在意义上的联系将仿词分为类义仿词、反义仿词和相关仿词。其中第三类的相关仿词是指本体和仿体的部分语素或整个词义是相关联的。例如:

(28)香菱道:"一箭一花为兰,一箭数花为蕙。凡蕙有两枝上下结花者为兄弟蕙,有并头结花者为夫妻蕙。我这一枝并头的,怎么不是?"豆官没的说了,便起身笑道:"依你说,若是这两枝一大一小,就是老子儿子蕙了;若是两枝背面开的,就是仇人蕙了。"(《红楼梦》第六十二回,695)

(29)李纨道:"凤丫头仗着鬼聪明儿,还离脚踪儿不远。咱们是不能的了。"鸳鸯道:"罢哟,还提凤丫头虎丫头呢,他也可怜见儿的!虽然这几年没有在老太太跟前有个错缝儿,暗里也不知得罪了多少人。"(《红楼梦》第七十一回,806)

作者认为,本体"夫妻蕙"中的"夫妻"和仿体"仇人蕙"中的"仇人",以及本体"凤丫头"中的"凤"和仿体"虎丫头"中的"虎",在语义上的联系不及类义、反义那样密切鲜明,属相关仿词。但我们认为,"夫妻"与"仇人"在语义上并无甚联系,"老子儿子蕙"与"仇人蕙"是仿照抽象结构"××蕙"而拟得的,属于结构仿词;而"凤"和"虎"属于相同范畴,在语义上是类义关系,"虎丫头"属于类义仿词。更重要的是,所谓在语义上"相关联"这种说法过于笼统,相近或相反都是"相关联",因而后人没有采纳这类仿词。

杨晓黎(1993)也将仿词分为格式仿、语义仿和谐音仿三类。其中格式仿就是结构仿词,谐音仿就是语音仿词,语义仿又分为类义仿、对义仿和反义仿。其中的对义仿词是指"由记录某一事物、现象、行为的词语,仿拟出另一与之相对应的新词语"(杨晓黎,1993:17)。如以性别为对应关系,由"公关小姐"仿拟出"公关先生",由"主妇"仿拟出"主夫"等;某些相对应的概念也会产生对义仿词,如由"民办"仿拟出"官办"等。但"相对应"或"相对"这一概念本身就比较模糊,且容易引起歧义。首先,"相对"的实体关系包括并且一般代指"相反"或"反义"关系,如"高"和"低";其次,两个"相对"关系可能会有重叠现象,即在不同语境中,同一个字词可能会有不同"相对"的字词,如"低空"对应"高空","低级"对应"高级",而"低头"却对应"抬头""昂头"或"举头";另外,"相对"并不仅限于反义对立,还可指非反义的对立。"两个语义上很不一样的词语单位,如果并不互为反义词语,却常用在一起,互相对比或对照,应该承认,也成为一种人们观念习惯的对立。"(刘叔新,1986:26)例如"姐"与"弟"、"母"与"子"、"小伙"与"姑娘"、"人性"与"兽性"、"激动"与"冷静",等等。因此,由于这种不确定性,尽管不是非此即彼或矛盾对立,为了便于归类与分析,我们仍将这类语义仿词视为反义仿词。

徐国珍(2003)将语义仿拟分为反义仿、近义仿和涉义仿。其中第三类的涉义仿是指仿体和本体在意义上有关涉意味的仿拟。例如:

(30)一个有趣的课题让人深思:为什么洋农民不远万里来市郊种田,而土生土长的农民中却有三分之一多成了"农盲"?(《文汇报》1994年7月26日)

(31)凡是敌人反对的我们就要拥护,凡是敌人拥护的我们就要反对。卞迎春愈是觉得他丑,就愈是证明他的策略取得了完美的成功。大智若愚,大勇若怯,大诚若伪,至美若丑……(王蒙《狂欢的季节》)(徐国珍,2003:64)

作者认为,"农盲"中的"农业"义和本体"文盲"中的"文化"义具有一定的相关关系,故而相仿,同类的还有如"科盲""舞盲""法盲"等;"大勇若怯,大诚若伪"与本体"大智若愚"相互关涉(出处同上)。仿体与本体相互关涉,即关联、牵涉,同上述相关仿词一样,比较难以确定仿体与本体的具体关系,而且上述两例其实应属于结构仿,分别仿照的是抽象结构"×盲"和"大×若×"。

2.1.3.8 同素仿词和异素仿词

武占坤(1990)根据本体和仿体在语素上的异同联系,又将仿词分为同素仿词和异素仿词两个子类。同素仿词是指本体和仿体之间部分语素相同。例如:

(32)他要让姑娘们记住,深深地记住南朝鲜队的技术、战术,熟悉每一个对手的*特长*和*特短*。(鲁光《强将手下》)(武占坤,1990:256)

此例中本体"特长"和仿体"特短"具有相同语素"特",不同语素"长"和"短"意义相反,因此该仿词为反义仿词。

异素仿词是指本体与仿体的语素完全不同。例如:

(33)宝玉便问:"你叫甚么名字?"那丫头便说:"叫蕙香。"……又问:"你姊妹几个?"蕙香道:"四个。"宝玉道:"你第几?"蕙香道:"第四。"宝玉道:"明儿就叫'四儿',不必什么蕙香兰气的。那一个配比这些花,没的玷辱了好名好姓。"(《红楼梦》第二十一回,217)

此例中本体"蕙香"和仿体"兰气"的语素完全不同,但语素"蕙"与"兰"以及"香"与"气"的概念均属于相同范畴,因此该仿词为类义仿词。

同素仿词中的替换语素一般不超过一个,否则会极大地增加认知难度。本书所用语料绝大多数为同素仿词。

2.1.3.9 特殊性仿词

前文详述了不同学者对仿词所下定义与分类。定义大同小异,而分类却各有侧重。我们根据仿拟的性质将其归纳为:音仿、义仿与结构仿;义仿再分为:反仿、近仿与类仿。但正如上文所提到的,还有一类像"唐有才、'盐有才'"与"五灭六灭"一类的特殊仿词需要注意,即仿体并非直接由本体的原本意义仿造而来,而是由其新解意义仿造而得。

庞蔚群(1982)在文章中专门探讨了"特殊性仿词"。作者指出,临时仿造的新词语主要包括反义仿造、比照仿造和谐音仿造三种类型。不管是何种类型,新词一般是根据被仿词的原义来进行仿造的。例如:

(34)"你到哪里去啊,小家伙?"黄鼠狼子的轻蔑神情和鬼鬼祟祟的样子,引起郝大成的极大的反感。

"你管我到哪去干什么?大家伙!"(黎汝清《万山红遍》)(庞蔚群,1982:22)

此例中的仿词"大家伙"是直接由上文的本体"小家伙"的原本意义仿造而成的。但是,"有些仿词是根据被仿词的新义仿造出来的。这新义是作者赋予的"(庞蔚群,1982:22)。例如:

(35)满心"*婆理*"而满口"*公理*"的绅士们的名言暂且置之不论不议之列,即使真心人所大叫的公理,在现今的中国,也还不能救助好人,甚至于反而保护坏人。(《鲁迅全集·坟·论"费厄泼赖"应该缓刑》,256)

许多学者认为这是一个反义仿词的例子。但其实不然。"公理"原指"社会上多数人公认的正确的道理"。按照反义仿造的方法,直接由原义出发,理应仿造出与之相对的"私理"或"歪理"来,然而,鲁迅在这里却用了"婆理"。例(35)中的"婆理"这个仿造词并非由被仿词"公理"的原义直接仿造的,而是先改变"公"字的意义,即其实际新解意义变为"公婆"之"公",再通过"公"与"婆"的反义联想而临时仿造出来。"公理"在文中具有的实际"新义"是指包括陈西滢之流的"陈公"们满口的"歪理",由此仿造的"婆理"是指反动"婆子"杨荫榆所说的"歪理"。这样,由"公理"仿造出"婆理"就显得十分自然且巧妙了。

另外还有一种特殊仿词,即利用与被仿词的谐音关系仿造出一个临时"新词",接着利用与该"新词"的相反或相类的语义关系进行二次仿造,形成另一仿词,如例(14)中的"盐有才"。有人认为仿体"盐有才"是直接仿照前文的本体——人名"唐有才"而得来,实际上这是一个曲折的过程。吴鼎(1982)认为,"唐有才"首先通过谐音,拈连出未出现的"糖有才",接着又通过类义联想,拈连出个"盐有才"。而庞蔚群(1982)认为,这种仿造过程是仿拟者首先用谐音仿拟的方法,由"唐有才"造出同音的"糖有才",再用反义仿拟的方法由"糖有才"造出反义的"盐有才"。也就是说,这是一个谐音仿词加反义仿词的过程:"'唐有才——糖有才——盐有才'。其中'糖有才'是'唐有才'的仿词,'盐有才'是'糖有才'的仿词。这儿,'糖有才'它既是仿词,又是被仿词,可是它在句中却没有出现。"(庞蔚群,1982:22)

金慧萍(1987)、武占坤(1990)等人也都谈到了这类特殊的义仿现象。武占坤(1990)将此类仿词称为"曲折仿词",并将之分为曲义仿词和曲字仿词两种。前者指并非根据本体的本义而是其中某个字非实际意义进行仿拟;后者指并非根据本体的本形而是根据其中某个字的谐音关系进行仿拟。(武占坤,1990:258)比如前文所述例(25)中的"交际草"和例(35)中的"婆理"为曲义仿词,例(12)中的"电驴"和例(14)中的"盐有才"为曲字仿词。

2.1.4 以往仿词分类的问题

2.1.4.1 引用与仿拟

陈望道(1976:97)提出,"文中夹插先前的成语或故事的部分,名叫引用辞";对故事成语的引用有两种方式:第一,明示哪一部分是何处成语故事的,是明引法,文中用引号标示起讫;第二,并不说明,单将成语故事编入自己文中的,是暗用法,即用引用语代本文。唐松波、黄建霖(1989)将引用定义为:"创造性地引用现成语(警句、诗词、成语、熟语等),以印证、补充、对照作者的本意";"引用一般分为三种:明引、暗引和意引"(唐松波、黄建霖,1989:187)。明引就是直接引用原文,注明出处或作者;暗引是指引用原文,但不注明出处或作者;意引是指不直接引用原文,只间接引述原意,或注明出处,或不注明出处。徐国珍(2003)指出,明引是对"既成形式"的直接运用,原则上不改变原来词句的形式或意思,而仿拟则必须对"既有形式"(即本体)加以改变,从而构成一个新形式,表达一种新的意思;暗引只有"本体"的影子而无本体的实体,而仿拟则是以具体的言语形式为标志的。

我们也认为,不论是明引还是暗引,都是直接或间接"引"而"用"之,要么形式和意义兼用,要么改变形式而去其义,总之,基本没有改变引用语的意义;而仿拟则是"仿"而"拟"之,需要一个重要的重新加工(拟构)的过程,形式和意义均发生了明显改变。因此,这两种修辞法不能相互混淆。

2.1.4.2 拈连与仿词

以前有不少学者混淆了反连和仿词。吴士文(1982)在分析"仿拟"时提到,为了表现幽默和讽刺,或使群众喜闻乐见,故意仿拟既成的形式创造出全新的意境。这种修辞方式叫"仿成拟定",简称"仿拟"。例如,"白毛男"是根据既成的"白毛女"的形式仿似出来的。从顺势而连的角度看,也是"拈连"。(吴士文,1982:159)显然作者将这一种语言现象同时归入了两种修辞法。

陆文蔚(1982)将拈连和仿拟视为形成这类语言现象的两个步骤。例如:

(36)中国一向是所谓"*闭关主义*",自己不去,别人也不许来。自从给枪炮打破了大门之后,又碰了一串钉子,到现在成了什么都是"送去主义"了。……我在这里也并不想对于"送去"再说什么,否则太不"摩登"了。我只想鼓吹我们再吝啬一点,"送去"之外,还得"拿来",是为"拿来主义"。(《鲁迅全集·且介亭杂文·拿来主义》,44—45)

文章开头便以闭关自守政策的所谓"闭关主义"拈连仿拟了一个"送去主义"。再从"送去"反义拈连到"拿来",仿拟出一个"拿来主义"。通过一系列的拈连和仿造,把抽象、深刻的道理阐发得引人入胜。(陆文蔚,1986:42)

陆文蔚后来在分析反义拈连时指出,"反义拈连中,仿造的反义词,是适应语言情境,临时仿造的,不能普遍适用。但有些仿词,由于广泛使用,久而久之,也就成为词了。如'促退''后进''知难而进'等等,已经进入了词汇领域"(陆文蔚,1984:96)。显然,作者也同意"通过反义联想而仿造出的反义词叫作仿词"这种说法。

崔锡臣(1990)在讨论"拈连与仿拟的区别"时,首先和前人一样,将这类"反义词仿造"视为"反连"。但在谈到仿拟的第一类——仿词时,提到"仿词是临时仿造出一个新的'反义词'来,造出来的'反义词'依靠上下文才能存在,一般不能单独使用"(崔锡臣,1990:132)。如例(10)中的"小众化"是根据上文的"大众化"仿造出来的。他认为拈连与仿拟的主要区别是:拈连只适用于句中,而仿拟不但可以用于句中,还可以用于整篇;并表示,"二者还有一定的联系,那就是拈连中的反连与仿拟中的仿词在语言形式上是相同的"(出处同上)。我们认为,二者不仅在形式上相同,而且在本质上,反连就是反义仿词。所以没有必要也不应该划分出反连、类连与音连,而是应将三者归为仿词一类。

陈望道(1976:103)提出,"甲乙两项说话连说时,趁便就用甲项说话所可适用的词来表现乙项观念的,名叫拈连辞"。倪宝元(1980:93)认为拈连是"利用上下文的联系,巧妙地把适用于甲事物的词语用到乙事物上来"。

唐松波、黄建霖(1989:164)将拈连定义为:"两事物连在一起叙述时,把本来只适用于前一事物的词语拈来用到紧承叙述的另一事物上。"拈连由拈连词语、拈连的前提部分以及拈连的后继部分组成。拈连分严式、宽式两种。前者是指拈连使用的词语贯穿于两事物的叙述中,后者是指拈连的前提部分或前提部分中的拈连词语被省略了。

徐国珍(2003)指出,仿拟由本体、仿体两部分构成,而拈连则由本体、拈连词和连体三部分构成;仿拟中的仿体与本体一般共有某个相同的语素,而拈连中的本体和连体一般没有共同的语素;仿拟的超常性表现在仿体自身的临时新创上,而拈连的超常性则表现在拈连词和连体的临时搭配上。(徐国珍,2003:157—158)

我们认为,拈连词的前后两个部分都是现成的规约词语,只是后面的部分与拈连词临时搭配;而仿词则是仿照规约词语拟构出的新奇词语,并不存在搭配的问题。因此,也不能将拈连和仿词混淆。

2.1.4.3 仿词与仿语

学者们对仿拟的分类基本都是从仿拟的语言单位和仿拟性质两个方面进行的。根据这两种分类法,我们可将仿拟的类别分别归纳为:仿词、仿句与仿篇,以及仿音、仿义、仿构与仿调。

前人所谓的"仿语"多指仿造的成语、短语、谚语或俗语,可分为谐音和仿义两种。而汉语成语是中国语言词汇中一部分定型的词组,有固定的结构和特别的意义,在语句中是作为一个整体来应用的,一般不能任意变动词序、更换或增减其中的成分,其形式以四字居多,可见它是比词的含义更丰富而语法功能又相当于词的语言单位。

短语,又叫词组,是由句法、语义和语用三个层面上能够搭配组合起来的没有句调的语言单位。它是大于词而又不成句的语法单位。从前人研究中所举例子以及我们收集的语料来看,仿词实际上多数是词组的仿拟。

谚语是广泛流传于民间的言简意赅的短语,多数反映了劳动人民的生活实践经验,如"种瓜得瓜,种豆得豆",一般都是经过口头传下来的。谚语多为口语形式的通俗易懂的短句或韵语,形式上差不多都是一两个短句,而且一般都表达一个完整的意思。

俗语,也叫俗话,是通俗并广泛流行的定型句,简练而形象化,大多数为劳动人民创造出来的,反映人民的生活经验和愿望。如"天下无难事,只怕有心人"。由此看来,谚语和俗语的语言单位主要是以短句为主。

我们将成语和短语的仿拟归为仿词,而谚语和俗语的仿拟则归为仿句。另外,"仿语"这一名称也可以解释为"仿拟用语",容易引起歧义。所以,我们同意金慧萍(1987)对仿词的看法,认为仿词包括词、词组和成语的仿拟。此外,前人也没有说明仿段与仿篇的区别。仿段在字面上可看出是对文章中的一个段落或者言语交际中的一段话语——即语段——的仿拟。而段落是文章中最基本的单位,是由若干句子或句群组合而成的,而且在内容上它具有一个相对完整的意思,将某个语段抽离其所在语篇也可作为单独的一个小语篇,因此其仿拟机制与句子和语篇尤其是后者相似。故在语言单位层面,我们取消了"仿语"和"仿段"之说。

仿词是最小的仿拟单位,也是最基本的仿拟现象。而且根据对日常仿拟的不完全统计以及对建立的《红楼梦》与《鲁迅文集》语料库的分析,仿词在所有仿拟现象中所占比例也是最高的。因此,我们将研究对象限定于仿词一类。同时,我们知道,"语素是最小的语音语义结合体,是最小的语言单位"(胡裕树,2011:194)。仿词就是仿照既成词语或其中某语素的语音、意义或结构而拟造出的新奇词语。由于仿调只包括仿句和仿篇,根据不同的仿拟性质,仿词有语音仿词、语义仿词和结构仿词[①]三种情况。

2.2 对仿词认知机制的研究

前文我们按照时间顺序及分类特点对国内具有代表性的学者在仿词的定义与分类方面的研究,进行了梳理。下面我们对代表性学者与理论在仿词的认知机制方面的研究进行回顾。

这些学者从认知的角度对仿拟的生成与理解机制进行了阐释,所用理

---

① 相当于有的学者所说的音仿、义仿和结构仿。

论主要包括关联理论、概念整合理论、原型范畴理论、图形—背景理论以及构式语法等。我们对这些解释进行梳理并指出其优势与不足。

2.2.1 关联理论的解释

李鑫华(2001)、罗胜杰(2007,2008)、权巧丽(2007)、岳本杰(2007)等人从关联理论出发,对仿拟的生成与理解做出了解释。

2.2.1.1 关联理论介绍

关联理论(Relevance Theory)是 Sperber 和 Wilson 在其专著《关联性:交际与认知》(*Relevance: Communication and Cognition*)(1986/1995)中提出的与交际和认知有关的理论。该理论从认知科学的角度对语言交际进行了开拓性研究,是近三十年来给西方语用学界带来较大影响的认知语用学理论。

关联理论是针对 Grice 的会话含义学说而提出的。Grice(1975,1981)的会话含义理论以说话人为出发点,提出意向(intentional)交际的观点,设想说话人遵守合作原则,而在违反合作原则下听话人要推导出话语的含义。Grice 学说及其合作原则提出来后,在语用学界引发了有关语用推理和自然语言理解的大量研究,它为人们研究交际的一般理论奠定了基础。但同时也存在不少问题,其中涉及合作原则及其准则的性质、来源、合理性与普遍性等疑问。所以,之后许多学者对其提出的理论进行了修正和补充。后来人们把 Grice 的合作原则及其准则称为"古典格莱斯会话含义理论",而把后来的 Leech(1983),Levinson(1983),Kasher(1994),Horn(1988),Sperber(1983,1986,1993,1995),Wilson(1983,1986,1993,1995)等人对 Grice 会话含义理论所做的种种修正与发展的理论统称为"新格莱斯会话含义理论(neo-Gricean theory of conversational implicature)"。其中最有影响的就是 Sperber 和 Wilson 的关联理论。

Sperber 和 Wilson 通过讨论交际模式分析了 Grice 的交际理论存在的主要问题。他们提出,交际是一个涉及信息意图(informative intention)和交际意图(communicative intention)的一个明示—推理过程(ostensive-inferential process)。信息意图就是告知听话人某事,交际意图就是告知听话人该信息意图。二人将"明示—推理交际"定义为:"说话人发出一种刺激信号,使之对交际双方'互明'(mutual manifest),通过这种刺激信号,说话人意欲向听话人阐明或更加明示一系列的命题{I}。"(Sperber & Wilson,1986:63)明示与推理是交际的两个方面:对说话人来说,交际是一种明示过程,即把信息意图明白地展示出来;而对听话人来说,交际又是一个推理过程,即根据说话人的明示行为,结合语境,推导出说话人的交际意图。但是关联理论的交际观没有脱离代码模式(code model),而是认为,交际模式有代码模式与推理模式(inferential model)两种。代码模式表明,交际双方只是对信息进行简单的编码、接收与解码;而推理模式强调信息接收者对交际意图的推理。而语言交际则同时涉及这两种模式,只是在交际过程中,认知—推理过程是基本的,编码—解码过程附属于认知—推理过程。

在话语明说意义(explicature)的基础上,听话人凭借认知语境中的三种信息——逻辑信息(logical information)、百科信息(encyclopedic information)和词汇信息(lexical information)——做出语用推理。在语言交际中,说话人通过明示行为向听话人展示自己的信息意图和交际意图,听话人就根据对方的明示行为进行推理,而推理的过程就是寻找关联的过程。

Sperber 和 Wilson(1986)把"关联"定义为:"当且仅当一个假设在一定的语境中具有某一语境效果时,这个假设在这个语境中才具有关联性。"(Sperber & Wilson,1986:122)语境效果就是话语所提供的信息和语境之间的一种关系,它对描述关联是至关重要的。话语是否具有语境效果是关联的必要充分条件。在同等条件下语境效果越大,关联性就越强。但语境效果不是衡量关联性的唯一因素,人们在处理信息时还需要在心理上付出一定的努力,即付出的努力越小,话语的关联性就越强。

Sperber 和 Wilson 提出的"关联原则"是:"每一个明示交际行为都应设想为其本身具有最佳的关联性。"(Sperber & Wilson,1986:158)在《关联性:交际与认知》第一版中,两位作者只提出了一条关联原则。而在第二版中,该原则就被改为第二关联原则,即关联的交际原则,另外还增加了一条原则——第一关联原则,即关联的认知原则。

关联的第一(认知)原则是:人类认知倾向于同最大关联相吻合;关联的第二(交际)原则是:每一个明示交际行为都应设想为它本身具有最佳关联。

(Sperber & Wilson,1995:260)关联的第二原则以第一原则为基础,而第一原则却可以预测人们的认知行为,足以对交际产生导向作用。

我们认为,仿拟理解的成功所在便是说写者与听读者要共享背景知识,前者所作仿拟表达要与二者交际行为具有最佳关联性,并且通过仿拟传递信息意图不能以牺牲后者付出极大认知努力进行推理为代价,否则就不会产生较好的语境效果。

2.2.1.2 关联理论对仿拟的解释

李鑫华(2001)认为,说话者在进行仿拟的过程中,将自己所要表达的思想放在了人们所熟知的或者前面已说过的言语范式之中,这种明示话语行为就非常经济,因其具有最佳关联性。而听话者往往要按照说话者规定好的推理思维走。双方话语的理解就必须建立在"共有知识"(shared knowledge)的基础之上。这"共有知识"最好是"互明"的心理表征。而且,关联理论建立在经济原则的基础之上,说话者的仿拟行为是要以最小的处理努力来产生最大的语境效果。"对听话者来说,仿拟在认知心理上也是经济的,在已知的基础上去推理新的语境总比完全从新的陌生的方面去理解要省力得多。"(李鑫华,2001:51)也就是说,说话人在发出仿拟话语时,借用了人们熟悉的本体的现有语言范式进行局部改造,产生了具有最佳关联性的仿体并明示其信息意图,从而以最小的努力得到最大的效果;听话人在接收仿拟话语时,借助认知语境和背景知识,推导出具有相同范式的已知本体,再通过二者之间的关联性进行推理,即获取仿体的语境效果及其交际意图,从而保证了整个明示—推理过程的经济性。

罗胜杰(2007)从语音、语义和语篇三个方面对仿拟做出了解释。其一,语音相关可以用于仿拟,形成汉语中的音仿,即换用音同或音近的语素仿造新词。音仿可分为同音仿词和近音仿词。由于本体和仿体两个词音同或音近,发音上存在很大关联,易于引发联想,人们很容易根据既有的语音形式,付出最小的努力推导出音同或音近的相关词语。如"骑乐无穷"(仿照"其乐无穷")、"美丽冻人"(仿照"美丽动人")、"实事求似"(仿照"实事求是")。其二,语义相关也可用来构成仿拟。人们可以借助语义上的关联性,将已知言语作为出发点,通过类比联想,以最小的努力获得认知效果,创造出一个意义上与之相关的新词。作者将此类语义相关分为六种：近似相关，反义相关，人名、地名相关，地点、空间相关，颜色相关和数字相关。我们认为，后面四种属于结构相关。近似相关是指新事物与原有事物之间存在某种相似点或相关性，人们可以利用这一特点通过类比仿造出描写新事物的新词语。如"文化污染"（仿照"环境污染"）、"收视"（仿照"收听"）、"聊吧"（仿照"酒吧"）。反义相关是指人们利用对比联想，根据与原有词语之间的反义关系，创造出与之相对的词语。如"热门"（仿照"冷门"）、"遗老"（仿照"遗少"）、"后进"（仿照"先进"）。其三，语篇相关是指利用现成的语篇格调或故意模仿原文的腔调来仿造另一个具有同样结构、腔调的语篇，这种仿拟手法也符合最佳关联的经济原则。"人们充分利用相关原则，实行语言中的'拿来主义'，即新的篇章不改变原有句式结构，甚至还保留其中某些词语，人们在阅读时很容易就可以推断出原文来。如'枯藤老树昏鸦，教室、宿舍、网吧，抽烟、喝酒、看花，夕阳西下，逃学人在天涯'（仿马致远的《天净沙·秋思》）。"（罗胜杰，2007：101）作者最后强调："人们能借助已知的事物和已有的语言形式，能利用事物之间的相关性来认知和命名新事物，这就是仿拟之所以存在的理论依据。"（出处同上）

上述学者运用关联理论对仿拟的产生与理解进行阐释的主要思想是，说话人，即仿拟的发出者，运用人们熟悉的或前文出现的言语作为范式，利用与本体之间在语音、语义、结构或语调等方面的关系进行推导和仿造，得出仿体，传递出自己的信息意图，从而取得最佳关联，即以最小的仿拟努力产生最大的语境效果。听话人，即仿拟的接收者，在受到说话人的言语刺激后，对其明示信息进行推导，同时利用认知语境和个人知识找出与仿体之间的最佳关联，然后通过此种关联性对仿体的意义与说话人的交际意图进行推理，即以较小的努力获取最大的语境效果。

2.2.2 概念整合理论的解释

彭艳、夏耕（2005），靳琰、王小龙（2006）与罗胜杰、张从益（2009）等人利用概念整合理论对仿拟产生或理解的过程进行了阐释。

2.2.2.1 概念整合理论介绍

Fauconnier 于 1985 年在其专著《心理空间》（*Mental Spaces*）中提出了心

理空间理论。他将那些储存在头脑中暂时的、在线话语信息的集合称为心理空间。后来又提出,心理空间是"人们在思考和交谈时,为了达到当下的理解与行动的目的而建构的小概念包(conceptual packets)"(Fauconnier,1996:113)。而后,他于1997年在《思维与语言中的映射》(*Mappings in Thought and Language*)一书中较为系统地提出了合成空间理论(Blending Theory),并对其进行了详尽的阐述。而后,他在1998年与Mark Turner合作发表的《概念整合网络》(*Conceptual Integration Networks*)一文中极大地发展了合成空间理论,提出并阐释了概念整合理论(Conceptual Integration Theory)。

概念整合理论是关于心理空间的概念映射与整合的理论。若干个心理空间可以构成一个概念整合网络(Conceptual Integration Network,简称CIN)。基本的概念整合网络由四个不同的心理空间构成,分别是输入空间 I(Input Space I/I_1)、输入空间 II(Input Space II/I_2)、类属空间(Generic Space)与合成空间(Blended Space)。输入空间 I_1 和输入空间 I_2 有各自不同的语义结构元素,但同时二者也有某些相同或相似的结构元素。这些相同或相似的元素之间就形成了跨空间映射(cross-space mapping)。由于这些结构元素为两个输入空间所共有,它们就是类属空间仅有的结构元素,会共同输入合成空间。合成空间是由两个输入空间同时向其投射而产生,但从输入空间到合成空间的概念投射是有选择性的(selective projection),并不是输入空间所包含的所有元素都能投射至合成空间。而且,也有一些二者并不共有的元素输入合成空间。所有这些投射的元素在合成空间里进行整合,形成新的结构形式并产生新的结构元素,从而形成新的概念。合成概念具有自己的结构,被称为层创结构(emergent structure)。层创结构并非直接来自输入空间,而是认知主体对投射的对象经过复杂的认知加工后而在大脑中形成的创新内容。可见,合成空间不是输入空间中的成分的简单相加,而是通过推理等认知活动产生的一个全新结构的概念化过程。这样,四个空间就通过投射链彼此连接起来,构成了一个概念整合网络。

2.2.2.2 概念整合理论对仿拟的解释

彭艳、夏耕(2005)认为,仿拟是连接概念化与语言的一种普遍而又突出的认知过程,是主要依赖于语境域和旧语词(包括旧词、旧短语、旧语句、旧语篇)域这两个输入空间的跨空间映射,以及合成新空间的动态言语行为。两位学者通过下例具体描述了仿拟的实时意义建构过程,以及该过程中连接心理空间的映射过程。

(37) 鸿渐道:"因为我不能干,所以要娶你这一位贤内助呀!"柔嘉眼瞟他道:"内助没有朋友好。"鸿渐道:"啊,你又来了!朋友只好绝交。你既然不肯结婚,连内助也没有,真是赔了夫人又折*朋*。"(钱锺书《围城》)(彭艳、夏耕,2005:7)

例(37)中的"赔了夫人又折朋"是仿照成语"赔了夫人又折兵"的结构,并替换语素"兵"为"朋"而造出来的。该成语出自三国故事:东吴都督周瑜设计,假意将孙权之妹许配给刘备,骗其到东吴成亲,趁机囚禁以讨还荆州,结果弄假成真,刘备携孙夫人逃出东吴,周瑜带兵追赶却又被诸葛亮所派伏兵击败。后用以比喻想占便宜却连本也赔进去了。说话人方鸿渐在此语境中借用这个仿拟成语,表达了假使孙柔嘉不同意出嫁,而又使其与朋友赵辛楣绝交,将会导致同时失去"夫人"和朋友的后果,因而是"赔了夫人又折朋"。

彭艳、夏耕将该仿拟行为的实时意义建构过程描述如下:首先,在说话人(方鸿渐)的心理空间中存在着两个认知域——旧语词域和语境域,前者是源域,后者为目标域;语境域中说话人可能遭受的损失使其联想起旧成语"赔了夫人又折兵"反映的三国故事中周瑜所遭受的损失。二者同为损失事件,语境域中方鸿渐的"连内助也没有"以及"朋友只好绝交"的损失正好对应于旧语词域中东吴和周瑜的"赔了夫人"和"折兵"的损失,两个域之间形成跨空间映射。其次,两个域共有的抽象语义结构——人物遭受了双重损失,以及表达该语义结构的语言组织形式——"赔了X又折Y"(X和Y都是变量,代表损失的内容)被抽象出来并投射至类属空间。再次,两个域和类属空间的共有结构一起投射至合成空间进行整合,在此过程中用语境域中的损失事件代替旧语词域中的对应事件,即用语境中的"夫人"与"朋"代替旧语词中的"夫人"与"兵"。最后,在此基础上结合两域共有的语言组织形式,形式了层创结构——新词"赔了夫人又折朋",意为像东吴周瑜一样遭受

"夫人"与"朋友"的双重损失。

他们将仿拟的认知过程总结如下:"仿拟的认知过程是经过了两个不同认知域进行跨空间映射、抽象出共有的语义结构及其语言组织形式的类属空间映射、概念经整合而成为新的语言表达式、最终形成自身的层创逻辑四个阶段。"(彭艳、夏耕,2005:8)他们所说的语境域和旧语词域其实就是两个输入空间,分别包含本体的语言形式与意义以及仿体的意义,类属空间提取出二者共同的形式或意义元素,两个输入空间与类属空间进行选择性投射至合成空间,形成层创结构,即仿体。我们将例(37)中"赔了夫人又折朋"的生成用概念整合图示分析如下(见图2-1):

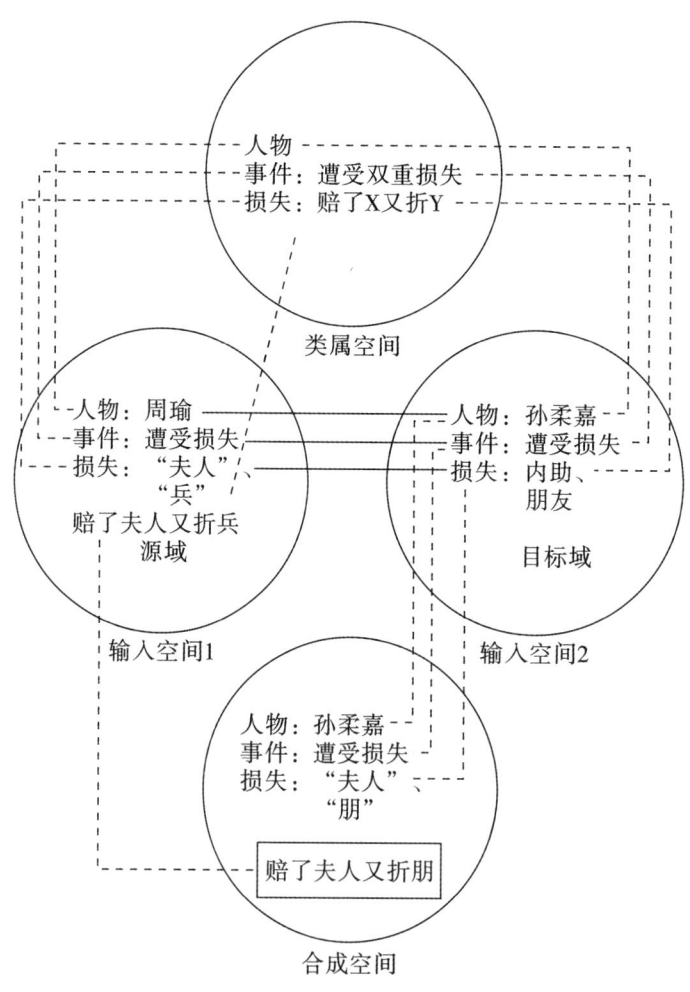

图2-1 "赔了夫人又折朋"的生成图示

后来，靳琰、王小龙（2006），崔珣丽、吕汝茵（2008），罗胜杰、张从益（2009），罗胜杰（2010），卢培培（2011）等诸多学者也都运用概念整合理论对各种仿拟现象进行了相似阐述。虽然解释的具体程序和所用图示有所不同，但理论框架与所得结论均大同小异。

2.2.3 原型范畴理论的解释

徐国珍（2003，2006）、孙立华（2009）、张清（2009）等人从原型范畴的角度对仿拟进行了探讨。

2.2.3.1 原型范畴理论介绍

传统的客观主义范畴观可追溯到古希腊哲学家亚里士多德对于范畴的认识，这种范畴观认为，范畴由其成员所共有的一组充分必要特性来界定，范畴成员的身份具有明确性而非模糊性，成员之间的关系具有平等性而非差异性，范畴与范畴之间划分清晰。但自20世纪50年代以来，心理学和人类学研究对此观点提出了诸多质疑与反证。英国哲学家维特根斯坦通过对游戏的研究，论述了范畴边界的不确定性，以及中心成员与边缘成员的区别，并提出了"家族相似性"（Family Resemblances）理论。美国心理学家Rosch提出了"类典型及基本层次范畴理论"（The Theory of Prototypes and Basic-level Categories）。该理论认为，范畴一般都是围绕一个类典型而构成的，判断某物体是否归入某范畴，要看它是否与某类典型之间具有足够的家族相似性，而非是否具有该范畴的成员所有的共同特性。

后来认知语言学家 R. Langacker, J. Taylor, G. Lakoff, M. Johnson, W. Croft 等将类典型理论运用到了语法和语义研究上。认知语言学范畴观认为，范畴化是人类思维、感知、言语和行为的最基本能力，语义即对世界进行范畴化与概念化的过程。而且所有范畴都是模糊的（fuzzy），即决定范畴中的成员身份的不是一组共同特性，而是家族相似性；另外，一部分成员比其他成员具备更多的共同特性，这些成员可视为该范畴的典型和中心成员，即原型。"原型是范畴中最好、最典型的成员，而其他成员具有不同的程度的典型性（different degrees of typicality）。"（赵艳芳，2001：60）原型范畴的特点包括：决定范畴内涵的属性及其数目是不确定的；原型特征有中心和边缘之分,成员之间的地位是不平等的;范畴成员是互相重叠、渗透的,具有家族相似性。不同事物被划分为不同范畴,如动物、植物等;同一事物又同时属于多层范畴,如一只波斯猫同时属于动物、猫科动物、猫、波斯猫等范畴,这些范畴构成不同等级。认知科学发现,人们认识客观事物时,总会借助某种标准对其进行分类和组织,并将其划分为一个个不同的范畴,形成一个庞杂而有序的范畴层级网络。人类的大脑是从范畴的中间层级开始认识事物并对其进行分类的,在此层级上人们更容易区分不同的事物。该层面被称为基本范畴层级,而在此层级上所感知的范畴被称为基本范畴。人类总是在基本范畴的基础上生成或习得基本概念词语。"基本等级范畴是人类对事物进行区分最基本的心理等级,是认知的重要基点和参照点(cognitive reference point)。"(出处同上:59)

既然语义即范畴化与概念化,仿拟从某种意义上来说,也是一种运用语言符号对事物进行范畴化与概念化的过程。

2.2.3.2 原型范畴理论对仿拟的解释

徐国珍(2003)认为,仿拟的生成活动分为三个步骤:①选择基本范畴,②确定原型(本体),③类推创造仿体。首先,仿拟同样是一种对客观事物的感知行为,因而也是建立在基本范畴的基础之上的。当仿拟者准备对认知对象实施仿拟行为时,先要借助语境和背景知识判断出该对象所处的基本范畴,然后在此范畴中进行寻找本体的工作。这是仿拟的第一个环节。其次,基本范畴中最具代表性的成员被称为典型成员,即范畴原型。仿拟者进入基本范畴后,根据认知对象及语境的要求在该范畴内进行搜索与选择,并最终确定其原型,即仿拟本体。"就仿拟行为而言,本体并非凭空而来的,而是人的一种辨别并明确范畴、寻找并确定原型的认知现象、认知过程。"(徐国珍,2003:103)最后,仿拟者在基本范畴中本体的参照下,通过类推手段,仿造出新的言语,构成仿体,完成仿拟过程。但在此过程中,不能将本体确定为与认知语义对象不相关的范畴中的典型成员,也不能造出与本体的结构形式不协调的仿体。如针对"具备某种特殊、优越的条件"这一认知语义对象时,根据人们的认知经验一般会将本体确立为"得天独厚"等相应词汇范畴中的成员,而不会是"为所欲为"等无关范畴里的成员;人们仿照"得天独厚"可以造出"得天独薄""得地独厚"等仿词,而不可能造出"得天厚独""得厚独天"等与本体形式不协调的仿词,或者"得寸进尺"等与认知对象完全背离的仿词。这正是由于"范畴"和"原型"的制约力量所限定的。

徐国珍(2003,2006)用原型范畴理论对仿拟的创造与理解过程再次做了分析,认为"基本范畴、原型不仅是人类感知外部世界的重要因素,也是仿拟行为重要的结构成分;它不仅在仿拟生成的过程中为行为者锁定了'仿'的目标及'拟'的对象,而且还在仿拟接受的过程中为人脑的解码提供了有效的范围及依据"(徐国珍,2006:23)。她将仿拟的建构过程改进为以下模式:

感知信息　　预设方式　　展开联想　　类推创造
　↘产生动机 —→ 选择范畴 —→ 确定本体 —→ 构成仿体

同时将仿拟的接受过程改进为以下模式:

感知对象　　搜索原型　　推导完形
　↘展开探究 —→ 提取本体 —→ 接受仿体

该模式存在着一种推理机制:根据对象的特征,通过联想,进入其基本范畴,逐步深入寻找其所仿的原型,即本体,并借助语境展开类推,直至理解仿体语义。这两个模式的结合构成了仿拟这一言语行为的基本认知过程。例如:

(38)民主就是"由民做主"。反之,用郑先生的话说,"让有权做主的人去做主",那不是民主而是"官主"。(《杂文报》2001年3月13日)

此例中的仿词"官主"源自现成词"民主"。该仿词建构的认知过程大致可描写如下:当仿拟者接收到了"让有权做主的人去做主"这一认知对象时,激起了批驳此说的动机,在言语世界中开始了范畴化活动,借助心理图式和先在经验的引导,凭着对语境的认知和联想的运用,很快便激活相关的基本范畴,并捕捉到相匹配的原型语词——民主;然后,以该原型词作为参照点,结合特定的语境因素,仿拟者运用类推机制进行言语创造,构成了"官主"一词。再如：

(39) 我儿子也是大一，但极少跟我发来短信。而我晓得，他的快乐统统来自他的同辈，而不是我这样的**半老徐爷**。(《杭州日报》2005 年 1 月 19 日)

当仿拟接受者接触到"半老徐爷"这一新词时，会产生好奇心理并激发起强烈的探究意识。于是，凭着"似曾相识"的先在经验，接受者展开联想、确定范畴，并从中搜寻到该范畴的原型语词——半老徐娘；然后借助语境、经验通过联想，填补了该词的表意"缺口"，类推出其内涵，从而使之得到了完形。

2.2.4 图形—背景理论的解释

么孝颖(2007a,2012)、孙立华(2009)等人使用图形—背景理论对仿拟的生成机制做出了解释。

2.2.4.1 图形—背景理论介绍

早在近一个世纪之前，丹麦心理学家 Rubin 就设计了著名的"人面—花瓶图"，并提出了图形—背景(figure-ground)的概念。之后完形心理学家借鉴这一概念用于研究知觉组织，认为主体的知觉认识包括了图形和背景两个部分。图形是位于背景之中却又最为明显的成分，人们也总是倾向于在背景中对突显的图形进行感知。一般来说，人们不能将注意力焦点同时放在图形与背景之上，二者也不能被感知为同一事物。L. Talmy 首先将图形—背景理论运用到认知语言学研究之中，他将其定义为："图形是一个运动的或者概念上可移动的物体，它的场所、路径或方向可被感知为一个变量，其特别价值是突显性。背景是一个参照体，其本身在参照框架中是固定的，相对于该参照体，图形的场所、路径或方向得到了特定描写。"(Talmy,1983：232)图形通常是形状完整、体积较小、能够移动、结构简单、可及性大、依赖性较大、更易见到的物体；而背景往往是体积较大、静止的、结构复杂、独立性较大、更易预料的物体。如小船漂在湖中，小船常被视为图形，湖泊作为背景。简言之,图形就是认知域中的注意力焦点,认知域的其余部分就是背景。

2.2.4.2 图形—背景理论对仿拟的解释

么孝颖(2007a)认为,词、短语、句子、段落、篇章这些大小不同的语法单位其实都是表达一定语义结构的概念认知域,它们可作为仿拟本体的背景;当这些语法单位中的某个或某些语素、词或短语成为认知域中最突显的焦点时,它们就成了仿拟本体的图形。语言使用者根据表达的需要,以仿拟背景为依托,对仿拟的本体图形进行聚合关系的替换,"创造出偶发的词、短语、句子、段落或篇章,这些偶发的词、短语、句子、段落或篇章,就是仿体背景,替换部分就是仿体图形"(么孝颖,2007a:22)。例如:

(40)相声*逗*你没商量。
原来这样也可以发财——*骗*你没商量。
临时邻居*扰*你没商量?
三聚氰胺*毒*你没商量。(么孝颖,2013:78)

例(40)中的几句仿拟话语的共同本体为"爱你没商量",这是1992年的一部国产电视剧的名字。该句作为本体背景,其中"爱你"这一动宾结构做句子的主语。当仿拟者将注意力聚焦于这个动宾结构时,它就成了仿拟本体的图形。仿拟者们根据语境和交际需要把本体图形中的"爱"字分别改换为"逗""骗""扰""毒"等动词,形成新的动宾结构,并将其作为仿体的新主语,仿造出了数个不同话语。这些新的话语就成了仿体背景,其中被突显的新主语就成了仿体图形。我们将上例用图2-2表示如下:

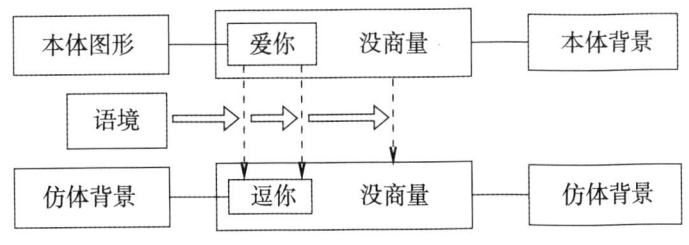

图2-2 "逗你没商量"的生成图示

孙立华(2009)也从图形—背景的角度对仿拟的生成过程进行了解释。作者认为,仿拟生成过程就是直观地利用了认知语言学突显观中的角色(该文对 figure 的翻译)与背景的关系;当人们对认知对象实施仿拟行为时,首先是有意识或无意识地觉察到了本体中角色与背景的关系。仿体与本体的不同之处对应于角色,其他部分对应于背景,然后又把这一个关系投射到现有的感知对象上面,从而实现了仿体的生成。例如,以"硬盘—软盘""硬件—软件"为本体,创造出了"硬技术—软技术""硬武器—软武器""硬科学—软科学""硬通货—软通货"等一系列仿词。"本体中角色与背景的这种对应关系投射到军事、科技、金融、广告等领域之后,就自然而然形成新的'指标、环境、科学'等角色与'软与硬'这个总的对比结构背景的对应,所以,各类形象生动的仿体也就随之在不同领域产生了。"(孙立华,2009:447)

2.2.5 构式语法理论的解释

刘宇红、谢亚军(2007),牛保义、席留生(2009)等人从构式语法的角度对仿拟的生成机制与制约因素做了分析。

2.2.5.1 *构式语法理论介绍*

构式语法理论(Construction Grammar Theory,简称 CG 理论)是 20 世纪 80 年代末兴起、90 年代逐步形成的一种新的语法分析理论。这种理论发端于 C. Fillmore,由 A. E. Goldberg 正式提出。构式语法理论是在批判转换生成语法理论的基础上产生并发展起来的。Fillmore 和 Paul Kay 对诸如"let alone"和"What's X doing Y"等习语和习语型句式进行研究,并最先提出了"Construction Grammar"这一术语。这为后来各种流派的构式语法观点的发展奠定了理论基础。

Goldberg 在其专著《构式:论元结构的构式语法研究》(*Constructions: A Construction Grammar Approach to Argument Structure*)中提出,构式就是形义的对应体(Form-meaning correspondences)(Goldberg,1995:1),并且首次对构式进行了明确的定义:"构式是形式和意义的配对体。当且仅当 C 是一个形式(F_i)和意义(S_i)的配对体,其形式或意义的某些方面不能从 C 的组成成分或其他先前已有的构式完全推知,那么 C 就是一个独立的构式。构式可以看作是语言中的基本单位。"(出处同上:4)后来在另一专著《运作中的构式:语言概括的本质》(*Constructions at Work: The Nature of Generalization in Language*)中又对该定义做了修正,表示:"即使有些语言格式可以得到完全预测,只要它们的出现频率很高,这些格式仍然会被存储为构式。"(Goldberg,2006:5)同时还借鉴 Langacker 的象征单位(symbolic units)理论指出,正如象征单位,一个构式包含形式和功能两极:形式极包括语音、形位和句法特征,功能极则包括语义、语用以及语篇等特征。但在 Langacker 的认知语法中,象征单位比语法构式有更为宽泛的外延,前者不仅包括后者,而且包括词素、词、时体、短语等。所谓语法构式指的是,"包含两个或两个以上的象征单位的一个象征复合体(symbolically complex)"(Langacker,1987:82)。

2.2.5.2 构式语法理论对仿拟的解释

刘宇红、谢亚军(2007)从构式语法的角度,对汉语成语仿用的心理机制及仿用过程中的制约因素进行了探讨。他们提出,在对成语构式进行仿拟的过程中,其形式和语义会发生不同程度的改变,首先必须激活完整的构式;另外,"仿用后的成语在句法语义上可能不协调,所以构式必须改变仿用后部分词汇单位的句法语义特征,使之与构式的结构与意义协调,这一过程称作语义压制(semantic coercion)。……在语义压制过程中,构式中没有被扭曲的成分是压制者,称为压制因子(coercing operator),被扭曲的成分是被压制者。压制力的来源或基础是构式本身相对固化的语言形式和语义内容"(刘宇红、谢亚军,2007:11)。例如,"随心所浴"是对成语"随心所欲"的仿用。但从字面意义上看,前者的语义不合常理,因为"心"只能产生"欲"这种心理活动,不会有"浴"这种动作行为,所以构式必须压制"随心所"与"浴"之间的语义冲突,使其服从于构式的整体结构与意义。在压制过程中,作为压制因子的"随心所"对任何接在其后的异常的语义单位进行语义压制(出处同上)。

压制力的大小与压制的效果取决于两个方面:一是压制因子与成语构式在结构和语义上的接近程度,二是被压制者与原语言成分在语音、语义或字形上的相似度。第一个方面是指压制因子与成语构式在结构和语义上更具关联性。例如,对成语构式"其乐无穷"进行仿拟时,可将"乐无穷"当作压制因子,因其保留了成语构式的主谓结构特征,而且语义保持一致,所以比"其乐无""其乐"或"无穷"等其他可能的压制因子更具关联性,压制潜力也更大,压制效果会更好。根据谐音可对该成语构式进行仿用,生成"骑乐无穷""棋乐无穷"与"琦乐无穷"等;按照语义仿用可生成"习乐无穷""厨乐无穷"等;以及按照结构仿用可生成"上网乐无穷""升级乐无穷"等新的构式。第二个方面是指被压制的词汇单位与构式中的对应单位读音或结构越接近,或者被压制单位数量越少,则被压制单位的抗拒力越小,压制效果越好,可接受程度也就越高。例如,"骑乐无穷"与成语构式"其乐无穷"谐音,而"习乐无穷"的谐音程度较小,因此前者的压制效果较好;"骑乐无穷"比"上网乐无穷"仿用更成功,因为前者中的被压制单位"骑"字同成语构式中的对应单位"其"均为单音节词,而后者中的"上网"为双音节词,与"其"结构不同;"骑乐无穷"只包含一个被压制单位,即"骑"字,而仿用构式"我型我秀"(选秀节目名字,仿照"我行我素")中有两个被压制单位——语素"型"和"秀",因而前者的抗压制力更强。

牛保义、席留生(2009)从认知语用学的角度对仿拟构式的生成进行了探讨。他们认为,仿拟者所"仿"与所"拟"的都是一个形义结合体(form-meaning pairing)或构式(construction),并将仿拟的生成概括为:"模仿现有的旧构式拟创出一个新的构式。"(牛保义、席留生,2009:119)但这里所说的旧构式并非本体构式这一具体的语言表达形式,而是仿拟者头脑里的已知概念或概念系统,即抽象的语言表达形式。新构式是指仿拟者使用已知概念或概念系统(即旧构式的句法结构和语义结构知识),对新信息进行感知和语言编码所仿拟出的新奇的表达形式。仿拟的过程就是旧构式的语义结构和句法结构知识向新构式的语义结构和句法结构分别进行投射,此过程受到仿拟者的交际目的和意图等语境因素的制约。简言之,"一个仿拟话语的生成是语言运用者认知能力的语用化"(出处同上:122)。作者对仿拟生成的语用化过程用图2-3表示如下:

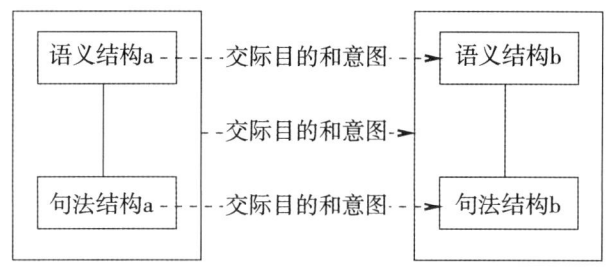

图 2-3　仿拟话语的生成图示（出处同上：124）

图 2-3 表明了新构式的生成过程，即在语境中已有概念结合交际目的和意图向新构式的投射。左边是旧构式，表现为抽象的语义结构和句法结构知识，右边为新构式，即仿体这一具体的语言表达式。

2.2.6　以往仿词认知机制研究的问题

前人从关联理论、概念整合理论、原型范畴理论、图形—背景理论以及构式语法等认知角度试图解释仿词或仿拟的生成和理解机制，但我们发现，利用上述理论所做出的研究均存在一定的问题。

2.2.6.1　关联理论仿词研究的问题

前人运用关联理论对仿拟的产生与理解进行阐释的主要思想是，说话人，即仿拟的发出者，运用人们熟悉的或前文出现的言语作为范式，利用与本体之间在语音、语义、结构或语调等方面的关系进行推导和仿造，得出仿体，传递出自己的信息意图，从而取得最佳关联，即以最小的仿拟努力产生最大的语境效果。听话人，即仿拟的接收者，在受到说话人的言语刺激后，对其明示信息进行推导，同时利用认知语境和个人知识找出与仿体之间的最佳关联，然后通过此种关联性对仿体的意义与说话人的交际意图进行推理，即以较小的努力获取最大的语境效果。该解释看似合理，但有几个问题需要进一步说明。首先，我们知道，关联理论中的"语境"也可称为"语境假设"（contextual assumptions），即听话人为了准确理解话语而出现在头脑中的一系列假设。言语交际中的语境是动态的，并不限于情景语境或言语语境。听话人在理解每一个话语时都需要建构不同的语境或语境假设。关联性是指话语在某一语境中产生一定的语境效果。而语境效果是指说话人所发出的言语信息和语境假设之间的一种关系。根据关联原则,仿拟行为作为一种明示交际行为具有最佳关联性,值得听话人付出一定努力获取或实现其中的语境效果。而仿拟的最佳关联性正是由于说话人运用既成范式进行话语仿造,以最小的努力产生最大的语境效果而取得的,这无疑陷入了循环论证,这也是关联理论的一个缺陷。其次,说话人仿照原有语言形式的语音、语义、结构或语调而拟构出新的语言形式是否付出了最小的认知努力也值得商榷。仿拟说写者为了达到特定的修辞效果或语用目的使用仿拟表达,首先要找到合适的本体作为仿拟对象,再根据语境和背景知识进行语音、语义、结构或语调上的仿造,在原有表达形式上做出替换,得出仿体。尤其是像诗词之类的句子或篇章仿拟,除了要保持本体结构之外,还有考虑所用新词语的语义、语音和格式等因素,即在确保意义连贯的前提下还要保证押韵、对称等特征。换句话说,本体和仿体之间语音、语义、结构或语调的关联性并非一开始就显现出来,而是靠仿拟者大量的思维加工获得的。仿拟无疑会带来很大的语境效果,但说写者所付出的努力却不一定是最小的。对于仿拟的接收者同样如此,尤其是在本体隐去的仿拟话语中,听读者首先要根据仿体形式,利用语境和背景知识推导出本体形式,然后在自己的语境假设中找到最佳关联,取得最大语境效果。在此过程中,仿拟听读者付出的努力也不会是最小的,因而和获得仿拟的最佳关联与最大语境效果相矛盾。最后,也是最为关键的是,我们无法从中得知基于关联的联想和类比的具体运作,即仿拟产生和理解的具体认知过程。正如权巧丽(2007)所指出的,关联理论"所用的明示、互显及推理这些概念对人类言语交际过程的解释并不完整,似乎过于笼统和简单,无法解释言语交际过程中语用推理的具体心理操作过程"(权巧丽,2007:107)。

2.2.6.2 概念整合理论仿词研究的问题

我们经过整理、归纳,发现概念整合理论对仿拟的解释存在几点弊端:

第一,彭艳、夏耕(2005)提出,首先在仿拟者的心理空间中存在着语境域和旧语词域,而且,仿拟的前提是语境域和旧语词域中的抽象语义结构相同或相似。但实际上两个域,或者说,两个输入空间并非同时出现在说话人头脑中,而是因语境刺激而出现的仿体概念经转喻激活了本体概念及其语义结构,二者必然存在语义结构上的相似性。另外,将本体作为一个输入空间也忽略了本体隐藏在话语之外而由仿体直接或间接导出这种情况。

第二,彭艳、夏耕将仿拟建构过程的第二步骤描述为:两个域共有的抽象语义结构以及表达该语义结构的语言组织形式被抽象出来并投射至类属空间,这也有矛盾之处,即语境域,或者说,仿体域在进行投射、整合之前已经兼有语义结构和组织结构,即意义和形式,既然如此,就没有必要再进一步投射与整合了,仿体就已经可以成形。

第三,他们将仿拟的方法称为"对应替换",认为仿拟的合成就是"用语境域中的语素替换旧语词域中相对应的语素,共有的抽象语义结构以及表达这个语义结构的语言形式结构保持不变"(彭艳、夏耕,2005:9),正因为两域中共有的语义结构及语言形式保持不变,人们在解读新词语时才能联想起旧词语,激活长时记忆中的知识。这一点同样存在矛盾:既然目标域已经存在与始源域相同的语义结构及语言形式,再加上可替换的相对应的语素,本身就可以形成仿体;既然仿体与本体已经同时出现了,就不用再进行联想本体、语素替换等程序了。

2.2.6.3 原型范畴理论仿词研究的问题

运用原型范畴理论解释仿拟也存在几点缺陷。首先,研究者没有展开说明仿拟建构者如何分别通过联想和类推确定本体和构成仿体,以及仿拟理解者如何分别通过搜索原型和推导完形进行提取本体和接受仿体的具体过程。其次,仿拟对象也有可能是临时仿造之词语,或者原型不易确定,比如不同的人对某范畴的原型可能会有不同的定义。甚至范畴中的任何成员都可能被当作仿拟对象。最后,对于仿拟接受者来说,如果上下文中出现了本体,则无须搜索原型和提取本体,就可以直接进行推导理解了。

2.2.6.4 图形—背景理论仿词研究的问题

么孝颖(2007a)、孙立华(2009)等从图形—背景的角度对仿拟的生成过程进行了解释。上述观点认为,被仿拟的是作为本体背景的"词、短语、句子、段落或篇章"的一部分,称为本体图形,通过替换作为本体图形的语素、字词或语句的方式将其变为仿体图形,之后得到作为仿体背景的新的语言单位。但研究者没有按照仿拟的分类交代清楚本体图形具体是如何以及为何替换为仿体图形的。另外,也忽略了本体是如何被仿拟者找到并"加工"的。

2.2.6.5 构式语法仿词研究的问题

刘宇红、谢亚军(2007)从构式语法的层面探讨了成语仿用的生成原因以及获得仿用效果的影响因素。他们提出,成语构式,也就是本体,要对仿体中的未变语素和替换语素(即压制因子与被压制单位)之间产生的语义冲突进行压制;但同时又指出,在语义压制过程中,仿体构式中作为压制因子的未变语素对作为被压制者的替换语素进行语义压制。这样,对"压制者"与"被压制者"身份的确定前后矛盾。另外,作者所用例子"随心所浴"属于语音仿拟,替换语素与本体的对应语素是同音异形异义关系,但也未必与构式的其他语素之间一定产生明显的语义冲突,比如"随心所遇"。该仿拟构式中的"心"可以转喻理解为"人",自然可以做出"遇"这种动作行为,因而不会产生语义压制。他们还指出,语义压制的过程就是对仿体的理解过程,但没有说明成语构式进行语义压制的具体方式和过程,而且也没有指出仿体是怎样生成的。

牛保义、席留生(2009)从认知语用学的角度对仿拟构式的生成进行了探讨,提出了仿拟话语的生成图示(见图2-3)。一般说来,仿拟者是参照本体构式的形—义而造出仿体构式的。但此图示忽略了仿拟过程的重要参与者——本体这个语言表达形式,即旧构式在话语仿拟过程前的确定方法。另外,我们认为,仿拟的出发点并非由旧构式投射至新信息,而是首先对新信息进行感知,受到刺激之后结合语境和个人知识对旧构式产生映射或激活,再由旧构式与新信息进行投射并整合为新的构式。

将构式理论应用到对仿拟的解释中的确带来很大便利,不论本体是词语、句子还是篇章均可视为构式,而且仿体同样也是构式。但不论是构式压制,还是认知语用化,都未能按照分类对仿拟的生成和理解过程进行详细的阐释。

第 3 章
理论基础与分析框架

本章主要介绍对汉语仿词进行研究的理论基础,并以此为基础,尝试提出研究仿词生成与理解机制的理论框架。首先,对本研究的理论基础逐一介绍,并解释与仿词认知机制之间的关系,包括概念转喻理论、概念整合理论以及认知语法中的象征化;其次,我们还对仿词生成和理解非常重要的语境因素做出了限定;最后,提出了仿词生成与理解认知机制的理论框架。

3.1 理论基础

3.1.1 概念转喻理论

本节我们主要介绍 ICM[①]、概念域或认知域以及域矩阵内发生的转喻。

3.1.1.1 ICM 与转喻

Lakoff & Johnson(1980)首先将转喻视为一个认知过程,该认知过程可以使我们通过一个事件与其他事件的关系对该事件进行概念化。因此,将其称为概念转喻。转喻是指人们用一个实体来指代另一个相关实体。"转喻只涉及一个概念域,且只有一个转喻映射,即转喻始源向转喻目标(所指)的映射,因而域中的一个词项指代另一个词项。"(Lakoff & Johnson,2003[1980]:265)"转喻中发生的是两个框架元素的共同激活。"(出处同上:

---

① ICM 是理想认知模型(Idealized Cognitive Model)的首字母缩略语。

266)但他们在后面又提到,要区别隐喻和转喻,不能只看单个语言表达的意义以及是否涉及两个域,而要确定该表达如何使用。如果使用两个域形成了单一的、复杂的主题内容且只有单一映射,那就是转喻。(出处同上:267)

Lakoff(1987)将转喻纳入理想认知模型中进行讨论,认为转喻是一种认知模型(CM),即 ICM 的一个次类。

Lakoff 在体验哲学和原型范畴的基础上提出了认知模型(CM)理论。他(1987)认为,认知模型源自与人和外界的互动体验,用于范畴化、参照点或"转喻"等推理。认知模型是基于一定的相关情景和语境,储存于大脑中某个领域中所有相关知识的表征。

人们的知识建构是以理想认知模型(ICM)这种结构为手段进行的,而范畴结构和原型效用是这种知识建构的副产品(Lakoff,1987:68)。ICM 源自 Fillmore 的框架语义学(Fillmore,1982b),Lakoff & Johnson 的隐喻、转喻理论(Lakoff & Johnson,1980),Langacker 的认知语法(Langacker,1986)以及 Fauconnier 的心理空间理论(Fauconnier,1985)。"所谓 ICM,就是指特定的文化背景中说话人对某领域中的经验和知识所作出的抽象的、统一的、理想化的理解,这是建立在许多 CM 之上的一种复杂的、整合的完型结构。"(王寅,2007:206)ICM 利用了四种建构原则:Fillmore 的框架中的命题结构、Langacker 的认知语法中的意象图式结构以及 Lakoff & Johnson 描写的隐喻映射和转喻映射。

转喻是认知的基本特征之一。人们总是用某事物中完全理解的或容易感知的方面指代事物整体或整体的某方面或部分。"给定一个包含某些背景知识(例如,某机构位于某地点)的 ICM,其中两个元素 A 与 B 之间存在一种'指代'(stands for)关系,这种关系使 ICM 中的一个元素 B 可以指代另一元素 A。在这种情况下,B 等于地点,A 等于机构。我们将此类包含指代关系的 ICM 称为转喻模型。"(Lakoff,1987:78)由此推断,转喻模型就是 ICM 的一种,转喻操作是在 ICM 中进行的。例如:

(1)他不太喜欢好莱坞的电影。

例(1)中的"好莱坞"一词原意是指美国加州洛杉矶市的一个地名,因美国许多著名电影公司设立于此,所以往往用来指代美国电影工业中心。这里用的就是"地点代机构"转喻,"好莱坞"这一地点与"美国电影工业中心"处于同一个 ICM 之中,前者指代后者。

一般情况下,转喻模型具有以下几个特征:在某个语境中,为了某个目的,存在一个"目标"概念 A 有待理解;存在一个包含 A 与另一概念 B 的概念结构;B 是 A 的一部分或者在概念结构中与 A 紧密联系,而且对 B 的选择会在概念结构中唯一地确定 A;相对于 A,B 更易理解、记忆与识别,或者在特定语境中为了特定目的更加便于使用;一个转喻模型是 A 与 B 在一个概念结构中如何联系的模型,二者关系由 B 向 A 的映射来确定。当这样一个规约转喻模型作为概念系统的一部分存在时,B 就可以用来转喻性地指代A。(出处同上:84-85)

Lakoff & Turner(1989)进一步发展了对转喻的认知语义学解释,二人将转喻看作一个认知域中的概念映射(conceptual mapping)。他们认为,转喻映射发生在单个认知域中,而不涉及跨域映射。转喻可以使一个实体概念指代处于相同域中的另一个实体概念。这就解释了为何转喻关系是基于相邻性(contiguity)或概念邻近(proximity)。

理解转喻要在概念框架(conceptual framework)中进行,即场景(scenes)、框架(frames)、脚本(scenarios)、域(domains)或理想认知模型(ICMs)(Panther & Radden,1999:2)。或者说概念框架是域、理想认知模型、图式(schema)、场景(scenario)、脚本(script)等不同叫法的统称。因此,Lakoff 提出的 ICM 与他和 Turner 在解释转喻时所用的"域"(domains)在本质上是相同的。

Kövecses & Radden 对 Lakoff & Turner 提出的 ICM 概念转喻观进行了概括。二人借鉴了 Langacker(1993)和 Croft(1993)的研究,同样使用"通达"(access)而非"映射"(mapping)来框定转喻这一概念。但他们将 Langacker 使用的"参照点实体"(reference point entity)与"意向目标"(desired target)这两个术语分别称为"喻体"(vehicle)和"目标"(target)。二人提出,在转喻这种认知过程中,一个概念实体,即喻体,向处于相同概念域或理想认知模型

(ICM)中的另一个概念实体,即目标,提供心理通达(mental access)(Kövecses & Radden,1998:39)。

人们对一切事物概念化后形成不同的ICM,这包括对事物与事件的概念化、词语形式及其意义,以及现实世界中的事物与事件。他们将这些概念化类型称为"本体领域"(ontological realms),并将本体领域划分为"概念"世界、"形式"世界以及"事物与事件"世界(Radden & Kövecses,1999:23)。另外,ICM分为两种情况:在同一符号单位内使不同本体领域的实体相互关联的ICM,以及在同一本体领域内使不同符号单位的实体相互关联的ICM。前者情况中相互关联的本体领域产生两种ICM:符号ICM(Sign ICM)——一个概念和一个形式的配对,和指称ICM(Reference ICM)——一个事物或事件与一个符号的配对。在这些ICM中发生的转喻分别称为符号转喻(sign metonymy)和指称转喻(reference metonymy)。后者情况中相互关联的符号单位与概念有关,并典型地与形式结合。这些ICM被称为概念ICM(Concept ICM),基于概念ICM的转喻被称为"概念转喻"(concept metonymy)。三种转喻如图3-1所示:

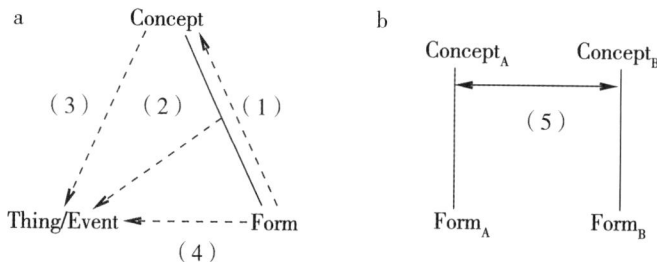

图3-1　符号、指称与概念转喻

图3-1中的a图与C. K. Ogden & I. A. Richards(1946[1923])提出的语义三角相类似。图3-1表示了产生符号转喻和三类指称转喻以及一类概念转喻的几种符号关系。箭头表示转喻映射方向。

a图中的(1)代表符号转喻,符号ICM联合了一个形式与一个或更多概念,如,形式"dollar"或其符号$代表了美元币值、货币或金钱。符号转喻就是形式指代它所意指的概念。(2)、(3)、(4)代表三类指称转喻。在三类指称转喻中,转喻目标都是现实世界的事物或事件。标准的指称情形是符号,即形义单位,代表一个所指事物或事件。第一类是"形式—概念代事物/事件"转喻,如单词 cow 代表一头真实的奶牛。但严格意义上说,符号并非指称现实世界而是现实的心理模型。第二类是"概念代事物/事件"转喻,如概念 cow 代表真实的奶牛。第三类是"形式代事物/事件"转喻,如词形 cow 代表真实的奶牛。图 3-1 的 b 图中,(5)代表概念转喻。处于同一 ICM 的两个概念可以相互指代。

二人提出用于生成各类转喻关系的两种普遍概念构型:整体 ICM 及其部分,与 ICM 的各个部分。在前者构型产生的转喻中,我们通过整体通达部分,或者通过其中的一个部分通达整体 ICM,如 America 代 United States;在后者构型产生的转喻中,我们通过处于相同 ICM 的某一部分指代另一部分,如 the bottle 代 the milk in it。整体—部分构型包括七类 ICM。

我们认为,仿词的生成与理解中分别存在着包含语音域、结构域或概念域在内的 ICM 中的两次转喻过程。

3.1.1.2 域矩阵与转喻

Croft(1993)没有使用 ICM 和概念映射,而是利用域矩阵(domain matrix)和域凸显(domain highlighting)类解释转喻。他提出,一个概念可以预设几个不同的域,一个概念同时预设的域的集合称为域矩阵(domain matrix)(Croft,1993:342)。比如"人类"这个概念就可同时预设"动物体""生命体""思维""语言"等多个概念域。隐喻需要跨域连接两个完全不同的域矩阵,而转喻只在一个域矩阵中凸显其某一个方面。具体来说,转喻就是对一个概念的域矩阵中的某个域进行凸显(highlighting)从而通达至目标域。域矩阵由说话人关于语言表达意义的百科知识构成,转喻存在于域矩阵中主域(primary domain)和次域(secondary domain)之间的凸显关系。例如:

(2)他珍藏着一幅唐伯虎。

此例表达的是"他珍藏着一幅唐伯虎的画"。根据认知语言学的百科观,我们头脑中关于唐伯虎的所有知识构成了一个认知域矩阵,其中包含着与唐伯虎相关的各种背景知识,即概念域。在所有域中,唐伯虎作为一个人是主要认知域,因为一般情况下,当提到"唐伯虎"时我们首先会想到他这个人,而唐伯虎的画作是一个相对次要的认知域。但例(2)通过对人名"唐伯虎"的转喻使用,次域得到了凸显,从而实现了说话人对交际意图的传达。

西班牙语言学家 Ruiz de Mendoza 与几位合作者在研究转喻时运用了 Lakoff 的域理论并发展了 Croft 的域矩阵及域凸显的观点。他认为,转喻操作总是发生在概念域及其次域(subdomain)之间,概念域由诸多的次域组成。Mendoza(2000)提出了域扩展(domain expansion)和域减缩(domain reduction)两种转喻情形。域扩展指目标域包含始源域的转喻(source-in-target metonymies),如:

(3)你知道吗,超人从马上坠下摔伤了后背。

此例中,摔伤后背的并非科幻角色超人而是超人的扮演者克里斯多弗·里夫。这样说是为了成功指称而避免冗长的解释,比如"克里斯多弗·里夫,扮演超人的演员"。该转喻中,始源域(超人)是目标域(演员克里斯多弗·里夫)的一个次域。

域减缩指始源域包含目标域的转喻(target-in-source metonymies),如:

(4)拿破仑在滑铁卢失利。

此例中,打败仗的是拿破仑所领导的军队而非拿破仑本人。这样说是为了避免更难处理的冗长表达,也是为了强调在失利中拿破仑的突显角色。该转喻中,目标域(军队)是始源域(拿破仑)的一个次域。

例(3)的目标域和例(4)的始源域都为对应的次域提供了参照框架,因而可将其称为矩阵域(matrix domains)(Mendoza & Hernández,2003:34)。矩阵域是转喻映射所涉及的两个域中最具包容性的(encompassing)或者勾勒最清晰的。

转喻存在着域—次域关系(domain-subdomain relationship),分别有两种

概念操作——始源域的一个次域凸显(highlighting)以及始源域概念结构的扩展。(出处同上:35)始源域中的次域凸显其实就是域减缩。域扩展与域减缩图示如下(见图3-2):

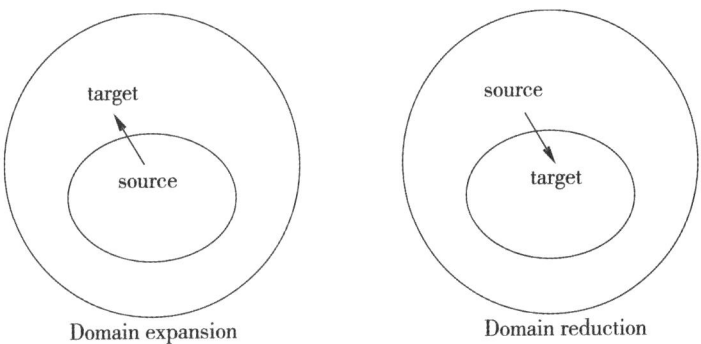

图3-2　域扩展与域减缩(Ruiz de Mendoza & Otal,2002:58)

按照他们的分析,域扩展和域减缩两种转喻都相当于 Radden 与 Kövecses 所说的整体 ICM 及其部分之间的转喻,前者等于部分代整体转喻,后者等于整体代部分转喻,二人排除了部分与部分之间的转喻。Mendoza 与 Otal 认为,概念域中部分与部分之间的代指可以全部归入始源域包含目的域的转喻类型。

我们认为,仿词的生成与理解中分别存在着两次域扩展和域减缩的转喻过程。用图表示如下(见图3-3):

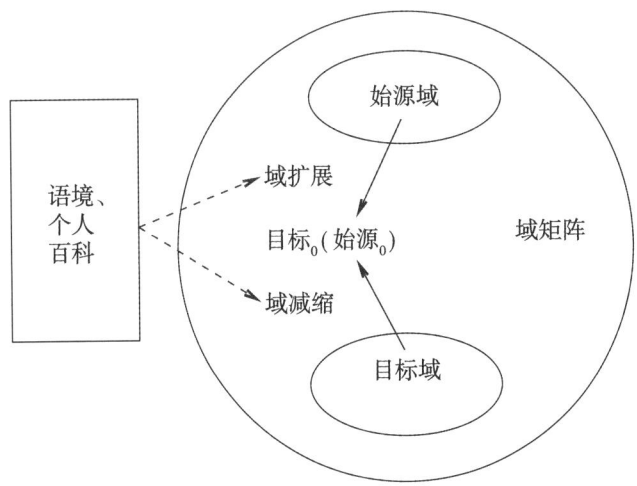

图3-3　仿词生成与理解中的域扩展和域减缩

在仿拟的生成与理解过程中,在域矩阵或整体域内的一个次域,即仿拟始源域,为仿体或本体域,经过域扩展映射至中间目标域(用目标$_0$表示),即主域或矩阵域;同时它也作为中间始源域(用始源$_0$表示)再经域减缩映射至最终目标域,即域矩阵中的另一个次域,我们称之为仿拟目标域,为本体或仿体域。当然,不论域扩展还是域减缩都要受到语境和个人百科的制约。另外,需要注意的是,转喻中的域和矩阵域的建立是一个动态建构过程;仿拟始源域和目标域是相邻关系。

3.1.2 概念整合理论

Fauconnier(1997)的概念整合理论发端于他(Fauconnier 1985,1994)之前提出的心理空间(Mental Space)理论。和 Lakoff 的概念隐喻理论以及 Langacker 的认知语法一样,心理空间理论也是认知语言学的内在组成部分。

3.1.2.1 心理空间理论

Fauconnier 首先在 1985 年出版的专著《心理空间》(*Mental Space*)中提出了心理空间理论。心理空间理论是针对传统的真值条件语义模型(truth-conditional model)而提出的。根据真值条件模型,两个享有相同真值条件的句子意义相同;而且句子意义建立于由语法安排其中的所有词语的意义之和。而听话人所做的推论等附加意义则不是语义学理论所关心的,而是属于语用学领域。心理空间理论是有关意义建构的认知语义学理论。认知语义学认为,话语的意义并非就处在词语当中,理解话语并非只是理解词语本身所表达的意义。意义建构的过程本质上是概念性的。意义源于动态意义建构过程,即概念化。"意义建构是指,人们思考、行动或交流时用于域内及跨域的高层、复杂的心理操作。"(Fauconnier,1997:1)心理空间不是语言结构本身,而是根据这些语言表达提供的线索建立在话语之中的心理构件(constructs)。在该模型里的心理空间表征为有组织的、可递增的集合,即包含一些元素($a,b,c,\cdots$)及元素之间关系($R_1ab, R_2a, R_3cbf, \cdots$)的集合。一些新的元素可以加入其中,并且彼此间可以建立起新的关系。(Fauconnier,1994[1985]:16)换句话说,心理空间是持续对话中建构的临时概念域;而空间中的元素是指实时建构的实体(entities),或者事先存在于认知体系中的实体。表征空间元素的语言表达主要是名词短语。(Evans & Green,2006:371) Fauconnier(1997)认为,"心理空间是人们思维和交谈时激增的局部结构(partial structures),将话语和知识结构进行精细划分(fine-grained partitioning)"(Fauconnier,1997:11)。心理空间是话语建立的域,这些域为人们推理以及与世界相互作用而提供基底(substrate)。(出处同上:34) Fauconnier & Turner(1998:137)明确指出,心理空间是人们思考与交谈时用于局部理解和行为而建构起来的小概念包。心理空间可以建立时间、信念、愿望、可能、虚拟等一系列概念,并受到语法、语境和文化等因素的限制。"心理空间可普遍用于塑造思维和语言之间的动态映射。"(Sweetser,2000:305) Coulson(2001)将心理空间比作表征话语内容、装载有关特定域相关信息的"临时容器";同时认为,心理空间是对被说话人感知、想象、记忆或者理解的特定场景(scenario)中的实体及其关系的部分表征(partial representation),这种表征所包含的典型元素与简单框架分别代表话语实体及其之间的关系(Coulson,2001:21)。例如:

(5)约翰是玛丽的丈夫。

为了表征上例中的信息,我们会建立一个心理空间,包括两个元素,以及二者之间的婚姻关系框架。如图3-4所示:

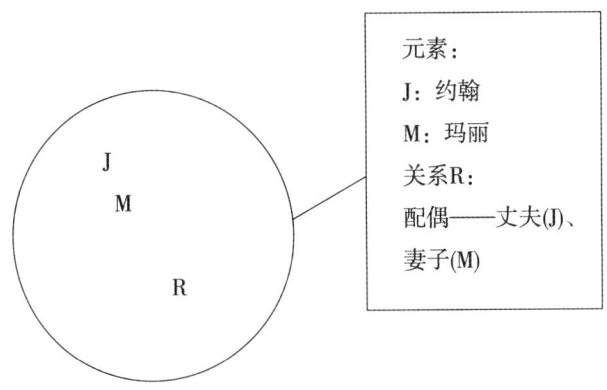

图3-4 心理空间与框架图示

图3-4中的圆形代表心理空间,表征"约翰是玛丽的丈夫"。右边附属的方形代表了对该空间中的概念结构的表征,即包含元素"约翰"与"玛丽"及其之间配偶关系的框架。

Fauconnier(1994[1985]:17)指出,"语言表达会典型地建立新的空间、元素及其之间的关系,作者将这些可以建立新空间或回指话语中已建空间的表达称为'空间构造语'(space-builders)"。空间构造语确定了赋予元素的特性以及单个空间中元素之间的关系。常见的空间构造语有介词短语(如 in John's mind)、副词(如 probably)、连词(如 if A then…)、带从句的主谓搭配(如 Max believes…)等。Lakoff(1987)提到,心理空间由 ICM 构造,这也可视为一种图式映射(schematic mapping)形式。比如,"买卖"框架中,存在买方、买方、商品、货币、价格等元素,而且对所有权、承诺、交换等做出大量的推论。例如:

(6) Jack buys gold from Jill.

假如该例句出现在话语中,而且 Jack, Jill 与 gold 分别对应一个心理空间中的元素 a, b, c,那么这些元素将被映射至"买卖"框架中的合适空位(slots)上面。如图3-5所示:

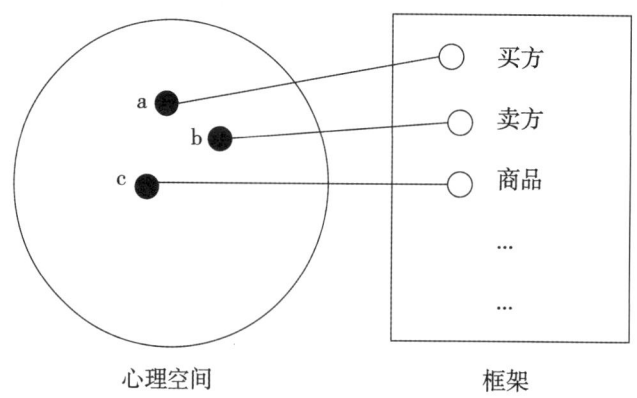

图3-5 空间与框架间的映射图示(Fauconnier,1997:12)

根据 Fauconnier 的理论,意义建构包含两个过程:心理空间的建造以及这些空间之间映射的建立(Evans & Green,2006:368)。

"两域之间的映射是人类独有的创造、转移与处理意义等认知能力的核心。"(Fauconnier,1997:1)当我们在思考以及谈话时,所建立起来的认知域或心理空间之间就会发生映射。(出处同上:8)映射是思考以及作用于目标域的某些方面的一种方式。(出处同上:20)不同心理空间之中有着各自的语义结构元素,而相同的语义结构元素之间可以通过跨空间映射建立起对应关系。跨空间映射的基本原则是身份确认原则[Identification（ID）Principle],又称可及性原则(Access Principle)。Fauconnier(1994[1985]:3)提出了身份确认原则:如果(最广义的)两个物体 a 和 b 由一个语用函数 F(b=F(a))连接,那么对 a 的描写 d_a 可用于确认其对应体(counterpart) b。这一普遍原则的基础是语用函数(pragmatic function),这是 G. Nunberg(1978)提出的概念,表示人们为了心理、文化或局部语用的原因,在不同性质的物体之间建立连接关系,而且建立起来的这种连接使我们可以利用其中一个物体指称与其连接的另一个物体。根据这一原则,一般的情景是:元素 b 由语用功能 F 将之连接到元素 a,而且可以借由对 a 的描写来指称 b。a 被称为参照触发体(reference trigger),b 为参照目标体(reference target),F 为连通体(connector)(出处同上:4)。例如:

(7) 12 号桌买单。

此例中连接"餐桌"与"顾客"的连通体是由"餐馆"框架所引发的。如图 3-6 所示:

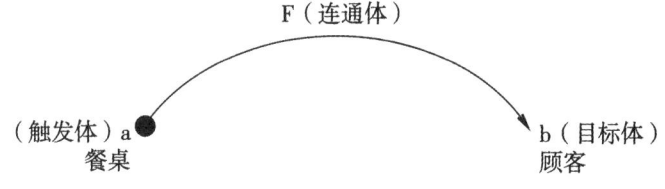

图 3-6 语用函数映射图示(出处同上:4)

图 3-6 表示由"餐馆"框架引发的连通体 F 使得触发体 a(餐桌)映射至

目标体 b（顾客）。很明显，此例为概念转喻用法。这种映射属于语用函数映射（pragmatic function mappings）：可以在局部建立的两个关联认知域通常对应于两个范畴的物体，这两个范畴由一个语用函数相互映射（Fauconnier，1997：11）。转喻和提喻都是典型的语用函数映射。

Fauconnier（1997）将 ID 原则修改为通达原则（Access Principle）：如果两个元素 a 和 b 由连通体 F（b=F(a)）连接，那么元素 b 可以通过命名、描写或指明其对应体 a 进行确认。该原则表明，命名或者描写心理空间中一个元素的语言表达可用于通达另一个心理空间中该元素的对应体（出处同上：41）。通达原则可简化为：如果连通体 F 将空间元素 a 映射至元素 b 之上，那么元素 b 的身份能够被指明 a 的语言表达所确认（出处同上：108）。在这种间接身份确认过程中，元素 a 为触发体，b 为目标体。

空间映射除了上述的语用函数映射之外还包括投射映射（projection mappings）以及图式映射（schema mappings）。投射映射是指将一个域的部分结构映射至另一个域。为了谈论和思考某些认知域（目标域），人们习惯使用某些较为熟悉的认知域（始源域）的结构或者相应词汇来表达。比如，人们常常用空间和运动的概念结构来表达时间概念。隐喻是典型的投射映射。图式映射是指将一个普通图示、框架或模型用于建构语境中某一情景的操作。也就是说，在特定情景中建立的心理空间中的元素映射至相关图式、框架或认知模型并填充其中相应的空位。如例（6）与图 3-5 所示，心理空间中的 Jack，Jill 与 gold 三个元素分别映射至餐馆框架中的买方、卖方与商品这三个空位。

当一个心理空间被建构出来，它就会随着语篇的展开而与其他新的心理空间产生联系，从而形成一个空间点阵（lattice）。为了使语篇参与者（discourse participants）顺利通过心理空间"迷宫"并利用结构划分做出适当推论，有三个动态概念至关重要：基点（Base）、视点（Viewpoint）与焦点（Focus）。在语篇建构中作为基点的空间是意义建构时随时可以返回的出发点；作为视点的空间是通达或建立其他空间的支撑点；作为焦点的空间是目前正在建构的注意力聚集点（出处同上：49）。这三类空间时常有两两重合，甚至三者重合的情况。一个新空间 M' 的建立总是与已有的处于焦点的空间 M 相关,因此 M 可称为母空间(parent space)(出处同上:38),M'则为子空间(child space)(Coulson,2001:24),二者之间为从属关系(subordination relation)。除了基点空间,网络中的所有空间都有其自身的母空间。而且一个母空间可以有很多子空间。"在语篇的任何阶段都存在一个基点空间以及一个焦点空间,而下一个阶段的意义建构会与之相关。语篇参与者通过空间点阵时,视点与焦点会随着他们从一个空间走到另一个空间而转移,但基点空间作为可能进行另一个意义建构的出发点则可随时进入。"(Fauconnier,1997:38-39)。

3.1.2.2 概念整合理论

在概念隐喻理论和心理空间理论的基础上,Fauconnier & Turner(1996, 1998,2002),Coulsn(1995,2001),Mandelblit(1994,1995),Roher(1997),Fauconnier(1997,1998)等认知语言学家探讨了一种新的意义建构理论:概念合成理论(the Conceptual Blending Theory)或概念整合理论(the Conceptual Integration Theory)。Fauconnier 在 1997 年出版的第二部专著《思维和语言中的映射》(*Mappings in Thought and Language*)中正式提出了概念合成理论并进行了详细阐述。

合成(blending)在原则上是一种简单操作,但实际上会产生无数的可能性。合成作用于两个输入心理空间以产出另一个空间——合成空间(blend)(Fauconnier,1997:149)。合成空间从输入空间继承部分结构并产生自身的层创结构。当两个输入空间 I_1 与 I_2 进行合成时,必须满足以下条件。

首先,两个输入空间之间存在着对应体之间的映射。其次,类属空间(genetic space)分别向两个输入空间映射。类属空间反映了输入空间共同的抽象结构与组织,并确定跨空间(cross-space)的核心映射。然后,两个输入空间的部分元素投射至第四个空间——合成空间。最后,合成空间产生层创结构,该结构并不直接来自输入空间。层创结构以三个相互关联的方式产生,分别是:①组合(composition)——输入空间的投射使人们得到之前在各个输入空间并不存在的新的关系;②完善(completion)——背景框架知识、认知和文化模型使从输入空间投射至合成空间的合成结构当作合成空间中更大的自主结构的一部分,这种通过继承结构而激活的合成模式被完善成为更大的层创结构;③扩展(elaboration)——合成空间中的结构可以根据其自身的层创逻辑对合成空间进行认知操作,对层创结构进行扩展。(出处同上:150-151)这样就形成了完整的四空间合成图示(见图3-7):

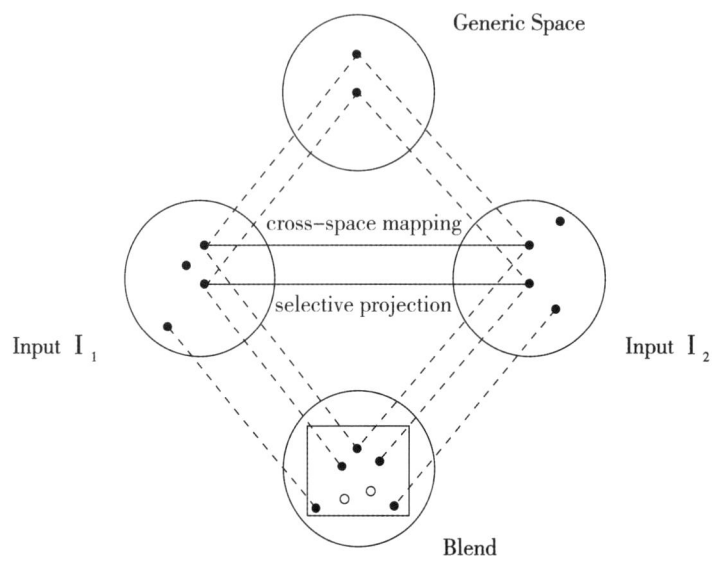

图 3-7　概念合成图示(出处同上:151)

图 3-7 中,每个空间中的小点代表元素,虚线分别连接着输入空间与类属空间,以及输入空间与合成空间;两个输入空间中的对应元素之间形成跨空间映射(cross-space mapping);输入空间的元素向合成空间进行选择性投射(selective projection),对应元素可能被分别投射或者在合成空间进行融合;合成空间中的方形代表层创结构,该结构中除了从输入空间投射来的元素和关系之外还具有该结构自身的元素,它们不与输入空间相连接。例如,由 Koestler(1964)提出而后被 Fauconnier(1997,1998a,2002)多次讨论的"和尚谜题"(Riddle of the Buddhist monk):

(8) A Buddhist monk begins at dawn one day walking up a mountain, reaches the top at sunset, meditates at the top for several days until one dawn when he begins to walk back to the foot of the mountain, which he reaches at sunset. Making no assumptions about his starting or stopping

or about his pace during the trips, prove that there is a place on the path which he occupies at the same hour of the day on the two separate journeys. (出处同上:151)

我们为"和尚上山"与"和尚下山"分别建立一个输入空间,里面均包含和尚、行走时间、路径、方向等元素。将这些元素投射至整合空间后,经过压缩以及组合、扩展与完善等过程,得到了层创结构,包含了两个和尚与行走方向,同一个时间与路径,这样两个和尚总会在某个时间与地点相遇。分析图示如下(见图3-8):

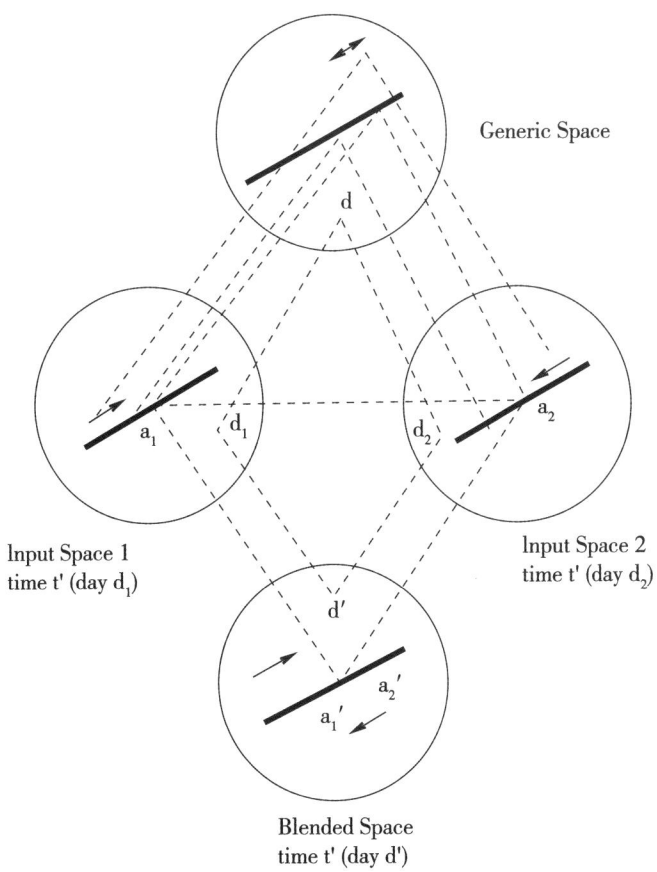

图3-8 "和尚谜题"的概念整合图示(Fauconnier,2002:45)

Fauconnier(1997)还提出了整合原则(Integration Principles),说明概念合成还受到一系列竞争性优化原则(optimality principles)的制约。而且,在一种整合结构中,某些整合空间比另一些会"更好";在整合的实际操作中,如果违反整合原则,得到的整合空间可能就会被排除掉。整合原则主要包括:

①整合(Integration):合成空间必须包含一个经过紧密整合的、可作为一个单位运作的场景;

②网络(Web):将合成空间作为单位进行运作,必须能够轻易地自动维持合成空间与输入空间之间的适当网络关系;

③解包(Unpacking):仅凭合成空间也必须使理解者将其解包、重建输入空间、跨域映射、类属空间以及这些空间构成的关系网络;

④拓扑(Typology):对于任何一个输入空间及其中任何投射至合成空间中的元素而言,该元素在合成空间中产生的关系能够与其对应元素进行最佳匹配;

⑤逆向投射(Backward projection):在运作合成空间并发展层创空间时,应避免往一个输入空间进行逆向投射以破坏该输入空间的整合;

⑥转喻投射(Metonymy projection):当一个元素从输入空间投射至合成空间,而且该输入空间的另一个元素因与第一个元素之间存在转喻连接而同样被投射时,应缩小二者在合成空间里的转喻距离。

Fauconnier & Turner(1998a)将"合成"(blending)替换为"概念整合"(conceptual integration),并提出了"概念整合网络"(conceptual integration network)。Fauconnier & Turner(2002)将以往的研究成果汇集成专著《我们思维的方式》(*The Way We Think*)。二人提出,人们进行概念合成的能力是帮助人类依赖复杂的象征能力发展高级行为的关键机制,并将合成理论重新命名为"概念整合理论"。他们认为,心理空间是意义建构在线处理过程中产生的临时结构。输入空间、类属空间与合成空间及其关系共同构成了一个概念整合网络。从心理空间组织框架的角度,他们将概念整合网络划分为四种:简单网络(simplex networks)、镜像网络(mirror networks)、单域网络(single-scope networks)和双域网络(double-scope networks)。

简单网络是一种基本的概念整合网络,其中一个输入空间包含一个框架及其角色,另一个输入空间包含无框架组织的元素,跨空间映射将角色与元素进行匹配。在镜像网络中,包括合成空间在内的所有空间共享同一个组织框架。而在单域网络中的两个输入空间拥有各自不同的组织框架,但只有其中一个输入空间的框架被投射到合成空间中,并经过扩展后形成合成空间的框架。双域网络中两个输入空间同样各包含一个组织框架,但组织合成空间的结构取自这两个框架,合成空间的元素也分别来自两个输入空间的框架。

Fauconnier& Turner(2002)强调,输入空间中部分对应元素和关系的跨空间映射、选择性投射、建立类属空间、产生合成空间、生成层创结构等构成了概念整合的组构原则(constitutive principles)。除此以外,概念整合还受到支配原则(governing principles)的制约,具体表现在最大优化层创结构的各种策略,所以也称为优化原则(Fauconnier & Turner,2002:310-311)。支配原则共同作用来限制而非控制或者说决定选择性投射至合成空间的内容。这些原则包括:压缩原则、拓扑原则、模式完善原则、整合原则、重要关系最大化与强化原则、网络原则、解包原则、关联原则。支配原则相比 Fauconnier(1997)提出的整合原则,有几处不同:

①压缩原则(Principles for Compression):包括很多细则,主要是指人类在认知过程中不断地对重要关系进行压缩以建构并理解意义,而概念整合是压缩重要关系的主要工具之一;

②模式完善原则(Pattern Completion Principle):借用已有的模式或框架来完善合成空间的元素或框架;

③重要关系最大化原则(Maximization of Vital Relations Principle):概念整合网络要尽可能地最大化重要关系;

④重要关系强化原则(Intensification of Vital Relations Principle):概念整合网络要尽可能地强化重要关系;

⑤关联原则(Relevance Principle):合成空间中的一个元素应具有与其他空间建立连接以及运作合成空间的关联性。

上述的压缩原则和重要关系最大化与强化原则都是针对重要关系

(Vital Relations)提出的,是对概念整合理论的补充。而重要关系是指像因果关系这种反复出现在通过合成进行压缩的过程中的概念关系。Fauconnier 和 Turner 将不同类型的连通体看作重要关系——匹配两个对应元素或特性的一种联系。重要关系连接输入空间内的对应体并建立外部空间关系(outer-space relations)——不同输入空间内两对应元素间的关系。重要关系还可在合成空间内产生各种压缩。处于外部空间关系的对应体在合成空间中压缩距离或加强联系。外部空间关系在合成空间内被压缩并表现为内部空间关系(inner-space relations)——同一空间内的对应关系。

概念整合理论在仿拟的认知机制中起到了很重要的作用。在仿词生成过程中,位于经过转喻操作而得的仿拟域中的语音、语义或者结构与本体的相关元素进行整合而得仿体形式。而在仿词理解过程中,位于经过转喻操作而得的本体概念域中的语音、语义或者结构与仿体形式中的相关概念进行整合而得仿体意义。

3.1.3 象征性理论

语法的认知研究(cognitive approaches to grammar)有两大中心假设:象征性理论(the symbolic thesis)和基于使用论(the usage-based thesis)。(Evans & Green,2006:476)作为语法的认知研究的一个重要分支,Langacker 的认知语法(Cognitive Grammar,简称 CG)以体验哲学为理论基础,主要阐述人们对世界的体验而形成的认知方式是如何影响语法构式及语法规则的。认知语法的主要思想有:语言能力是认知能力的组成部分;语言和句法不是自足的;语言是象征性的;语义是语言的基础,句法受语义制约,语义结构即概念结构。其中的核心是语法的象征性本质:语言构式包括概念内容和语音内容;词的构成具有内在的象征性;句法在本质上和词汇一样是约定俗成的象征体系。

3.1.3.1 语言的象征性

Langacker(1987)在认知语法的发轫之作《认知语法基础》第一卷(理论前提)(*Foundations of Cognitive Grammar I*)中开篇就提出,"语言在本质上是象征性的。说话人可以使用可扩充的语言符号(linguistic signs)或表达的集合进行交际,每个符号连接着一个语义表征与一个语音表征"(Langacker,1987:11)。不同于传统语法,认知语法以描写语言的心理现实(psychological reality)为目标。对语言的描写既是对认知过程的描写,又是对认知结构即内部语法(internal grammar)的描写。内部语法是一个不断变化的、具有一定结构的语言单位(linguistic unit)的集合(assembly)。语言单位是说话人已经掌握、无须付出任何努力就可灵活运用的单位。认知语法认为,语言中只存在三种单位:语音单位(phonological unit)、语义单位(semantic unit)和象征单位(symbolic unit)。语音单位和语义单位也称为语言单位的语音极(phonological pole)和语义极(semantic pole)。语言单位的双极性可以表示为[(语义)/(语音)]。Langacker用斜线"/"表示具有双极(bipolar)性质的象征单位,语义极用全部大写字母表示,语音极用国际音标符号表示,如象征单位[CAT/kæt]包含了语音单位[kæt]和语义单位[CAT]。语法的基本单位是象征单位,它是人们在大脑中固化的形式与意义的结合体(form-meaning pairing),是用最少努力就能从大脑中调动出来可供使用的单位。新的语言结构经过反复使用便可在大脑中形成象征单位。认知语法中任意大小的单位、各种语法范畴和构式都是象征单位。语法本质上是象征的。基本的语法范畴是通过图式性的象征单位来界定的。

Langacker的语言象征性思想来源于索绪尔的语言符号观。索绪尔认为:语言是一种符号系统;一个语言表达或符号(sign),由一个概念,即所指(signified),与一个音响形象(sound pattern),即能指(signifier)构成;概念和音响形象都是心理性的,这两个元素紧密连接、彼此呼应(each triggers the other),但二者之间没有必然的联系,所以语言符号是任意(arbitrary)的。

Langacker与索绪尔的语言符号观有相同之处:①前者模型中的语音极和语义极分别对应后者模型中的能指和所指,二者都是心理实体(psychological entities),属于说话人头脑中的心理语法(mental grammar),即语言知识系统;②语音不仅是指口语,还可以指书面语或手势语;③索绪尔认为符号的能指和所指是"紧密连接、彼此呼应"的,Langacker也认为象征单位的语义结构和语音结构是能够相互激活的(one is able to evoke the other)(Langacker,2008:15)。

二者的不同之处主要包括：①索绪尔强调的是语言符号的任意性，即语音和语义之间的联系是任意性的；Langacker 强调的是语言的规约性，认为语音极和语义极的结合是约定俗成的，有理据的，"语法是有组织的规约性语言单位的清单（a structured inventory of conventional linguistic units）"（Langacker，1987:57）；②索绪尔所说的符号主要指词；Langacker 所用的符合单位从词汇扩展到了语法结构，涵盖了语言的各个层面，词法和句法等层面的本质相同，都是象征性的，其研究对象是一个词汇—语法连续统（a lexicon-grammar continuum），或者说词汇和语法形成了一个仅包含象征结构集合的渐变等级（Langacker，2008:5）；③索绪尔认为单独的语言符号本身是没有意义的；而认知语法认为，意义是语言研究的中心，而且语音单位和语义单位是不可分离的，"语法就是语义内容的组织和象征化（symbolization）"（出处同上:12）。

3.1.3.2 语法结构的象征性

如前所述，语言是象征性的，语法是规约性语言单位的集合，因此语言的基本单位就是象征单位。象征单位是语义结构和语音结构的结合体。最简单的象征单位是语素，其语义结构和语音结构作为不可再分的整体处在某个象征关系之中。基本象征单位组合后形成不断增大的象征结构，该象征结构本身也是一个单位。如象征单位[CAT/kæt]和表示复数的单位[PL/s]可合成为复数形式 cats，其象征单位表示为[CAT-PL/kæts]。"语法结构是图式性象征单位，与其他象征结构没有本质的不同，只有详略度（degree of specificity）的差异。"（Langacker，1987:58）即句子的语法形式与其图示意义的结合正如单词表征形式与意义的结合。如被动句图示意义的形式可用以下抽象结构表征：

(9) PATIENT "passive verb string" *by* AGENT.（Evans & Green, 2006:478）

该被动构式的图式意义独立于填充该构式的具体词语。

语言单位之间存在三种基本关系：象征关系（symbolization）、范畴关系

(categorization)、整合关系(integration)。

象征关系(或象征化)是指语义单位和语音单位之间的对应关系,二者结合构成象征单位。

范畴关系(或范畴化)指一个范畴中所有单位构成一个图式性网络(schematic network)。范畴化包括完全图式性(full schematicity)和部分图式性(partial schematicity)关系。前者是指图式—细化关系(schema-elaboration),如[[TREE]→[OAK]]([[树]→[橡树]]);后者是指原型—扩展关系(prototype-extension),如[[FRUIT]→[TOMATO]]([[水果]→[西红柿]])。范畴常常是以原型实例为中心组织起来的。原型实例是一个范畴常见的、普通的成员,在生活中出现频率最高。如果一些非原型实例被识解为符合或接近原型,它们就被纳入该范畴中。原型模型不要求(也不存在)范畴的所有成员都具有某一特征。

整合关系指两个或更多单位合成一个更大的结构。当没有适合的语言单位可供使用时,需要利用语言的创造性寻找新颖的表达。典型的做法是用较小的象征单位组合成意向表达。比如用单位[A]、[B]和[C]组合成为更高层级单位[[A]-[B]-[C]]。复杂结构由简单结构组合而成,但二者没有本质区别,只有象征复杂性的不同。

较低层级结构与较高层级结构共同构成一个象征集合(symbolic assembly)(Langacker,2008:16)。不同的象征集合广泛分布于三个主要参数:

①象征复杂性不同。例如:

(10) sharp < sharpen < sharpener < pencil sharpener < electric pencil sharpener[①](Langacker,2008:21)

该例是用派生和组合等手段形成一系列具有不同象征复杂性的词汇单位。

---

① 符合"<"表示前面的单位象征复杂性小于后面的单位。

②详略度或图式性(schematicity)不同。不同词项可以从高度图式性到具体性形成一个等级体系(hierarchy)。例如:

(11) thing→creature→animal→dog→poodle①(事物→生物→动物→狗→贵宾犬)(Langacker,2008:19)

或者是不同结构从完全图式性到部分例示性再到完全具体性形成一个等级体系,例如:

(12) V X on the N→punch X on the nose→punch the boxer on the nose

③规约性不同。不同的象征集合在一个言语社团中获得单位身份(status of units)、变得约定俗成的程度有所不同(Langacker,2008:21)。如上面前两个结构似乎已经成为规约单位,而最后一个作为整体来看显然还是新颖结构。

正式的成熟表达(Full-fledged expressions)的语音极是具体的,但在语义极有更大的灵活性。由于表达式可以有任意大小,可以处在象征复杂性的维度上的任意点;它们的规约程度也可以有任意大小。由较小单位组成的一个新颖结构,通过反复使用后逐渐固化(entrenched),直到也成为一个单位。单位的固化程度取决于它的出现频率。表达一旦固化,即获得规约单位身份,构成词项;只要没有固化,则依然是新颖表达。词汇和语法的不同方面都可以描写为象征集合,在由以上三个参数设定的抽象空间中占据不同区域(出处同上)。区分词汇和语法界限的关键参数是具体性。总体来说,词汇位于相当具体的象征集合,语法位于更加图式化的象征集合。朝向两个端点的情况分别属于清晰易辨的词汇和语法。而位于中间的许多结构(例如 V X on the N)可以根据个人目的从两个方向考虑(Langacker,2008:

---

① 符合"→"表示后面的单位更加具体。后同。

22)。

3.1.3.3 象征关系

单位是说话人业已完全掌握的结构。它是简单的,因其不需要建构努力(constructive effort)就可创造新颖结构(Langacker,1987:57)。一种语言的基本语音对于熟练使用者来说就是单位。一个语音或音段获得单位身份后,便形成了一个被完全熟练掌握的常规,它的发音就不需要建构努力了。比音段大的语音结构也可以获得单位身份,包括音节、词、熟悉的短语,甚至更长的语音序列。已经建立的概念可称为语义单位。一旦某个概念具有了单位身份,人们就可将其所有特征作为一个熟悉的完型激活,而无须逐个考虑(出处同上:58)。语义结构和语音结构二者结合构成语言单位。单位的一个语义结构和一个语音结构之间的象征关系也能获得单位身份,由此产生一个象征单位。语言单位包含的语义结构和语音结构均不能单独用于语言表达。只有象征单位,或者象征单位的组成部分才能作为语言单位(出处同上:60)。象征单位是用语言形式表达思想的方式。

认知语法提出了三类基本结构:语义结构、语音结构和象征结构。象征结构是前两者的结合体。象征结构是双极的,由语义极和语音极以及两极之间的关系构成(出处同上:76)。Langacker(1987)还提出了语义空间(semantic space)和语音空间(phonological space)的概念。前者是指多层面的概念潜力场(field of conceptual potential),思维和概念化在其中展开。一个语义结构可描写为语义空间中的一个位置或构型(configuration);语音空间是人们的发音潜力场(field of phonic potential),即处理语音的能力(出处同上)。一个语音的发出可以定义为在语音空间中一个认知域内的一个位置。有了语义空间和语音空间就可以界定出一个双极的象征空间(symbolic space)。一个象征结构可以描写为象征空间中的一个构型。具体地说,一个象征结构包括位于语义极的语义结构和位于语音极的语音结构以及二者之间的对应关系(correspondence)。以上概念可用图3-9表示:

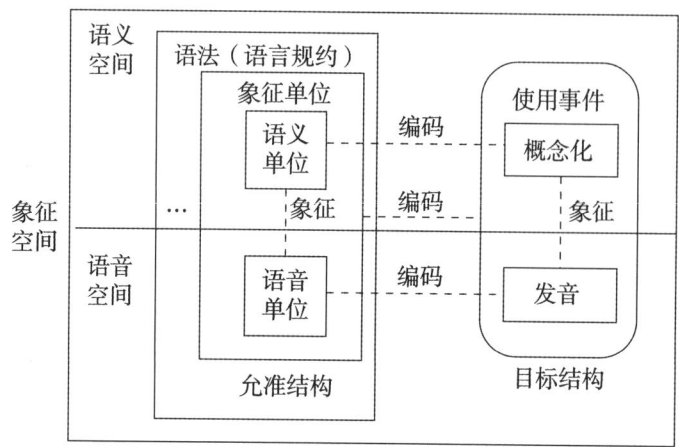

图 3-9　象征关系和编码关系（出处同上：77）

象征关系是指语义空间中的一个结构和语音空间中的一个结构之间的对应关系，无论该关系是否构成语法中的一个单位或者作为具体使用事件而临时创造；编码关系是指通过具体的使用事件对象征单位进行编码，该过程是一个寻找合适目标结构（target structure）的过程，目标结构应在预期的容忍范围内与允准结构（sanctioning structure）相契合。允准结构是指语言单位，目标结构是指通过发音象征该单位概念的使用事件（usage event）。在典型的语言使用事件中，语义和语音两极上都应较好地契合，即概念化（conceptualization）必须能够归入与其对应的语义单位所界定的范畴，发音（vocalization）也必须归入与其对应的语音单位所界定的范畴，而且该语音单位必须象征该语义单位（出处同上：77-78）。

前面提到，象征关系是指语义单位和语音单位之间的对应关系。这种对应并非单向的。象征单位的语义结构可以使人自动想到其语音结构，反之亦然（出处同上：58）。也就是说，象征单位的两极是可以相互激活的。

Langacker（1987：78）认为，语言是一种概念实体，因此语音其实是心理的（psychological）而非物理的（physical），即不是真实的发声（vocalization），而且也是概念性的，应属于语义空间的一个次区域（subregion）。两种空间的关系用图 3-10 例示更为准确：

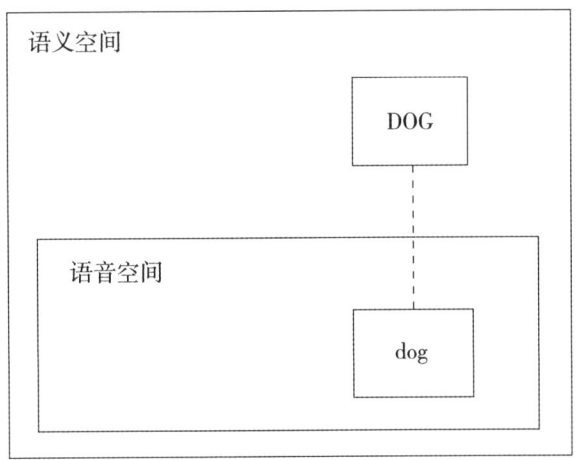

图 3-10　语音空间和语义空间关系例示（出处同上：80）

图 3-10 表示象征单位"[[DOG]/[dog]]"中的语义单位"[DOG]"和语音单位"[dog]"之间的关系。如图所示，一个语言象征单位定义为语义空间（广义理解的）中两个结构之间的对应关系，其中一个结构占据了特定的语音次区域。

英语属于拼音文字，英语的单词是由 26 个字母拼成的，字母是语言的书写形式。英语是表音文字，除了同音异形词以外，一个单词的语音对应一个字母组合，即单词的拼写，二者为单词的语音单位或结构，它对应一个意义，即语义单位或结构，两种单位构成一个象征单位。也就是说，英语的语言单位是由语音单位和语义单位两部分构成，即"音—义"单位。而汉语是象形文字和表意文字，但从 20 世纪中叶开始，汉语开始正式使用拼音标示汉字及其意义。用于标注汉字的汉语拼音是我国官方颁布的汉字注音拉丁化方案，仅采用国际通用的 26 个字母，每个汉字的语音由韵母和声母配合组成的音节构成。汉语拼音一个重要特点就是有四种声调。音节结合声调构成完整的拼音。音素相同但声调不同的拼音对应不同的字形，当然也就对应不同的语义单位；音素、声调均相同也可对应不同的字形（同音异形字）。汉语中存在着大量的同音异形字和同形异音（多音）字。因此，汉语的基本单位——汉字，是"音—形—义"单位。"音"是指拼音和声调，"形"是指字形，即具体汉字，单独的语音和字形不能代表字的意义，二者结合才能构成具体的、唯一语音单位,用以代表语义单位;"义"是指该语音单位所表征的概念或意义。"音—形"单位与"义"单位结合构成完整的汉语象征单位。用图3-11例示如下:

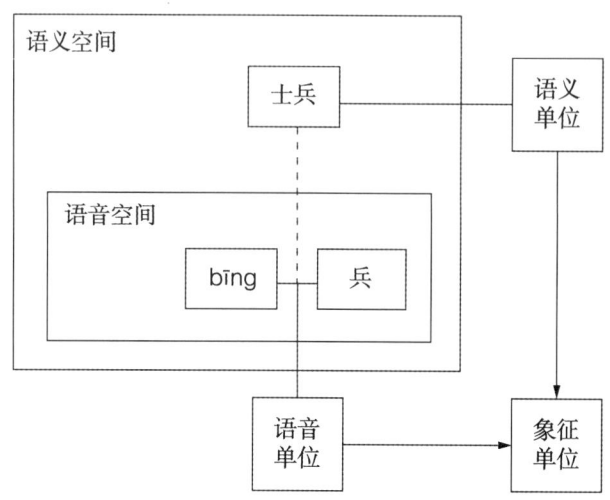

图3-11　汉语语音单位和语义单位关系例示

如图3-11所示,在语音空间中,拼音"[bīng]"包含音素"[bing]"以及阴平声调"ˉ",该语音和字形"兵"构成了语音单位"[bīng-兵]",它对应于语义空间中的语义单位"士兵",该语义单位表示的是原型意义;语音单位和语义单位构成了象征单位"[士兵/[bīng-兵]]"。

3.1.4　语境

在仿词的生成与理解过程中,语境起到了非常重要的作用。Sperber & Wilson(1995/1986)在《关联性:交际与认知》(*Relevance*: *Communication and Cognition*)一书中提出,"语境就是一种心理建构体(psychological construct),即听者关于世界的假设集合。正是这些假设而非世界的真实状态会影响话语的解读"(Sperber & Wilson,1995/1986:15)。传统语境观认为,话语的理解是建立在共有知识(shared knowledge)之上的,后发展为"共知"(common knowledge)(Lewis,1969)或"互知"(mutual knowledge)(Schiffer,1972),意思是,听者要想准确理解说者的意图,用于解读话语的每一项语境信息不仅要被说者和听者知晓,而且必须由双方互相知晓。Sperber 和 Wilson 认为"互知"不合常理,因其不能反映言语交际时双方的认知状态。二人提出使用"认知环境"(cognitive environment)这一概念,即人们所知道的一系列事实或假设的集合,并用"互明"(mutual manifestness)代替"互知"。互明就是交际双方共同明白的信息或事实。认知环境的互明是人们交际成功与否的关键因素。因为一个人的认知环境包罗万象,但只有交际双方互明的、对现实交际产生影响的部分才真正构成人的认知环境。"当人接收到新的信息时,人就会在头脑中已存在的概念表征中进行搜寻,寻找与新信息相关联的概念,经过推导,得出信息发出者意欲传递的意义。这些被调用的概念就构成'认知语境'。"(周淑萍,2011:18)值得注意的是,语境不限于现实环境中的情景或话语本身的语境;此外,言语交际中的语境不是双方事先知道的,也并非固定不变的,而是动态易变的。理解不同话语时会在头脑中产生不同的假设,所需要的语境因素也是不同的,听者要在话语理解过程中为每一个话语建构新的语境。

Verschueren(1999)在《语用学新解》(Understanding of Pragmatics)一书中提出了"语用综观论",并将语境分为交际语境和语言语境两大类。交际语境又包括了语言使用者、心智世界、社交世界和物理世界等四类。语言使用者不仅包括言语交际双方,还包括与谈话内容有关的其他人;心智世界主要涉及交际者的性格、情感、信念、意图等心理因素;社交世界是指社交场合、社会环境、交际原则和准则等用以制约交际者言语行为的社会和文化规范;物理世界主要包括时间和空间的指示关系:时间包括事件时间、说话时间和指称时间,空间是指交际地点指示关系,还包括交际者的体势、外表等特征。语言使用者在交际语境中处于中心地位,而心智、社交和物理世界中的语境成分都要靠语言使用者的认知激活,以发挥语言的交际功能。第二大类是语言语境,也就是我们通常所说的上下文。与 Sperber & Wilson(1986)一样,Verschueren(1999)也认为语境并非在言语交际发生之前就给定了,而是交际双方在使用语言的过程中生成的,并且会随交际的进程而不断发展和变化。

刘辰诞、赵秀凤(2011)提出,语境包括两个层面、三个因素。"两个层面是篇内的、篇外的;三个因素是篇外的文化语境和情景语境、篇内的语言语境。"(刘辰诞、赵秀凤,2011:89)语境三要素之间是相互联系、相互配合、相互补充的关系。语言语境即上下文,篇章中除开始句之外的所有词语和句子意义都要依赖和参照上文(Brown & Yule,2000/1983:46)。"一个词语的字典意思(meaning)通常不止一个,而在上下文语境中,它的确切含义(sense)只有一个,排除其他含义,明确文中确切意义依赖的正是上下文即语言语境。"(刘辰诞、赵秀凤,2011:97)根据 Malinowski(1923,1935),情景语境是指与语言交际活动直接相关的客观环境,包括交际的时间、地点、人物、事件等;文化语境是指语言交际活动参与者所处的整个文化背景,包括历史、信仰、宗教、风俗、道德观念等。"语境因素对篇章发挥作用的基础是人对语境因素的认知和推理。生产者和接受者凭借共有的世界知识和经验知识对情景、语言和文化因素加以认识处理,才能完成话语的交际。"(刘辰诞、赵秀凤,2011:95)对于仿词的生成与理解来说,仿拟说写者和听读者在一般情况下(除了跨语言交际,如翻译),共处于相同的语言语境和情景语境,而双方对相关语境因素的认知和推理不尽相同,即仿拟者所依赖的世界知识或个人百科知识以及经验知识与接受者的有所差异。但二者的相近度越大,对仿词的认知处理相似度越大,仿词交际的完成度也就越大。

在具体言语交际活动中,针对与话语解读相关的语境因素的限定,Brown & Yule(2000/1983:58-67)提出了两个解读原则:"就近原则"(principle of local interpretation)和"类比原则"(principle of analogy)。就近原则"就是读者或受话人不去设想范围大于解读需要的语境"(刘辰诞、赵秀凤,2011:101)。"类比原则就是读者利用过去对同类体裁或篇章形成的经验进行解读的原则。类比原则为读者理解篇章提供了一个合理的框架,它与就近原则一起构成读者依据经验理解篇章的基础。"(出处同上:103)对于仿词的生成来说,仿拟说写者根据语境因素并结合个人百科知识,首先由出现头脑中的意向概念即仿体概念出发,通过位于相关框架即概念域矩阵中的转喻机制找到本体概念,然后通过被激活的本体形式在形式域矩阵中通过转喻以及概念整合的方式获得仿体形式。在此过程中,要注意听读者在理解仿词时会受上述些原则的制约,不能过高于常规或读者期望而生搬硬造出一些违反解读原则或者和语境因素相冲突的仿词;而对于仿词的理解而言,仿拟听读者在解读时要根据仿体形式本身的结构特点,结合自身的世界知识和经验知识,首先在相关形式域矩阵中通过转喻激活本体形式,再根据被激活的本体概念,通过位于相关概念域矩阵中的转喻机制以及概念整合的方式获得仿体概念。

3.2 仿词的认知机制分析框架

3.2.1 基于转喻的分析框架

在仿词的生成过程中,在语境和个人百科的作用下,经过认知域矩阵内的域扩展和域减缩的两次转喻后,由始源域矩阵中的仿体概念激活该域矩阵的图式概念再激活本体概念,此时本体这一仿拟者头脑中存在的象征单位通过象征关系由语义极激活其语音极,得到表征本体概念的本体语音,即本体形式,然后再经过在结构域矩阵中的两次转喻并经整合得到仿体形式;而在仿词的理解过程中,首先经过结构域矩阵内的域扩展和域减缩的两次转喻,由仿体形式激活域矩阵内抽象结构再激活本体形式,然后本体单位通过象征关系由语音极激活其语义极,得到本体形式所表征的本体概念,随后通过在概念域矩阵内的两次转喻过程激活仿体概念。此外,对仿词理解的最后阶段,即仿体概念的激活,是由语音或语义关系与本体所在概念域矩阵以及仿体形式中的核心概念三者在语境作用下经概念整合而得。我们将仿词的生成机制用图 3-12 表示:

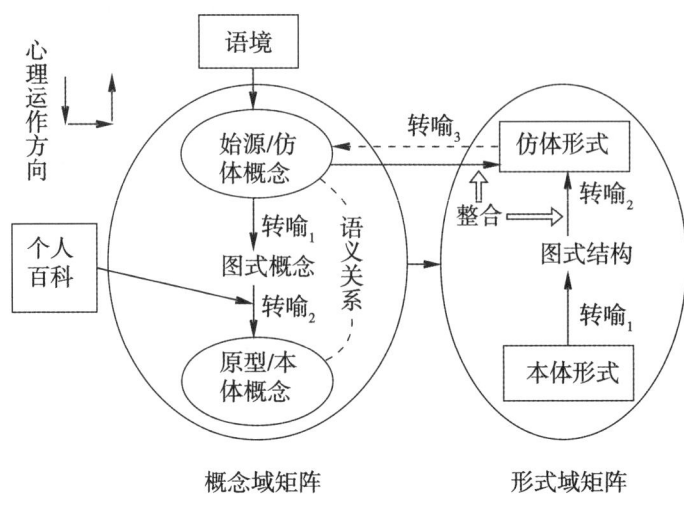

图 3-12 仿词的生成机制

图 3-12 中的始源概念即仿体概念,是仿拟说写者受到语境的影响在头脑中形成的意向概念。仿拟的过程就是为仿体概念寻找恰当表达形式的过程,即编码(coding)过程。根据始源概念域本身具有的某些概念使其发生域扩展转喻,得到概念域矩阵的图式概念,然后根据个人的百科知识再经域减缩转喻激活矩阵域中的原型概念域,得到本体概念。本体概念与仿体概念具有某种语义关系。根据象征理论,本体概念激活其形式,即本体形式,之后经域扩展转喻得到形式域矩阵的图式结构,再经域减缩转喻并经整合仿体概念域中的关键概念所激活的语素形式而得仿体形式;仿体形式与仿体概念是"形式代概念"的转喻关系。

仿词的理解机制可用图 3-13 表示:

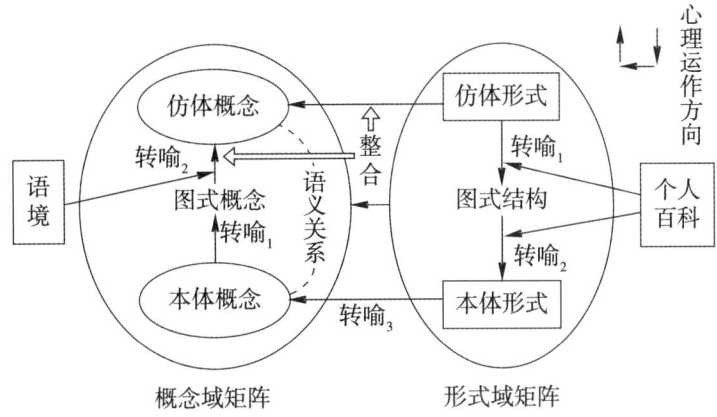

图 3-13 仿词的理解机制

仿拟听读者在接收到仿词后,首先根据个人百科知识及仿词本身特征对其进行域扩展转喻操作,激活形式域矩阵的图式结构,再经域减缩转喻激活本体形式;然后经"形式代概念"转喻激活本体概念,之后通过域扩展转喻激活概念域矩阵的图式概念,再经域减缩转喻并结合语境和仿体形式中的关键语素经整合,从而得到仿体概念。

3.2.2 仿词认知机制实例分析

下面我们通过上述分析框架,尝试对各类仿词的认知机制进行简要分析。

3.2.2.1 语音仿词

语音仿词就是将原有词语的某个语素替换为语音相同或相近的另一个语素而得的新奇词语。例如"草木皆冰",其生成过程如图 3-14 所示:

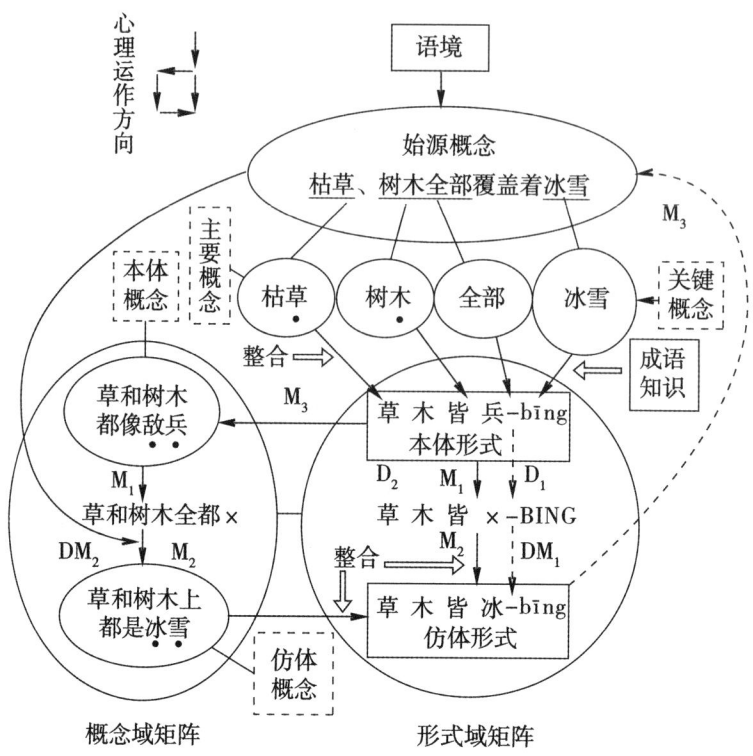

图3-14 语音仿词"草木皆冰"的生成图示

此例为隐性仿词,文中只有仿体,本体并未出现。仿拟者首先在具体语境中受到外界的刺激之后,在头脑中形成了概念"枯草、树木全部覆盖着冰雪",为了方便找出合适的语言表达,该始源概念会解析出数个主要概念——"枯草""树木""全部"和"冰雪",并且它们的语言形式会被激活,其中"冰雪"为关键概念,其语音"[bīng]"也被激活;然后这四个单位结合说写者个人百科中的成语知识激活了本体"草木皆兵"一词,该词中的"兵"字及其语音作为一个次域经"部分代整体"转喻(M_1)激活了形式域矩阵"DM_1"中的语音域(D_1)"bing"的图式语音,再经"整体代部分"转喻(M_2)并结合始源概念中的"冰雪"激活了另一次域"冰"字。与此同时,本体形式"草木皆兵"也经"部分代整体"转喻(M_1)激活了形式域矩阵中的结构域(D_2)的图式结构"草木皆×";本体形式通过"形式代概念"转喻(M_3)激活其概念"草和树木都像敌兵",即本体概念;此概念再通过"部分代整体"转喻(M_1)激活了概念域矩阵中的图式概念"草和树木全都×",此概念对应于图式结构;再根据始源概念,图式概念再通过"整体代部分"转喻(M_2)激活了另一次域,即仿体概念"草和树木上都是冰雪";最后,仿体概念及关键单位"冰雪"与图式结构"草木皆×"进行整合而得仿体"草木皆冰"。该仿体其实也是对始源意义的转喻(M_3)——"形式代概念"转喻。而听读者对该仿体的理解是大致相反的认知过程,即得到仿体表达后通过语音转喻并结合成语知识激活了本体"草木皆兵",然后其概念意义"草与树木都被当成了敌兵"与"冰"经过概念整合,同时结合语境获得了仿体的概念意义——"草和树木上都是冰雪"。

3.2.2.2 语义仿词

语义仿词是指将词或词组中的语素或词替换为意义相近、相反或相类的字或词形成新的词或词组,分为近义仿词、反义仿词和类义仿词三种。

3.2.2.2.1 近义仿词

近义仿词指本体与仿体的意义相近。如:

(13)宝钗道:"你且别念,等我把云儿叫了来,也叫他听听。"说着,便叫小螺来,吩咐道:"你到我那里去,就说我们这里有一个外国美人来了,作的好诗,请你这*诗疯子*来瞧去,再把我们那*诗呆子*也带来。"小螺笑着去了半日。(《红楼梦》第五十二回,567)

此例中的仿体"诗呆子"是仿照前文的本体"诗疯子"而作。由于本体出现在语境之中,这属于显性仿拟。仿体的生成过程就和隐性仿拟稍有不同。如图 3-15 所示:

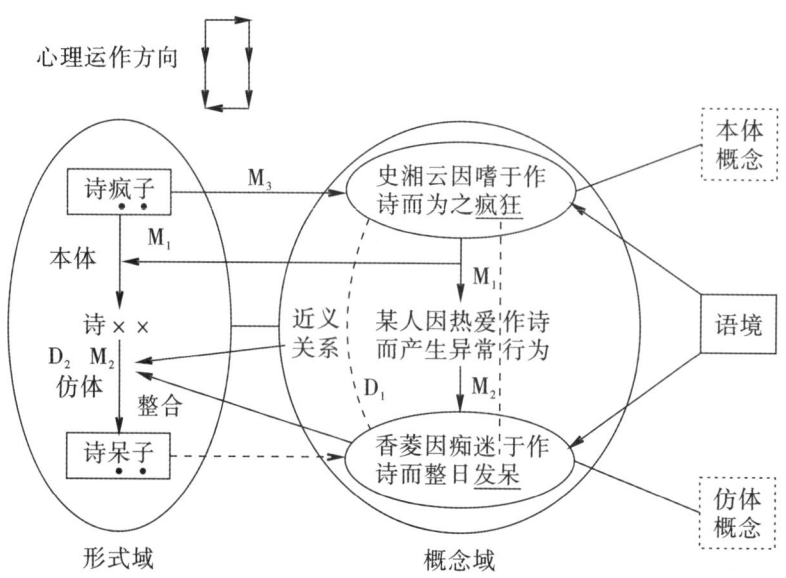

图 3-15 近义仿词"诗呆子"的生成图示

上文中已有本体"诗疯子",根据前文可判断出其概念意义为"史湘云因嗜于作诗而为之疯狂",然后此概念通过"部分代整体"转喻(M_1)激活其所在概念域(D_1)的图式概念——"某人因热爱作诗而产生异常行为",同时此转喻促使仿拟者将本体"诗疯子"同样经"部分代整体"转喻(M_1)激活其所在结构域(D_2)——"诗××",即概念域(D_1)的抽象形式;根据相同语境,仿拟者通过"整体代部分"转喻(M_2)激活了次域,即概念"香菱因痴迷于作诗而整日发呆",即仿体意义;仿体意义与本体意义以及二者的核心概念"为……疯狂"与"为……发呆"之间为近义关系,此种关系及仿体意义二者经整合促使结构域的图式结构"诗××"经"整体代部分"转喻(M_2)激活次域"诗呆子",即仿体。该仿体形式也是对仿体意义的"形式代概念"转喻(M_3)。听读者对该仿体进行理解时,首先根据本体与仿体形式——"诗疯子"与"诗呆子",并结合百科知识判断出二者是经过"部分代整体"与"整体代部分"两次转喻后同为图式结构域"诗××"中的两个次域,二者的核心概念"疯子"与"呆子"之间为近义关系;同时本体概念经"部分代整体"转喻激活了其所在概念域"某人因热爱作诗而产生异常行为";最后,上述近义关系与本体所在概念域以及仿体形式中的核心概念"呆子"这三者在语境的作用下,通过概念整合激活了概念域中的另一次域,即仿体概念"香菱因痴迷于作诗而整日发呆"。

3.2.2.2.2 反义仿词

反义仿词指本体与仿体的意义相反。如:

(14)但依我们中国的老眼睛看起来,小说是给人消闲的,是为酒余茶后之用。因为饭吃得饱饱的,茶喝得饱饱的,闲起来也实在是苦极的事,那时候又没有跳舞场:明末清初的时期,一份人家必有*帮闲*的东西存在的。那些会念书会下棋会画画的人,陪主人念念书,下下棋,画几笔画,这叫做*帮闲*。(《鲁迅全集·集外集拾遗·帮忙文学与帮闲文学》,782—783)

此例中的仿体为"帮闲",本体"帮忙"并未出现在上下文中,因此属于隐性仿拟。其生成过程可用图 3-16 表示如下:

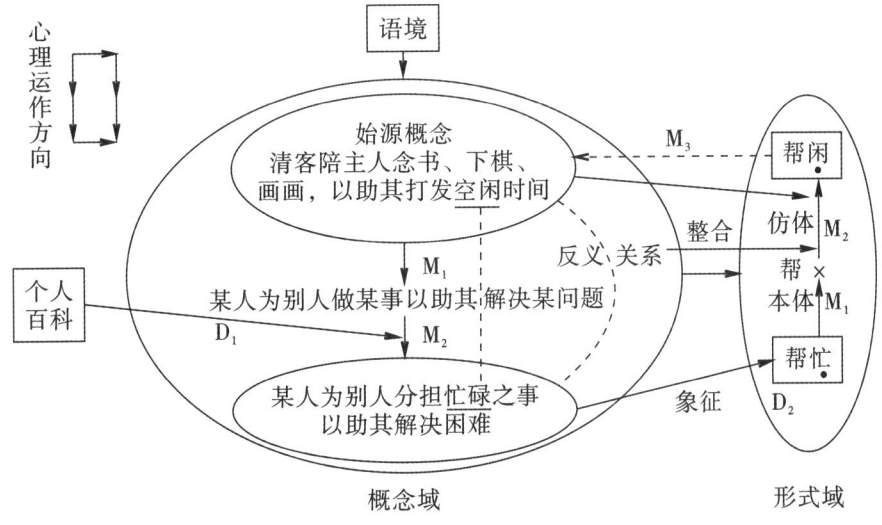

图 3-16 反义仿词"帮闲"的生成图示

仿拟者首先根据语境获得始源概念"清客陪主人念书、下棋、画画,以助其打发空闲时间",然后此概念通过"部分代整体"转喻(M_1)激活其所在概念域(D_1)的图式概念——"某人为别人做某事以助其解决某问题",之后根据个人百科知识使此概念域经"整体代部分"转喻(M_2)激活了次域,即概念

"某人为别人分担忙碌之事以助其解决困难",即本体意义,根据象征关系可知该意义的形式为"帮忙"一词,即本体;本体形式通过"整体代部分"转喻激活其所在结构域(D_2)的图式结构——"帮×",即概念域(D_1)的表达形式;仿体意义与本体意义以及二者的核心概念"空闲"与"忙碌"之间为反义关系,此种关系及仿体意义二者经整合促使结构域"帮×"经"整体代部分"转喻(M_2)激活次域"帮闲",即仿体。该仿体形式也是对仿体意义的"形式代概念"转喻(M_3)。听读者对该仿体进行理解时,根据其个人百科知识,首先由仿体"帮闲"经"部分代整体"转喻激活其所在结构域的图式结构"帮×",再经"整体代部分"转喻激活次域"帮忙",即本体,同时获得其概念意义"某人为别人分担忙碌之事以助其解决困难";然后此概念通过"部分代整体"转喻激活其所在概念域"某人为别人做某事以助其解决某问题";本体与仿体形式中"忙"与"闲"二字之间为反义关系,此种关系与上述概念域以及仿体形式中的核心语素"闲"这三者在语境中通过概念整合激活了概念域中的另一次域,即仿体概念"清客陪主人念书、下棋、画画,以助其打发空闲时间"。

3.2.2.2.3 类义仿词

类义仿词是指本体与仿体的意义属于同类范畴。如:

(15) 王夫人道:"前儿大夫说了个丸药的名字,我也忘了。"宝玉道:"我知道那些丸药,不过叫他吃什么人参养荣丸。"王夫人道:"不是。"宝玉道:"八珍益母丸,左归,右归,再不就是六味地黄丸。"王夫人道:"都不是。我只记得有个'金刚'两个字的。"宝玉扎手笑道:"从来没听见有个什么金刚丸。若有了金刚丸,自然就有菩萨散了。"说的满屋里人都笑了。宝钗抿嘴笑道:"想是天王补心丹。"王夫人笑道:"是这个名儿。如今我也糊涂了。"(《红楼梦》第二十八回,292)

此例中的仿体为"菩萨散",前文出现了本体"金刚丸",因此属于显性仿拟。其生成过程可用图3-17表示如下:

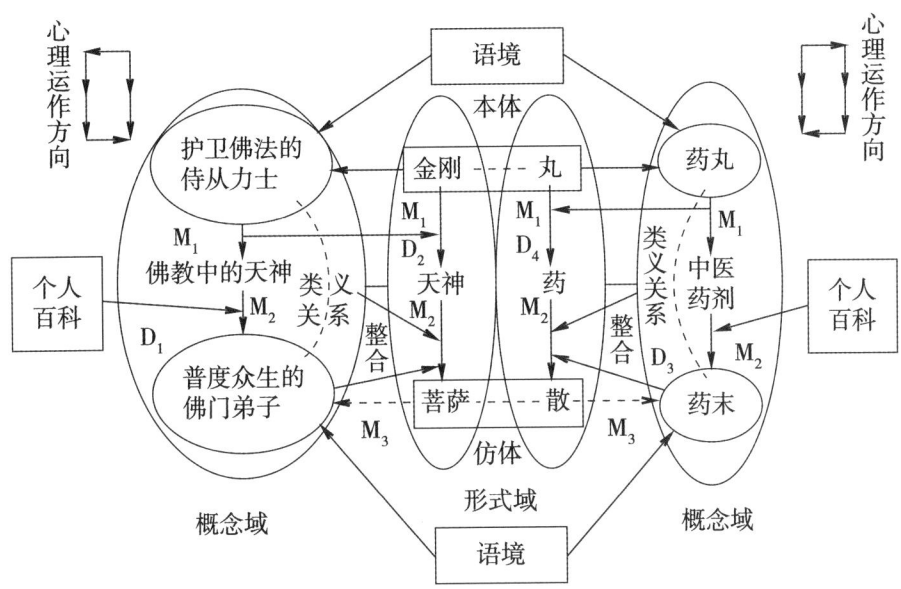

图 3-17 类义仿词"菩萨散"的生成图示

此例中"金刚丸"为本体,出现在了上文之中,"菩萨散"为仿体。该仿拟的特别之处在于本体词语中的两个语素——"金刚"与"丸"——都分别进行了替换,从而形成了新词。首先,仿拟者根据本体中的"金刚"一词以及语境可获得其概念意义"护卫佛法的侍从力士",然后经"部分代整体"转喻(M_1)激活其所在概念域(D_1)"佛教中的天神",同时此转喻促使仿拟者将部分本体"金刚"同样经"部分代整体"转喻(M_1)激活其所在形式域(D_2)——"天神",即概念域(D_1)的形式;之后再根据个人百科知识及语境通过"整体代部分"转喻(M_2)激活概念域中的另一次域,即部分仿体的概念意义"普度众生的佛门弟子";根据此概念及其与部分本体"金刚"的概念之间的类义关系,经整合使得形式域(D_2)经"整体代部分"转喻(M_2)激活部分仿体形式"菩萨"。同理,另一部分的本体"丸"及其概念意义"药丸"结合个人百科与语境经过在两个域(D_3与D_4)中的两次转喻并经整合得到另一部分的仿体形式"散"。两个部分的仿体形式也是分别经"形式代概念"(M_3)而转喻了两个部分的仿体意义。最终,仿体的两个部分组合为一个整体,该仿词可以说是通过双重仿拟而得。整个仿体"菩萨散"是仿拟者虚构之物,具有调侃、幽默的效果。听读者对该仿体进行理解时,首先根据本体与仿体形式——"金刚丸"与"菩萨散",可以看出仿体是通过将本体词组的两个语素分别进行仿拟而得,结合百科知识判断出两者的概念意义是经过"部分代整体"与"整体代部分"两次转喻后同为概念域"佛教中的天神"与"中医药剂"中的两个次域,两组概念之间均为类义关系;同时本体与仿体形式各自的两个部分也都是通过两次转喻后同为形式域"天神"与"药"的次域;最后,根据语境将本体两个语素的概念意义整合后得到其整体意义"强身壮体的中药丸",但将仿体两个语素的概念意义整合后发现不能合理解释,因此整个仿体没有实际意义,而是仿拟者用于调侃的虚构之物,从而体会到其幽默意味。

3.2.2.2.4 间接语义仿词

除了以上三种语义仿词,还有一种特殊的仿词,即间接语义仿词。所谓"间接"是指此类仿词并非直接仿照文中的本体而拟得,而是本体先经过一次转喻过程之后再经语义仿拟而得。武占坤(1990)将其称为曲折仿词:"不是根据本体的本义、本形进行仿拟,而是或根据本体中某个字非实际意义进行仿拟,或根据本体中某字的谐音关系,以甲字为乙字进行相仿。"(武占坤,1990:258)如:

(16) 宋嬷嬷听了,心下便知镯子事发,因笑道:"虽如此说,也等花姑娘回来知道了,再打发他。"晴雯道:"宝二爷今儿千叮咛万嘱咐的。什么花姑娘草姑娘,我们自然有道理。你只依我的话,快叫他家的人来领他出去。"(《红楼梦》第五十二回,571)

此例中本体为"花姑娘",仿体为"草姑娘",但该仿体的意义并非直接由本体的原义经仿拟而得,而是由本体中"花"字的原义——"花姓"经转喻为"花朵",再由转喻后的本体"'花'姑娘"经仿拟过程而得仿体——"草姑娘"。整个过程可用图3-18表示如下:

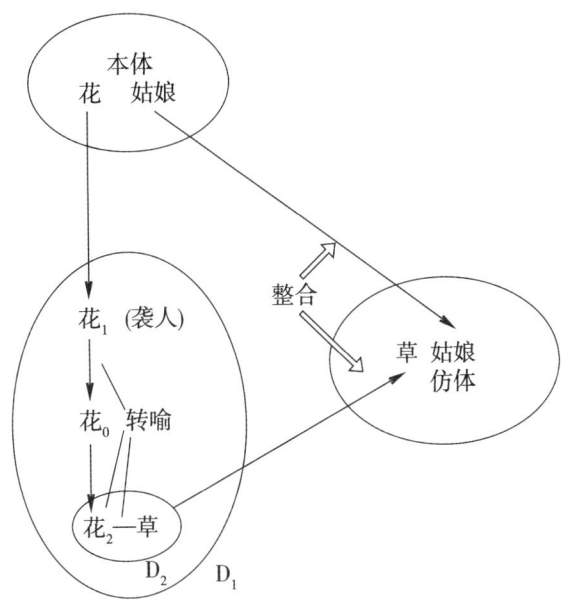

图3-18　间接仿词"草姑娘"的生成简图

图3-18显示了仿拟前本体中的语素"花"在其概念域(D_1)中的转喻过程,省略了具体仿拟过程,其中包括在概念域(D_2)中的转喻过程。武占坤(1990:258—259)认为,本体"花姑娘"的"花"为姓氏,而仿体"草姑娘"却是根据"花草"的"花"义采取类义拈连的办法构拟而成。我们认为,这一过程并非拈连,而是转喻。

间接仿词的本质是本体经语义或语音转喻后成为同形异义或同音异义词,再经语义仿拟而得仿体。由于本体的本义发生了改变,所以由此拟得的仿体没有实际所指和意义。此类仿词一般都是显性仿拟,即本体与仿体均在上下文之中,用来表达说写者开玩笑或不耐烦的情绪。

3.2.2.3　结构仿词

结构仿词实际为词组仿拟,即仿照词组的结构,替换其中的某个语素而得新的词组。如:

(17)古今中外,其揆一也。即如目前的事,吴稚晖先生不也有一种主义的么?而他不但不被普天同愤,且可以大呼"打倒……严办"者,即因为赤党要实行共产主义于二十年之后,而他的主义却须数百年之后或者才行,由此观之,近于废话故也。人那有遥管十余代以后的灰孙子时代的世界的闲情别致也哉?(《鲁迅全集·而已集·答有恒先生》,445)

此例中仿体为"普天同愤",本体未出现在上下文中。其生成图示如下(见图3-19):

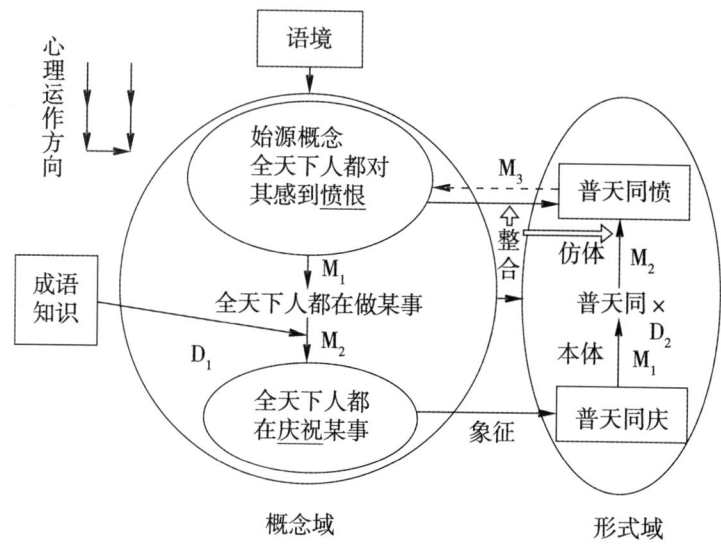

图3-19 结构仿词"普天同愤"的生成图示

我们发现此类仿词和上述语音仿词和语义仿词在认知过程上非常相似,但不同的是,语音仿词和语义仿词中本体和仿体的替换语素之间存在语音和语义上的某种关联,而结构仿词中两个语素之间没有语音和语义上的关联。

第 4 章
基于转喻分析框架的仿词分类

第 2 章回顾了前人对仿词的定义和分类研究,为了更好地对仿词的认知机制进行阐释,本书也对仿词进行定义和分类。本章首先对所用语料进行说明和分析,然后根据第 3 章建立的分析框架对研究对象进行界定和分类,以便在后面几章更好地按照类别对仿词的生成与理解机制进行阐释。

4.1　语料分析

4.1.1　语料的选取

本书试图运用认知语言学的相关理论阐释汉语仿词生成与理解的认知机制。仿词与仿句、仿篇共同构成了仿拟在语言单位上的分类。认知语法认为,大小不同的语言单位在本质上都是语音单位和语义单位结合而成的象征单位,或者形义对子,只有复杂性的不同。对仿词认知机制的解释应该能够应用到仿句和仿篇之上。由于篇幅限制,我们将研究对象仅限定于仿词。后面将分别对三类仿词的生成与理解机制进行详细阐释。

我们收集的仿词语料主要来自人民文学出版社出版的《鲁迅全集》(1973 年版)与《红楼梦》(2000 年版)。除此以外,还有一些语料来自报刊、小说、广告、影视、网络语言等。

4.1.2 语料的特点

4.1.2.1 《鲁迅全集》中语料的特点

对《鲁迅全集》,我们主要取其第二卷至第七卷的杂文集,做成封闭语料库,收集仿拟共359例,而仿词就有313例,占近九成,包括语音仿词4例,其中同音仿词2例,近音仿词2例;语义仿词64例,其中反义仿词48例,类义仿词16例;结构仿词所占比重最大,有245例。鲁迅杂文集中各类仿词比例用表4-1表示如下:

表4-1 鲁迅杂文集中各类仿词占比

类别和总量	次类	数量	比例	比例
语音仿词(4)	同音仿词	2	0.64%	1.28%
	近音仿词	2	0.64%	
语义仿词(64)	反义仿词	48	15.34%	20.44%
	类义仿词	16	5.11%	
结构仿词(245)	结构仿词	245	78.27%	78.28%
总计	五小类	313	100%	100%

鲁迅杂文有四大特性——否定性、攻击性、偏激性和隐蔽性。鲁迅思想的否定性决定了鲁迅杂文的否定性;鲁迅杂文的否定性反映了鲁迅思想的否定性。"鲁迅杂文,几乎每一篇都是反抗和攻击,揭露和批评,都在否定,而从否定中表达自己的主张,表达自己的人生价值取向。"(王得后、钱理群,1998:前言12)"鲁迅杂文的否定性,是为了改革,……扫荡旧物是为了新生。"(出处同上:前言14)

鲁迅所处的时代和社会环境决定了他的思想和文章的反抗性和攻击性。生在压迫的时代,处在被压迫的地位,鲁迅便用自己的杂文进行反抗。"鲁迅杂文是匕首,是投枪。"(出处同上,前言14)"鲁迅杂文具有一击而置敌人于死命的攻击性,也就是斗争性,其实是反击和抗争。"(出处同上:前言16)鲁迅在杂文中攻击敌人的常用手法是讽刺——用艺术的手法嘲讽和讥刺敌对的或落后的事物,以便进行揭露、批评或攻击。

鲁迅杂文的偏激性的第一个特征,就是"以偏概全"的"立言",其中许多全称否定常常具有这种性质;第二个特征就是攻其要害,不及其余。对于反动派实不留情,而对于一些当时的知名文人的批评则非人身攻击,而是"针对他们当时具体的言论行动,就其有害于社会的一面,就其可代表中国人某种性质的一面立言的,并不是作传记,也不是写'鉴定'"(出处同上:前言20)。

"鲁迅杂文的隐蔽性,一是有些话没有说;一是有些话没有照心里想的样子说。"(出处同上:前言22)由于政治和文学环境的影响,鲁迅便在文中隐约其词、欲说还休,或者使用隐语或反语等语言艺术"装腔作势"地进行反讽。

我们认为,仿拟也具有几个特征。首先,仿拟的基本出发点是否定与创新:否定的是现有语言表达,因为现有表达不能够或者说不适合表征说写者浮现的新思想或新概念,只有寻求新的表达;创新是指通过对现有语言单位进行拆分与重组的方式创造出新奇的表达。否定的目的是创新,是创造新奇表达的前提;创新是否定的途径,就是对现有表达的否定,二者相辅相成,是矛盾统一体。其次,仿拟的主要功能之一是讽刺。正如前文所说,讽刺是指用艺术的语言对不好或反感的事物予以揭露或攻击。可以说,许多仿拟带有天生的攻击性。再次,由于仿拟是借助了人们熟知的现有语言,化繁为简、短小精悍,使得"枪头"锋利无比,"刺"向"敌人"便会一针见血。最后,仿拟的主要特点是高度凝练性和间接性。以仿词为例,作者所要表达的思想或概念不能用现成的词语表征,若用多个词语组合而成的短语甚至句子则显得冗长、啰唆,与上下文不协调,行文也不流畅。但意向概念与某个或某些现有词语在语音、语义或结构上有相关之处,可以借鉴现有词语,并根据意向概念内容对其进行局部改造,形成新奇表达,这体现了仿词的凝练性。仿拟看似简单,实则不然,无法直接理解其义。仿拟虽然套取了现成语言形式,但却根据说写者所要表达的概念替换了该形式中的关键元素,即只取其形,抽离其神,保留外形,替换内核。而听读者的个人认知与外部环境都是不同的,遇到新奇表达只能有似曾相识之感,而不可能立即相知其新义,只能根据本体及语境推知。尤其是在只有仿体,不见本体之时,只有先取其形,觅得本体,再由本体之义结合语境推导而知其新义。假若听读者不具备相关的背景知识,对本体不解其意,或者对隐性仿拟中仿体之形并不敏感,对本体更是无从追踪。新奇表达的成形是颇费说写者一番功夫的,若要取其精髓、正确理解,就需要听读者好好琢磨一番,剥出隐藏在熟悉外形之中的未知真核。可见,仿拟的特征与鲁迅杂文的特性有很大的共同性。因此,鲁迅杂文中使用最多的修辞手法之一便是仿拟。

4.1.2.2 《红楼梦》中语料的特点

《红楼梦》,中国四大名著之一,是清代文人曹雪芹(著前八十回)与高鹗(补后四十回)所著的一部长篇小说。这部名著通过描写几个家族的兴衰史反映了中国封建社会晚期的真实写照。《红楼梦》以其纷繁而有条理的艺术结构、丰富深刻的意蕴、包罗万象的文化、出色的艺术形象和炉火纯青的语言,被誉为"中国封建社会末期的百科全书"。《红楼梦》刻画的人物多达四百五十余人,书中人物对话的字数占全书篇幅的四成多。曹雪芹作为一代语言艺术大师,他在《红楼梦》中通过人物的对话表现主题、安排情节,塑造人物形象、揭示人物的思想以及人物之间的关系,同时也能鲜明地反映出人物的神态、情状,特别是人物的个性特征。书中人物对话高度个性化,在中国古代小说中达到了登峰造极的地步,可以说是我国古代白话小说的巅峰之作。书中人物语言的一大特色就是修辞手法的大量运用,如隐喻、夸张、双关、引用、对偶、仿拟等。据统计,《红楼梦》中的仿拟共有41例,而仿词有37例,占逾九成。包括语音仿词5例,其中同音仿词4例,近音仿词1例;语义仿词26例,其中近义仿词2例,反义仿词9例,类义仿词15例;结构仿词6例。《红楼梦》中各类仿词比例用表4-2表示如下:

表4-2 《红楼梦》中各类仿词占比

类别和总量	次类	数量	比例	比例
语音仿词 (5个)	同音仿词	4	10.8%	13.5%
	近音仿词	1	2.7%	

续表 4-2

类别和总量	次类	数量	比例	比例
语义仿词 (26 个)	近义仿词	2	5.4%	70.3%
	反义仿词	9	24.3%	
	类义仿词	15	40.6%	
结构仿词(6 个)	结构仿词	6	16.2%	16.2%
总计	六小类	37	100%	100%

4.1.3 仿词的功能

仿拟的主要功能是讽刺、否定、幽默、对比与造词。鲁迅杂文为书面语,其中的仿词以讽刺为主,兼有简便与对比的功能。例如:

(1)现在盐谷教授的书早有中译,我的也有了日译,两国的读者,有目共见,有谁指出我的"剽窃"来呢? 呜呼,"男盗女娼",是人间大可耻事,我负了十年"剽窃"的恶名,现在总算可以卸下,并且将"谎狗"的旗子,回敬自称"正人君子"的陈源教授,倘他无法洗刷,就只好插着生活,一直带进坟墓里去了。(《鲁迅全集·且介亭杂文二集·后记》,443)

此例中的"谎狗"一词是鲁迅仿照"谎言"的结构而作。顾颉刚造谣鲁迅剽窃又没有公开表达,但是鲁迅的论敌陈源教授公开传播了这个谣言。那时代文人把文章剽窃看成像"男盗女娼"一样的奇耻大辱。所以鲁迅把这个蓄意传播谣言、损害自己名声的人称作"谎狗",其讽刺力度非同一般。

"仿拟是一门'仿'于此而'拟'以彼的修辞艺术,而就在这一'仿'一'拟'之际,其所仿与所拟形成了鲜明的对比,通过对比,往往使本体和仿体之间的差异点放大了、明显了,从而产生了突出、强调的修辞效果。"(徐国珍,2003:254—255)例如:

(2)今年文坛上的战术,有几手是恢复了五六年前的太阳社式,年纪大又成为一种罪状了,叫作"倚老卖老"。……因为现在的作家,有几位总不免在他的"作品"之外,附送一点特产的赠品。有的*卖富*,说卖稿的文人的作品,都是要不得的。……有的*卖穷*,或*卖病*,说他的作品是挨饿三天,吐血十口,这才做出来的,所以与众不同。……有的*卖孝*,说自己做这样的文章,是因为怕父亲将来吃苦的缘故,那可更了不得,价值简直和李密的《陈情表》不相上下了。有的就是衔烟斗,穿洋服,唉声叹气,顾影自怜,老是记着自己的韶年玉貌的少年哥儿,这里和"卖老"相对,姑且叫他"*卖俏*"罢。(《鲁迅全集·且介亭杂文二集·六论"文人相轻"——二卖》,394—395)

此例中本体为"卖老",作者分别以"富""穷""病""孝"与"俏"代替"老"字,拟得一组结构仿词——"卖富""卖穷""卖病""卖孝"与"卖俏"。虽然只有一字之差,但将本体与仿体之间的差异表现得非常醒目,使各仿词的关键成分得到了突显和强调,而且各仿词也突出了各自特点,给读者留下了深刻的印象。

在很多情况下,人们面对某些新生事物、现象或观念会"参考"既成词汇拟构出新奇词语,以解决语言材料的有限性与客观世界的无限性之间的矛盾。换句话说,仿词可以用一种简便的方式来填补词汇中的"空位",造出新词以表达新概念。例如:

(3)无论是谁,只要在中国过活,便总得常听到"他妈的"或其相类的口头禅。我想:这话的分布,大概就跟着中国人足迹之所至罢;使用的遍数,怕也未必比客气的"您好呀"会更少。假使依或人所说,牡丹是中国的"*国花*",那么,这就可以算是中国的"*国骂*"了。(《鲁迅全集·坟·论"他妈的!"》,212)

鲁迅仿照"国花",将"中国人最常说和听到的骂人的话"这一概念创造性地用"国骂"这个新奇词语表征,可谓表述简洁到位、方便实用。而且"国骂"现在早已规约化,成为正常词汇。

《红楼梦》中的仿词则全部出现在人物对话之中,属于口头语,兼有讽刺与幽默的功能。例如:

(4)宝玉笑道:"既然如此,这香是那里来的?"黛玉道:"连我也不知道。想必是柜子里头的香气,衣服上熏染的也未可知。"宝玉摇头道:"未必。这香的气味奇怪,不是那些香饼子、香毬子、香袋子的香。"黛玉冷笑道:"难道我也有什么罗汉真人给我些香不成!便是得了奇香,也没有亲哥哥亲兄弟,弄了花儿、朵儿、霜儿、雪儿替我炮制。我有的是那些俗香罢了。"(《红楼梦》第十九回,203)

此例中黛玉利用反义关系仿照前文中的"奇香"造出"俗香"一词,借此讥讽服用"冷香丸"的薛宝钗。此类仿词除了讽刺的意味,还有否定的作用。又如:

(5)宋嬷嬷听了,心下便知镯子事发,因笑道:"虽如此说,也等花姑娘回来知道了,再打发他。"晴雯道:"宝二爷今儿千叮咛万嘱咐的。什么花姑娘草姑娘,我们自然有道理。你只依我的话,快叫他家的人来领他出去。"(《红楼梦》第五十二回,571)

此例中晴雯首先对"花姑娘"实指的袭人进行解构,即改变它的概念语义结构和语法结构,把实指袭人的姓氏"花"重新分析为"花草"的"花",把"人"降格为"物",然后根据"花"与"草"的语义关系,仿照"花姑娘"拟出"草姑娘",通过大家对小说中根本不存在的"草姑娘"这一事实的认知达到对"花姑娘"的否定,以表心中的不满与不屑情绪。(么孝颖,2012d:104)有些仿词还能产生幽默的效果。再如:

(6)探春笑道:"我们起了个诗社,头一社就不齐全,众人脸软,所以就乱了。我想必得你去作个监社御史,铁面无私才好。……"凤姐笑道:"我又不会作什么湿的干的,要我吃东西去不成?"探春道:"你虽不会作,也不要你作,你只监察着我们里头有偷安怠惰的,该怎么样罚他就是了。"(《红楼梦》第四十五回,481)

此例中凤姐仿照未出现在上下文中的"作诗"一词,根据其语音而故意造出"作湿",再据此反义仿造出"作干",只是将两个词进行拆分并加入了其他语素而形成了"作什么湿的干的",用于说笑,增加话语的幽默效果。

4.2 仿词分类

我们将仿词定义为:仿照已有词语或其中语素的语音、意义或结构而拟构出的相关新奇词语。根据前文建立的基于转喻的仿词认知机制分析框架,我们从仿拟性质、本体位置以及本体意义等三个方面对仿词进行分类。

4.2.1 语音仿词、语义仿词和结构仿词

首先,根据仿拟性质的不同,我们将仿词分为语音仿词、语义仿词和结构仿词(仿音词、仿义词和仿构词)这三类进行研究。

4.2.1.1 *语音仿词*

语音仿词是指仿照现成词语的语音,临时造出语音相同或相近的新奇词语。在分类叙述之前,我们先澄清一类近似于语音仿词的语言现象。

4.2.1.1.1 音位结构仿拟

么孝颖(2008)提出了四种仿拟话语,其中一种为"仿拟音位结构"(parodying phonological structure)(么孝颖,2008:104),后来称之为"音位结构仿拟"(phonological structure parody)(么孝颖,2012c:45)。所谓"音位结构仿拟"是指"仿拟者继承本体的音位结构"的仿词。么孝颖(2012c:46—47)指出,曹雪芹在《红楼梦》利用"真事隐(去)""假语村(言)""祸起""应怜""侥幸"的音位结构拟创出"甄士隐""贾雨村""霍启""英莲""娇杏",为小说中的人物进行谐音仿拟命名;利用"荒诞无稽""消香馆""恨无缘""遗红怨"的音位结构拟创出"荒山无稽""潇湘馆""蘅芜苑""怡红院",为地点和住所进行仿拟命名;利用"千红一哭""万艳同悲"以及"原应叹息"的音位结构拟创出"千红一窟""万艳同杯"以及"元春、迎春、探春、惜春",以揭示

小说中的人物命运。

但我们认为,此类利用本体音位结构拟创出的词语并非属于谐音仿拟,而是语音转喻现象。"语音转喻"是指某个词语喻指语音相同或相似的另一个词语。如用人名"冯渊""贾政""张如圭""詹光""单聘仁""卜固修"与"卜世仁"等来暗指"逢冤""假正(经)""张如鬼""沾光""善骗人""不顾羞(耻)"与"不是人"等,用以描写人物形象与特性。我们将语音转喻的认知机制用图 4-1 例示如下:

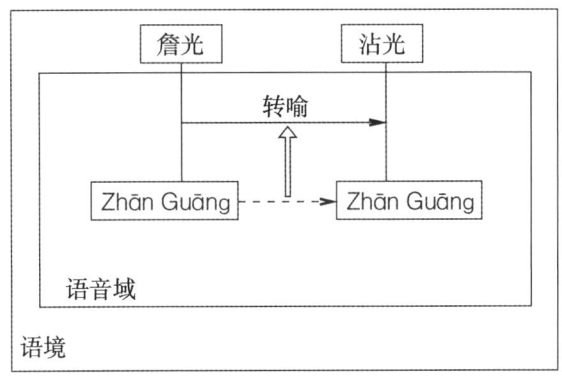

图 4-1　语音转喻的认知机制

图 4-1 中的两条竖线分别表示象征单位"詹光"与"沾光"的语义单位与语音单位的联结;下方虚线箭头表示由于"詹光"与"沾光"的语音单位相同,处在同一语音域中,前者向后者的映射;该语音域指所有与语音"Zhān Guāng"相同与相近的语音单位的集合;上方的右向箭头表示象征单位"詹光"对"沾光"的激活,二者构成转喻关系;中间的空心上箭头表示象征单位"詹光"与"沾光"的语音单位之间的映射关系引发了前者对后者的激活。前者为喻体,即文中的显性语言表达;后者为本体,即作者想要"转达"的隐含意义。整个映射或者激活过程发生在语境(《红楼梦》人物关系)之中。而语音仿词是指通过仿照现成词语的语音并换用语音相同或相近的语素而创造出新的词语。例如:

(7)宝玉又诩:"……小耗道:'我不学他们直偷,我只摇身一变,也变成个香芋,滚在香芋堆里,使人看不出听不见,却暗暗的用分身法搬运,渐渐的就搬运尽了。岂不比直偷硬取的巧些!'……说毕,摇身说变,竟变了一个最标致美貌的一位小姐。众耗忙笑说:'变错了,变错了。原说变果子的,如何变出小姐来?'小耗现形笑道:'我说你们没见世面,只认得这果子是香芋,却不知盐课林老爷的小姐才是真正的香玉呢。'"(《红楼梦》第十九回,204—205)

此例中的"香玉"是仿照"香芋"的语音而造,属于语音仿词。前者为仿体,后者为本体,二者均出现在上下文中。而对于语音转喻,文中只能出现喻体,将本体隐去。因此,我们将《红楼梦》书中的上述诸多所谓"音位结构仿拟"现象排除在语音仿词之外。

4.2.1.1.2 语音仿词的定义和分类

语音仿词是指仿照本体词语或其中语素的语音而拟造的新奇词语。根据仿体与本体对应语素的语音相似度,可将语音仿词分为两类:

1)同音仿词,即仿体与本体中替换语素和被替换语素的语音相同。例如:

(8)这一篇,是 T 先生要我做的,因为那集子要在和他有关系的 G 书局出版。我*谊不容辞*,只得写了这一点,不久,便在《涛声》上登出来。(《鲁迅全集·南腔北调集·〈守常全集〉题记附识》,120)

此例中的仿词"谊不容辞"是仿照"义不容辞"而造,前者中的"谊"与后者中的"义"同音。

2)近音仿词,即仿体与本体中替换语素和被替换语素的语音相近。例如:

(9)多少伟大的招牌,去年以来,在文摊上都挂过了,但不到一年,便以变相和无物,自己告发了全盘的欺骗,中国如果还会有文艺,当然先要以这样直说自己所本有的内容的著作,来打退骗局以后的空虚。因为文艺家至少是须有直抒己见的诚心和勇气的,倘不肯吐露本心,就更谈不到什么意识。(《鲁迅全集·三闲集·叶永蓁作〈小小十年〉小引》,155—156)

此例中的仿词"文摊"是仿照"文坛"而作。前者中的"摊"与后者中的"坛"两字语音相近。

4.2.1.2 语义仿词

语义仿词是指根据与本体词语中某个语素的语义关系仿照本体而造的新词语。根据仿体与本体对应语素的语义关系,可将语义仿词分为三类:

1)近义仿词,即仿体与本体的意义相近。例如:

(10)宝钗道:"你且别念,等把云儿叫了来,也叫他听听。"说着,便叫小螺来,吩咐道:"你到我那里去,就说我们这里有一个外国美人来了,作的好诗,请你这*诗疯子*来瞧去,再把我们那*诗呆子*也带来。"小螺笑着去了半日。(《红楼梦》第五十二回,567)

此例中宝钗仿照"诗疯子"而拟得"诗呆子",用以指代为学诗废寝忘食的香菱。"疯子"与"呆子"二词意义相近。

2)反义仿词,即仿体与本体的意义相反。例如:

(11)"*女吊*"也许是方言,翻成普通的白话,只好说是"女性的吊死鬼"。……不过一到做"大戏"或"目连戏"的时候,我们便能在看客的嘴里听到"*女吊*"的称呼。也叫作"吊神"。横死的鬼魂而得到"神"的尊号的,我还没有发现过第二位,则其受民众之爱戴也可想。但为什么这时独要称她"*女吊*"呢?很容易解:因为在戏台上,也要有"*男吊*"出现了。(《鲁迅全集·且介亭杂文附集·女吊》,618)

此例中的"男吊"一词是鲁迅仿照"女吊"而得,二者意义相反。

3)类义仿词,即仿体与本体的意义不是相近或相反,而是属于同类范畴。例如:

(12) 然而终于"上海文艺界大团结"了。《草野》(六卷七号)上记着盛况道:"上海文艺界同人,平时很少联络,在严重时期,除各个参加其他团体的工作外,复由谢六逸、朱应鹏、徐蔚南三人发起,……集会讨论。在十月六日下午三点钟,已陆续到了东亚食堂,……略进茶点,即开始讨论,颇多发挥,……最后定名为上海文艺界救国会云。"

"发挥"我们还无从知道,仅据眼前的方法看起来,是先看《两亲家游非洲》以养力,又看"爱国的歌舞表演"以兴奋,更看《日本小品文选》和《艺术三家言》并且略进茶点而发挥。那么,中国就得救了。

不成。这恐怕不必文学青年,就是文学*小囡囡*,也未必会相信。(《鲁迅全集·二心集·沉滓的泛起》,312—313)

此例中,"文学小囡囡"是鲁迅仿照"文学青年"而得,借以讽刺《草原》这一鼓吹"民族主义文学"的、自称是"文学青年的刊物"。"青年"与"小囡囡"属于描写年龄的同类词语。

值得注意的是,由于事物之间的类义关系往往取决于人们的主观认识和习惯,因此,有时这种归类并非严格和绝对的,而是有很大的灵活性,并且还可以引申、扩大到本来不同的类属范畴,而这一点,在仿词格中尤为突出。如"宝玉""宝金""宝银""宝天王""宝皇帝"这一系列的仿词,由"宝玉"仿造出"宝金""宝银"自然是严格的类义仿词,而到"宝天王""宝皇帝",就由物扩大到了神和人(孔昭琪,1999:26)。也就是说,属于同一语义范畴的类义仿词可具有"原型—扩展"关系。

4.2.1.3 结构仿词

结构仿词,是仿照词语的语法结构,同时替换其中某个语素而得。例如:

(13) 于是有些人又记起了翻译,试来译几篇。但这就又是"*批评家*"的材料了,其实,正名定分,他是应该叫作"*唠叨家*"的,是创作家和批评家以外的一种,要说得好听,也可以谓之"第三种"。他象后街的老虎婆一样,并不大声,却在那里唠叨,说是莫非世界上的名著都译完了吗,你们只在译别人已经译过的,有的还译过了七八次。(《鲁迅全集·且介亭杂文二集·非有复译不可》,275)

此例中的"唠叨家"是鲁迅仿照前文的"批评家"一词的语法结构"××家"拟造出的,借以反讽梁实秋对鲁迅"硬译""死译"的评价。

在很多情况下,仿拟者所作仿词并非单个,而是数个并列出现,形成"仿词序列"。又如:

(14)外面小螺和香菱、芳官、蕊官、藕官、豆官等四五个人,都满园中玩了一回,大家采了些花草来兜着,坐在花草堆中斗草。这一个说"我有观音柳",那一个说"我有罗汉松"……豆官便说:"我有姐妹花。"众人没了,香菱便说:"我有夫妻蕙。"豆官说:"从没听见有个夫妻蕙。"香菱道:"一箭一花为兰,一箭数花为蕙。凡蕙有两枝上下结花者为兄弟蕙,有并头结花者为夫妻蕙。我这一枝并头的,怎么不是?"豆官没的说了,便起身笑道:"依你说,若是这两枝一大一小,就是*老子儿子蕙*了;若是两枝背面开的,就是*仇人蕙*了。"(《红楼梦》第六十二回,695)

此例中,豆官所说的"老子儿子蕙"与"仇人蕙"是仿照前文香菱说的"夫妻蕙"和"兄弟蕙"的抽象结构"××蕙"而拟得的,形成一个仿词序列,借以打趣香菱。

另外,有些结构仿词经过人们长期的使用已经规约化为日常用词,失去了"仿词"的身份,并且形成了同结构的一组词语。每组同构词语可称为一个结构范畴,其中包含一个原型词语。如:

(15)*网吧、歌吧、氧吧、迪吧、书吧*;*蓝领、粉领、金领、灰领、黑领*

以上两组仿词均为名词性仿词,仿照的结构分别为"×吧"与"×领",二者的原型词分别为"酒吧"和"白领"。再如:

(16) 导游、导购、导览、导路、导医、导厕

这组仿词为动词性仿词,其仿照的结构为"导×",其原型词为"导演"。动词性的系列仿词,很多为缩略语,如"打拐"(打击拐卖妇女儿童的犯罪活动)、"打非"(打击非法出版活动)、"打黑"(打击黑社会性质的犯罪团伙)、"打假"(打击制造、销售假冒伪劣商品的行为)、"打恐"(打击恐怖活动)等。但由于语境或个人百科的不同,有时诸如此类的仿词很难判断其原型为何。

4.2.2 显性仿词与隐性仿词

根据本体出现在文中与否,我们将仿词分为显性仿词与隐性仿词两类。

4.2.2.1 显性仿词

显性仿词,顾名思义,是指所仿本体词语出现在上文或下文之中。例如:

(17) 倚徙华洋之间,往来主奴之界,这就是现在洋场上的"西崽相"。……所以这一种相,有时是连清高的士大夫也不能免的。……有人佩服得五体投地的《野叟曝言》中,那"居一人之下,在众人之上"的文素臣,就是这标本。他是崇华,抑夷,其实却是"满崽";古之"满崽",正犹今之"西崽"也。(《鲁迅全集·且介亭杂文二集·"题未定"草》,351—352)

此例中的"满崽"是鲁迅仿照前文中的"西崽"而作。西崽是旧时对西洋人雇用的中国男仆的蔑称,作者借以讽刺小说《野叟曝言》中的主角文素臣。

4.2.2.2 隐性仿词

隐性仿词是指所仿本体词语未出现在上文或下文之中,但由于本体是人们熟悉的词语,特别是成语,因而说写者直接在话语或文中做出仿体,听读者也能根据仿体的语音、语义或结构推导出其意义。例如:

(18) "琴心"问题,现在总算明白了。……今看他署着真名之文,也是一

样色彩,本该容易识破,但他人谁会想到他为了争一点无聊的名声,竟肯如此钩心斗角,无所不至呢。他的"横扫千人"的大作,今天在《京报副刊》似乎露一点端倪了,所扫的一个是批评廖仲潜小说的"芳子",但我现在疑心"芳子"就是廖仲潜,实无其人,和"琴心"一样的。(《鲁迅全集·两地书·第一集》,72)

此例中"横扫千人"一词是鲁迅仿照成语"横扫千军"而作,借以讽刺为欧阳兰抄袭开脱的笔名为"琴心"的夏雪纹。

人们在理解隐性仿词时,会根据语境和个人百科知识首先推断出本体词语,然后据此推导出仿体意义。

4.2.3 直接仿词与间接仿词

在仿拟过程中,不论是哪类仿词,或者本体出现与否,只要其意义没有发生改变,仿体直接仿其而造,我们就说这类仿词为直接仿词。而在某些特殊的词语仿造过程中,作为仿拟对象的本体并非出现在前文中的词语,而是根据前文的某个词语的语音或语义,经过变换谐音语素或者相关语素字形未变但意义经过转变之后而拟造。也就是说,所仿本体是前文某个词语的同音异形词或同形异义词。该仿体本身不具有实际意义,因而据此而得的仿词也没有实际所指。仿拟者创造这种仿词旨在表达反感、不屑的态度,或者产生幽默、打趣的效果。我们将这类仿词称为间接仿词。

4.2.3.1 直接仿词

大多数仿词均为直接仿词。不论是仿音、仿义或是仿构,隐性还是显性,直接仿词的本体的形与义均未改变,属于普通仿词。如上述例(7)中的"香玉"仿照前文中的"香芋"而造,属于显性同音仿词,而例(8)中的"谊不容辞"与例(9)中的"文摊"分别是仿照未在文中出现的"义不容辞"与"文坛"而造,分别属于隐性同音仿词和隐性近音仿词;例(4)中的"俗香"、例(10)中的"诗呆子"与例(12)中的"文学小图图"分别仿照前文中的"奇香""诗疯子"与"文学青年"而造,分别属于显性反义仿词、显性近义仿词与显性类义仿词,而例(18)中的"横扫千人"是仿照未在文中出现的"横扫千军"而造,属于隐性类义仿词;例(13)中的"唠叨家"以及例(14)中的"老子儿子蕙"与"仇人蕙"分别仿照前文中的"批评家"与"夫妻蕙""兄弟蕙"而造,均属于显性结构仿词;例(1)中的"谎狗"是仿照未出现在文中的"谎言"而造,属于隐性结构仿词。显性近音仿词是指仿体与出现在上下文中的本体语音相近,例如:

(19)贾琏道:"……说起来真真可人恼,你今儿不问我我也不便告诉你。你打谅你哥哥行事像个人呢,你知道外头人都叫他什么?"凤姐道:"叫他什么?"贾琏道:"叫他什么?叫他'忘仁'!"凤姐扑哧的一笑:"他可不叫王仁叫什么呢!"贾琏道:"你打谅那个王仁吗,是忘了仁义礼智信的那个'忘仁'哪!"(《红楼梦》第一百一回,1134)

此例中的"忘仁"是仿照下文中的"王仁"的语音而造,仿体中的"忘"与本体中的"王"语音相近。隐性近义仿词是指仿体与未出现在上下文中的本体语义相近,例如:

(20)不久,一辆卡车从山路上缓驰下来,工程连的战士齐声呐喊,冲出树林,包围了卡车。车下,铁锹钢叉,横握竖举。棍棒锄头,左右相逼。车上,警卫排的枪口,也指向了工程连的战士们,双方*剑拔弓张*。(梁晓声《今夜有暴风雨》)(罗胜杰等,2010:8)

此例中的"剑拔弓张"是仿照未出现在文中的成语"剑拔弩张"而造,"弓"与"弩"之间为近义关系。隐性反义仿词是指仿体与未出现在上下文中的本体语义相反,例如:

(21)有一种所谓"文士"而又似批评家的,则专是一个人的御前侍卫,托尔斯泰呀,托她斯泰呀,指东画西的,就只为一人做屏风。其甚者竟至于一面暗护此人,一面又中伤他人,却又不明明白白地举出姓名和实证来,但用了含沙射影的口气,使那人不知道说着自己,却又另用口头宣传以补笔墨

所不及,使别人可以疑心到那人身上去。(《鲁迅全集·华盖集·并非闲话(三)》,152)

此例中的"文士"是仿照未出现在文中的"武士"而造,"文"与"武"意义相反,作者借此讽刺那些为了自己的目的而掩盖事实胡乱批评的文人。

4.2.3.2 间接仿词

间接仿词是指所仿本体是前文某个词语的同音异形词或同形异义词,本身并无实际所指和含义,因而据此而造的仿体同样没有实际意义,只是仿拟者为了表达某种态度或情感而作。或者说,实际所仿对象是语境中具有实际意义的"间接本体",仿体和"直接本体"并无实际意义,"直接本体"因同音异形或同形异义关系喻指"间接本体"。

前人对此类仿词早有研究。庞蔚群(1982)认为,此类"特殊性仿词"的形成是一个谐音仿词加反义仿词的过程。例如:

(22)住下吧,管他什么*唐有才*,"盐有才"!(宗福先《于无声处》)(庞蔚群,1982:22)

拟得该特殊性仿词分为两步:首先用谐音仿造的方法,由"唐有才"造出"糖有才",再用反义仿造的方法由"糖有才"造出"盐有才"。吴鼎(1982)认为,间接仿拟是指首先根据仿拟对象通过谐音,拈连出另一词语,接着又通过类义联想,拈连出仿体。如例(22)中的"唐有才"首先通过谐音,拈连出未出现的"糖有才",接着又通过类义联想,拈连出个"盐有才"。因此,他认为间接仿词是谐音拈连和类义拈连的结果。林兴仁(1982)也认为间接仿词是先谐音后仿词。例如:

(23)莲花儿笑道:"这话我没听见。今儿我倒看见一个露瓶子。"林之孝家的正因这些事没主儿,每日凤姐儿使平儿催逼他,一听此言,忙问在那里。莲花儿便说:"在他们厨房里呢。"林之孝家的听了,忙命打了灯笼,带着众人来寻。五儿急的便说:"那原是宝二爷屋里的芳官给我的。"林之孝家的便说:"不管你方官圆官。现有了赃证,我只呈报了,凭你主子前辩去。"一面说,一面进入厨房,莲花儿带着,取出露瓶。(《红楼梦》第六十一回,676)

此例中,"芳官"的"芳"与"方圆"的"方"谐音,先谐音成"方官",然后再利用"方""圆"的承接关系,仿"方官",临时造出"圆官"(林兴仁,1982:113)。林之孝家的借用这个仿词来表达强硬的态度。

武占坤(1990)提出了"曲折仿词",即并非根据本体的本义或本形,而是其中某个字的非实际意义或者利用某个字的谐音关系进行仿拟。例如:

(24)攻击礼教和白话,即有趋于赤化之忧。因为共产派无视一切旧物,而白话则始于《新青年》,而《新青年》乃独秀所办。今天看见北京教育部禁止白话的消息,我逆料《语丝》必将有几句感慨,但我实在是无动于中。我觉得连思想文字,也到处都将窒息,几句*白话黑话*,已经没有什么大关系了。(《鲁迅全集·而已集·扣丝杂感*,472—473)

此例中的"黑话"是仿"白话"而造,但作为仿拟对象的"白话"一词的意义已非其实际意义,即非本体的本义。"白话"原本是指"白话文",与"文言"相对,"白话"的"白"字原义为"口头的、直白的";但作者却偏取"白"字的非实际意义,即讹误为"颜色"之义,用反义拈连的办法进行仿拟而得出仿体"黑话"。

孔昭琪(1999)提出了"综合仿词",认为这类仿词是以同音关系为基础,构成同音仿词,再根据反义或类属关系构成反义仿词或类属仿词。如上例(5)中的"花姑娘草姑娘"是依据姓氏的"花"和花草的"花"的同形及同音关系,由原指花袭人的"花姑娘"仿造出实际不存在的指代花卉的"花姑娘",再依据花、草同属于植物的类属关系,由"花姑娘"仿造出同样不存在的"草姑娘"(孔昭琪,1999:28)。仿拟者晴雯借此仿词表达对袭人的讥讽与不屑的态度。

徐国珍(2003)提出了"间接仿",认为"间接仿即仿体不是直截了当地由本体类推得出,而是间接地利用本体的音、义等要素以某种曲折的形式推出的一种仿拟手法,又称曲折仿"(徐国珍,2003:65)。她认为间接仿拟中本体的曲折形式是由曲解而得。我们将上述对于间接仿词的主要观点用表4-3小结如下:

表4-3 前人对间接仿词的归类

学者	间接仿词名称	间接仿词性质
庞蔚群	特殊性仿词	谐音仿造+反义仿造
吴鼎	音连	谐音拈连+类义拈连
林兴仁	先谐音后仿造	谐音+仿造
武占坤	曲折仿词	讹误+反义/类义拈连
孔昭琪	综合仿词	同音仿词+反义/类属仿词
徐国珍	间接仿	曲解/谐音+反义仿词

我们认为,间接仿词的产生是由本体经语音或概念转喻后成为本体变体或者间接本体,再对其进行语义仿拟后得到仿体。由于仿拟本身也是一个转喻过程,因而可以将间接仿词视为"双重转喻",即在语音或概念转喻后紧接着再次进行仿拟语义转喻。该过程可以标示如下(见图4-2):

$$\text{本体}_1 \xrightarrow{\text{转喻}} \text{本体}_2 \xrightarrow{\text{仿拟}} \text{仿体}$$

图4-2 间接仿词的生成方式

本体$_1$是固定搭配,有实际意义和所指,是真实概念;本体$_2$与仿体是临时构造,无实际意义和所指,是虚拟概念。

鲁迅杂文集有313例仿词,其中有9个属于间接仿词,仅占2.9%;而《红楼梦》一书中有37例仿词,其中有12个属于间接仿词,比例接近三分之一。如上述例(5)中的"什么花姑娘草姑娘"和例(6)中的"作什么湿的干的"。我们发现,间接仿词,尤其是对话中的间接仿词,在前面往往加上一个口头插入语"什么",借以表达某种态度和情感。

根据间接仿词的本体变化性质,即变为同音异形词还是同形异义词,间接仿词可分为语音转喻间接仿词和语义转喻间接仿词。

4.2.3.2.1 语音转喻间接仿词

语音转喻间接仿词是指仿词的生成并非根据本体象征单位本身,而是先由本体利用谐音手段进行语音转喻形成一个具有相同语音单位、不同语义单位的本体变体象征单位,再据此进行语义仿拟而造出仿词。例如:

(25)袭人一看却是锄药。因问:"你作什么?"锄药道:"刚才芸二爷来了。拿了个帖儿,说给咱们宝二爷瞧的。在这里候信。"……袭人见是贾芸,连忙向锄药道:"你告诉说知道了。回来给二爷瞧罢。"……宝玉只是怔怔的坐着。袭人连哄带怄催着吃了一口儿饭,便搁下了,仍是闷闷的歪在床上。一时间忽然掉下泪来。此时袭人麝月都摸不着头脑。麝月道:"好好儿的这又是为什么?都是什么芸儿*雨儿*的不知什么事弄了这么个浪帖子来,惹的这么样傻了的是的哭一会子笑一会子。要天长日久闹起闷葫芦来可叫人怎么受呢!"(《红楼梦》第八十五回,973—974)

此例中的仿体"雨儿"并非直接仿自本体"芸儿"的原本意义,即贾芸,而是先由"芸儿"利用谐音经语音转喻激活与其同音异形的新的本体"云儿",该象征单位没有实际意义,而且在此例中该本体变体未出现在上下文中;然后根据"云儿"中的"云"字和"雨"字的类义关系,经类义仿拟而得仿体"雨儿",该仿体也没有实际所指。麝月所言"什么芸儿雨儿的"旨在表达其不满、抱怨的情绪。

4.2.3.2.2 语义转喻间接仿词

语义转喻间接仿词是指仿词的生成并非根据本体象征单位本身,而是先由本体进行概念转喻形成一个具有相同形式、不同意义的本体变体象征单位,再根据不同的语义关系进行语义仿拟而造出仿词。例如:

(26)秋天的雨,无心的"人",和人间社会是不会有情愫的。要说冷静,这才真是冷静;这才能够和"托尔斯小"的无抵抗主义一同抹杀"牛克斯"的斗争说;和"达我文"的进化说一并嘲弄"克鲁屁特金"的互助论;对专制不平,但又向自由冷笑。作者是往往想以诙谐之笔出之的,但也因为太冷静

了,就又往往化为冷话,失掉了人间的诙谐。(《鲁迅全集·且介亭杂文二集·〈中国新文学大系〉小说二集序》,255—256)

此例中的"托尔斯小""达我文""牛克斯""克鲁屁特金"并非直接仿自本体"托尔斯泰""达尔文""马克思""克鲁泡特金"的原本意义,即知名人物的音译名字,而是首先由这些人名进行概念转喻形成同形意义的新的本体,作为整体音译的外国人名中本不可独立出来的某个字的意义转变为可独立使用的该字的原型意义,即"泰""尔""马"以及"泡"字的意义由没有具体意义而分别转变为"大""你""家畜"以及"屎尿量词";然后分别根据反义关系与类义关系仿造出了"托尔斯小""达我文"与"牛克斯""克鲁屁特金"。这四个仿体是对托尔斯泰、达尔文、马克思、克鲁泡特金等人名的谑称。这些词语都见于王鲁彦的短篇小说《柚子》以及《华丽的头发》。小说作者以反讽的语言一方面讽刺了民众的看客丑态,另一方面抨击了军阀政府的残酷统治。

我们将仿词各个类别用表4-4明示:

表4-4 仿词的分类

仿词		显性仿词	隐性仿词	直接仿词	间接仿词
语音仿词	同音仿词	+	+	+	-
	近音仿词	+	+	+	-
语义仿词	近义仿词	+	+	+	+
	反义仿词	+	+	+	+
	类义仿词	+	+	+	+
结构仿词	结构仿词	+	+	+	+

注:该表中的符号"+"表示存在此类仿词,符号"-"表示不存在此类仿词。

根据仿拟单位的性质可将仿词分为语音仿词、语义仿词和结构仿词三大类,仿音多为修辞性仿拟,仿构多为构词性仿拟,仿义包括两种仿拟;其中语音仿词又可根据本体与仿体的具体语音关系再分为同音仿词和近音仿词两小类,语义仿词又可根据本体与仿体的具体语义关系再分为近义仿词、反义仿词和类义仿词三小类；根据本体在上下文中出现与否又可将仿词分为显性仿词和隐性仿词两小类；根据本体的变化性质可再将仿词分为直接仿词与间接仿词两小类。根据以上分类法，经过组合，理论上可以得出共 21 小类仿词。我们将在后面三章根据仿拟性质对三大类仿词的认知机制分别进行阐释。

第 5 章
基于转喻分析框架的语音仿词研究

按照仿拟性质分类,仿词有语音仿词、语义仿词和结构仿词三种情况。根据仿体与本体的语音之间的关系,本章将语音仿词分为同音仿词和近音仿词;根据本体出现在文中与否,可将仿词分为隐性仿词和显性仿词。本章在前面确立的仿词认知机制分析框架下分别对同音仿词、近音仿词以及隐性和显性语音仿词的生成与理解机制逐一进行阐释。

5.1 语音仿词的生成机制

5.1.1 隐性语音仿词的生成机制

语音仿词是指仿照现成的词语临时造出语音相同或相近的新奇词语。根据我们收集的语料可知,大多数语音仿词的本体并不出现在上下文中,因此,典型的语音仿词都是隐性仿词。我们先分析隐性语音仿词的生成机制。

开始,仿拟者受到语境刺激,在头脑中形成意向始源概念"C_s",但尚未有明确语言形式进行表征;始源概念中包含若干主要概念,其中某个关键概念"x"作为关键象征单位"[X_1/x_1]"的语义单位"[x_1]",激活其语音单位"[X_1]";再根据仿拟者的个人百科知识,包括关键象征单位在内的几个主要概念通过整合的方式激活本体形式"F_1"。形式包括结构和语音,本体形式所在的形式域矩阵"DM_1"包括结构域矩阵"SDM"和语音域矩阵"PDM"。另外,本体形式中也有一个关键象征单位"[X_1/x_2]",其语音"[X_1]"继承了始源概念中的关键单位。本体形式通过"形式代概念"的符号转喻(M_3)激活本体概念"C_1";然后本体概念作为所在概念域矩阵"DM_2"中的一个次域,通过"部分代整体"转喻(M_1)或域扩展的方式激活该域矩阵中的主域或矩阵域,其意义为图式概念"C_0";另一方面,本体形式通过"部分代整体"转喻(M_1)或域扩展的方式激活该形式域矩阵中结构域矩阵的主域或矩阵域,即抽象形式"F_0";与此同时,本体中的关键象征单位"$[X_1/x_2]$"作为语音域矩阵的一个次域通过"部分代整体"转喻(M_1)或域扩展的方式激活该域矩阵中的主域或矩阵域,其形式表征为抽象单位"$[X_0/×]$",其图式语音单位"$[X_0]$"表示和语音"$[X_1]$"相同(音素和声调均相同)或相近(音素相同、声调不同)的语音集合;然后,根据始源概念,作为概念矩阵域的图式概念"C_0"通过"整体代部分"转喻(M_2)或域减缩的方式激活次域,即仿体概念"C_2",仿体概念就是始源概念中的主要概念的集合;最后,结合关键象征单位并通过"域减缩"的方式激活另一语音域的象征单位"$[X_2/x_1]$"。若语音单位"$[X_2]$"与$[X_1]$相同,该仿词为同音仿词;若二者相近则为近音仿词。同时,利用仿体概念中的关键概念"x_1"激活的形式,即关键语素"$[x_1]$",与抽象形式的整合,并通过"整体代部分"转喻(M_2)或域减缩的方式得到仿体形式"F_2"。仿体形式结合语境可通过"形式代概念"的符号转喻(M_3)随时激活始源概念。需要注意的是,本体和仿体所含语素"W""X""Y"和"Z"只是为了方便标注,并不表示语素的数量,具体数量可能多于或少于三个;同样的,始源概念所包含的具体概念数量也是不定的。语音仿词的生成过程可用图5-1表示:

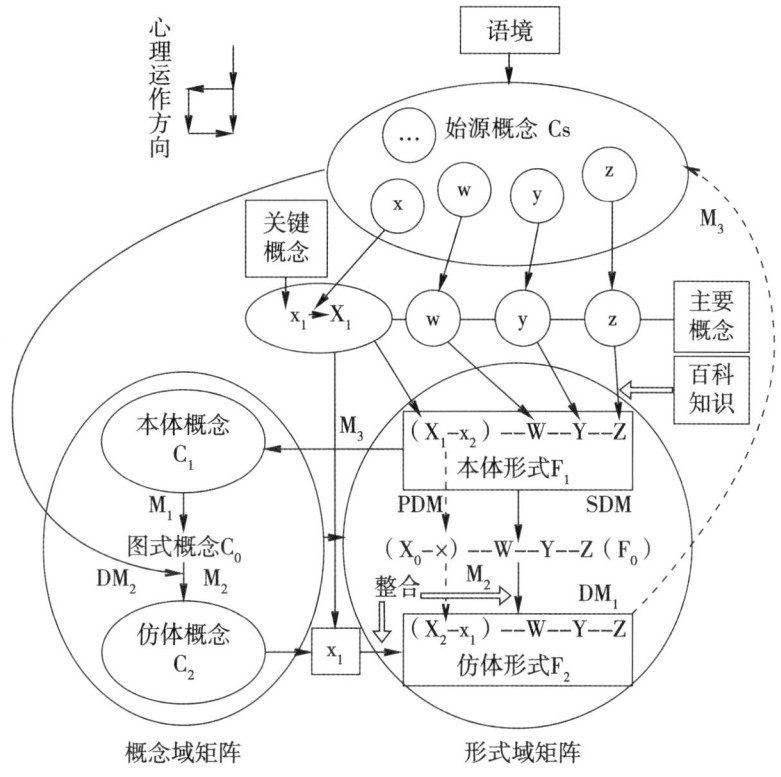

图 5-1 隐性语音仿词的生成图示

值得注意的是,始源概念中的关键概念有时不止一个,这种情况下,会更容易激活本体单位。

根据仿体与本体对应语素的语音相似度,可将语音仿词分为两类:同音仿词与近音仿词。

5.1.1.1 同音仿词的生成机制

同音仿词,即仿体与本体中替换语素和被替换语素的语音相同,也即仿体与本体语音相同。例如:

(1)这一篇,是 T 先生要我做的,因为那集子要在和他有关系的 G 书局出版。我谊不容辞,只得写了这一点,不久,便在《涛声》上登出来。(《鲁迅全集·南腔北调集·〈守常全集〉题记附识》,120)

此例中的仿词"谊不容辞"是仿照"义不容辞"而造，前者中的"谊"与后者中的"义"同音，其意义为"因为与T先生的友谊而不允许自己推辞写序的要求"。我们将该同音仿词的生成过程用图5-2表示如下：

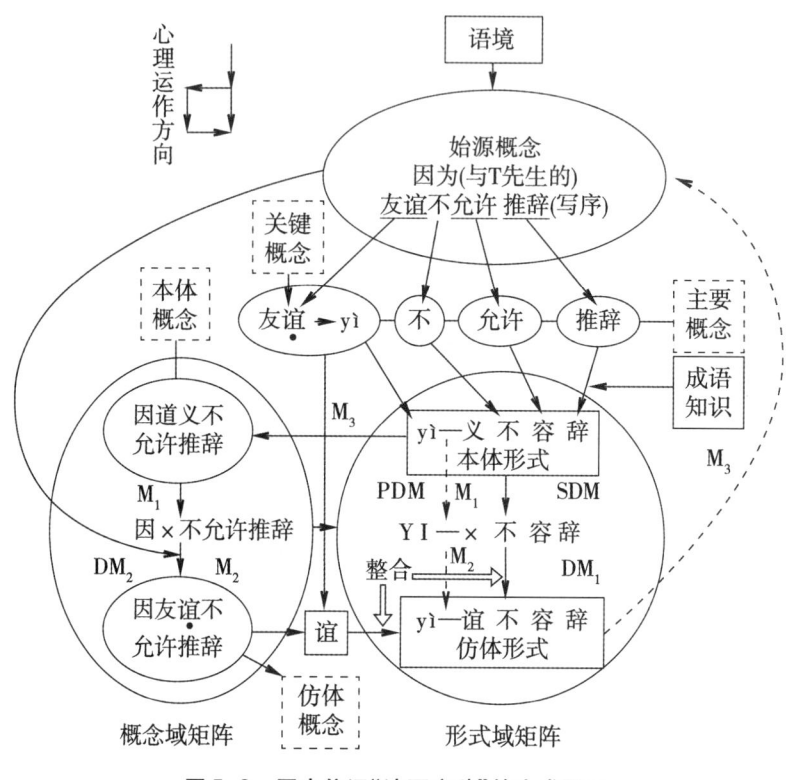

图 5-2 同音仿词"谊不容辞"的生成图示

根据图5-2，"谊不容辞"的生成过程分析如下：首先，仿拟者受到语境刺激，在头脑中形成意向始源概念"因为与T先生的友谊而不允许作者推辞写序的要求"，但还没有明确的词语对其进行表征；始源概念中包含若干主要概念——"友谊""不""允许""推辞"，其中关键概念"友谊"作为关键象征单位"[yì/谊]"的语义单位"[谊]"激活其语音单位"[yì]"；再根据仿拟者的个人百科知识，包括关键象征单位在内的几个主要概念分别激活其语素形式，并通过整合的方式激活本体形式"义不容辞"。形式包括结构和语音，本体形式所在的形式域矩阵"DM_1"包括结构域矩阵"SDM"和语音域矩阵

"PDM"。另外,本体形式中也有一个关键象征单位"[yì/义]",其语音继承了始源概念中的关键单位"[yì/谊]"。本体形式通过"形式代概念"的符号转喻(M_3)激活本体概念"因道义不允许推辞",本体概念与本体形式构成本体构式"[义不容辞/因道义不允许推辞]";然后,本体概念作为所在概念域矩阵"DM_2"中的一个次域,通过"部分代整体"转喻(M_1)或域扩展的方式激活该域矩阵中的主域或矩阵域,其意义为图式概念"因×不允许推辞";另一方面,本体形式通过"部分代整体"转喻(M_1)或域扩展的方式激活该形式域矩阵中结构域矩阵的主域或矩阵域,即抽象形式"×不容辞",该抽象形式与图式概念构成图式构式"[×不容辞/因×不允许推辞]";与此同时,本体中的关键象征单位"[yì/义]"作为语音域矩阵的一个次域通过"部分代整体"转喻(M_1)或域扩展的方式激活该域矩阵中的主域或矩阵域,其形式表征为抽象单位"[YI/×]",表示语音为"[YI]"的象征单位的集合,而其图式语音单位"[YI]"表示和语音"[yì]"相同(音素和声调均相同)的语音单位集合;根据始源概念,作为概念矩阵域的图式概念"因×不允许推辞"通过"整体代部分"转喻(M_2)或域减缩的方式激活次域,即仿体概念"因友谊不允许推辞",仿体概念其实就是始源概念中的主要概念的集合;最后,结合关键象征单位,抽象单位"[YI—×]"通过"整体代部分"转喻(M_2)或"域减缩"的方式激活另一语音域的象征单位"[yì/谊]",同时,经仿体概念"因友谊不允许推辞"中关键概念"友谊"所激活的形式,即关键语素"谊"与抽象形式"×不容辞"的整合,以及通过"整体代部分"转喻(M_2)或域减缩的方式得到仿体形式"谊不容辞"。仿体形式与仿体概念构成仿体构式"[谊不容辞/因友谊不允许推辞]"。仿体形式可结合语境并通过"形式代概念"的符号转喻(M_3)随时激活始源概念。

5.1.1.2 近音仿词的生成机制

近音仿词,即仿体与本体中替换语素和被替换语素的语音相近,也即仿体与本体的语音相近。例如:

(2)多少伟大的招牌,去年以来,在文摊上都挂过了,但不到一年,便以变相和无物,自己告发了全盘的欺骗,中国如果还会有文艺,当然先要以这样直说自己所本有的内容的著作,来打退骗局以后的空虚。因为文艺家至少是须有直抒己见的诚心和勇气的,倘不肯吐露本心,就更谈不到什么意识。(《鲁迅全集·三闲集·叶永蓁作〈小小十年〉小引》,155—156)

此例中的仿词"文摊"是仿照"文坛"而作。前者中的"摊"与后者中的"坛"语音相近。该仿词实际上是对文坛的蔑称。我们将该近音仿词的生成过程用图5-3表示如下:

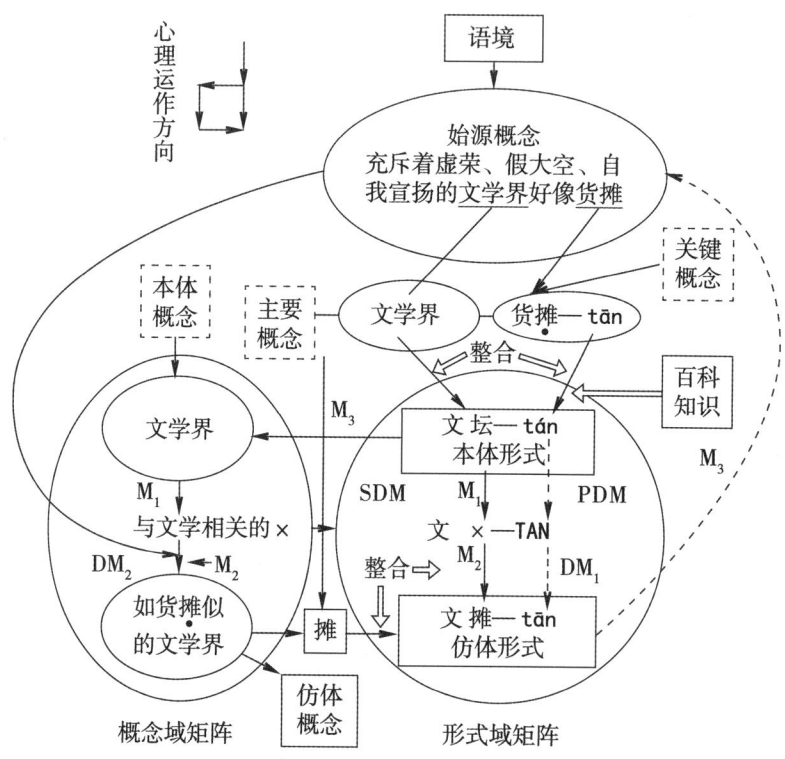

图5-3 近音仿词"文摊"的生成图示

根据图5-3,"文摊"的生成过程分析如下:首先,仿拟者受到语境刺激,在头脑中形成意向始源概念"充斥着虚荣、假大空、自我宣扬的文学界好像货摊",但还没有明确的词语对其进行表征;始源概念中包含两个主要概念——"文学界"和"货摊",其中关键概念"货摊"作为关键象征单位"[tān/摊]"的语义单位"[摊]"激活其语音单位"[tān]";再根据仿拟者的个人百科知识,包括关键象征单位在内的两个主要概念,通过整合的方式,激活本体形式"文坛"。形式包括结构和语音,本体形式所在的形式域矩阵"DM_1"包括结构域矩阵"SDM"和语音域矩阵"PDM"。另外,本体形式中也有一个关键象征单位"[tán/坛]",其语音继承了始源概念中的关键单位"[tān/摊]"的音素,只有声调不同,二者的语音单位相近。本体形式通过"形式代概念"的符号转喻(M_3)激活本体概念"文学界",本体概念与本体形式构成本体构式"[文坛/文学界]";然后,本体概念作为所在概念域矩阵"DM_2"中的一个次域,通过"部分代整体"转喻(M_1)或域扩展的方式激活该域矩阵中的主域或矩阵域,其意义为图式概念"与文学相关的×";另一方面,本体形式通过"部分代整体"转喻(M_1)或域扩展的方式激活该形式域矩阵中结构域矩阵的主域或矩阵域,即抽象形式"文×",该抽象形式与图式概念构成图式构式"[文×/与文学相关的×]";与此同时,本体中的关键象征单位"[tán/坛]"作为语音域矩阵的一个次域通过"部分代整体"转喻(M_1)或域扩展的方式激活该域矩阵中的主域或矩阵域,其形式表征为抽象单位"[TAN/×]",表示语音为"[TAN]"的象征单位的集合,而其图式语音单位"[TAN]"表示和语音"[tán]"相同(音素和声调均相同)或相近(音素相同、声调不同)的语音单位集合;根据始源概念,作为概念矩阵域的图式概念"与文学相关的×"通过"整体代部分"转喻(M_2)或域减缩的方式激活次域,即仿体概念"如货摊似的文学界",仿体概念其实就是始源概念中的主要概念的集合;最后,结合始源概念中的关键概念"货摊"及其关键象征单位,抽象单位"[TAN/×]"通过"整体代部分"转喻(M_2)或"域减缩"的方式,激活另一语音域的象征单位"[tān/摊]",同时,经仿体概念"如货摊似的文学界"中的关键概念"货摊"激活的形式,即关键语素"摊",与抽象形式"文×"的整合,以及通过"整体代部分"转喻(M_2)或域减缩的方式得到仿体形式"文摊"。仿体形式与仿体概念构成仿体构式"[文摊/如货摊似的文学界]"。仿体形式可结合语境并通过"形式代概念"的符号转喻(M_3)随时激活始源概念。

5.1.2 显性语音仿词的生成机制

以上我们讨论了同音仿词与近音仿词的生成机制。两个用例均为隐性仿词,即本体未出现在上下文中。仿拟说写者需要首先由语境刺激而产生的意向概念出发激活本体,再根据本体构式的读音、结构和意义经转喻过程整合出仿体;而听读者必须首先根据仿体的读音结合语境以及自己的百科知识搜寻出本体,再根据本体意义经转喻过程推导出仿体意义。但如果本体出现在了文中,仿词的生成与理解就会略有不同。下面我们分析显性语音仿词的生成机制。

首先,仿拟者受到语境刺激,在头脑中形成意向始源概念"C_s",但还没有明确的词语对其进行表征;始源概念中包含几个主要概念——"w""x""y"和"z",其中关键概念"x"作为关键象征单位"$[X_1/x_1]$"的语义单位"$[x_1]$"激活其语音单位"$[X_1]$";同时,根据上文出现的本体形式"F_1",我们将本体形式所在的形式域矩阵"DM_1"分为结构域矩阵"SDM"和语音域矩阵"PDM"。另外,本体形式中也有一个关键象征单位"$[X_2/x_2]$",其语音单位与始源概念中的关键单位"$[X_1/x_1]$"的语音单位相近或相同。本体形式通过"形式代概念"的符号转喻(M_3)激活本体概念"C_1";然后,本体概念作为所在概念域矩阵"DM_2"中的一个次域,通过"部分代整体"转喻(M_1)或域扩展的方式激活该域矩阵中的主域或矩阵域,其意义为图式概念"C_0";另一方面,本体形式通过"部分代整体"转喻(M_1)或域扩展的方式激活该形式域矩阵中结构域矩阵的主域或矩阵域,即抽象形式"F_0";与此同时,本体中的关键象征单位"$[X_2/x_2]$"作为语音域矩阵的一个次域通过"部分代整体"转喻(M_1)或域扩展的方式激活该域矩阵中的主域或矩阵域,其形式表征为抽象单位"$[X_0/×]$",其图式语音单位"$[X_0]$"表示和语音"$[X_2]$"相同(音素和声调均相同)或相近(音素相同、声调不同)的语音单位集合;然后根据始源概念,作为概念矩阵域的图式概念"C_0"通过"整体代部分"转喻(M_2)或域减缩的方式激活次域,即仿体概念"C_2";最后,结合始源概念中的关键概念"$[x_1]$"及其关键象征单位"$[X_1/x_1]$",抽象单位"$[X_0/×]$"通过"整体代部分"转喻(M_2)或"域减缩"的方式激活另一语音域的象征单位"$[X_1/x_1]$"。若语音单位"$[X_1]$"与$[X_2]$相同,该仿词为同音仿词,若二者相近则为近音仿词。同时,经仿体概念"C_2"中的关键概念激活的形式,即关键语素"$[x_1]$",与抽象形式"F_0"的整合,以及通过"整体代部分"转喻(M_2)或域减缩的方式得到仿体形式"F_2"。仿体形式可结合语境并通过"形式代概念"的符号转喻(M_3)随时激活始源概念。显性语音仿词的生成过程可用图5-4表示：

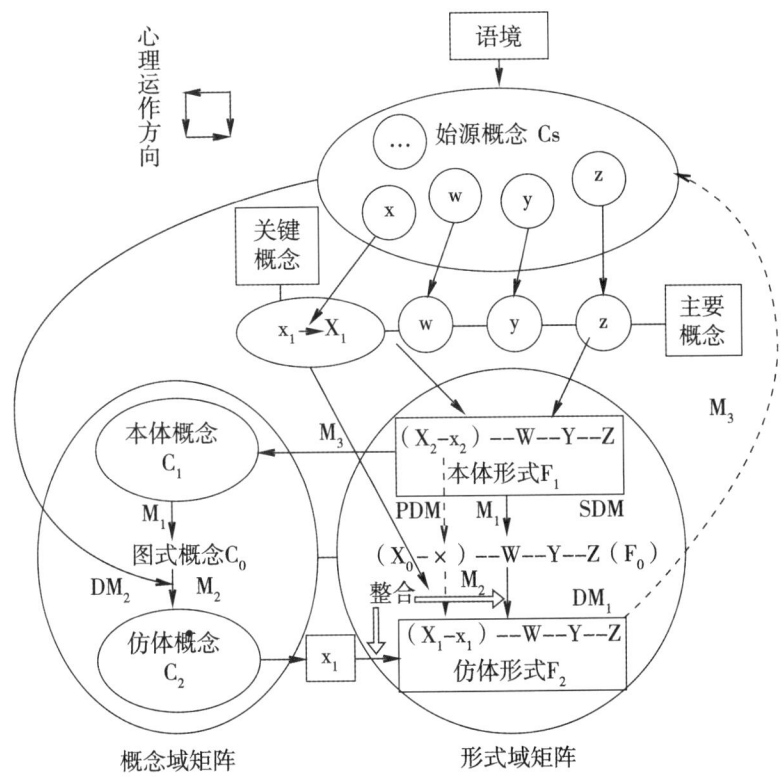

图5-4 显性语音仿词的生成图示

隐性语音仿词也可分为同音仿词和近音仿词，但因二者的生成过程也较为近似，我们只分析其中的一种。例如：

(3) 从"*知识分子*"到"*知道分子*"再到"*知识混子*"，关于知识者的称谓变迁可以编一部辛酸小百科了。(《深圳晚报》2010年9月4日)

此例中的仿词"知识混子"是仿照"知识分子"而作。前者中的"混"与后者中的"分"虽然声母、韵母都不同，但二者韵母的韵尾以及声调相同，尤其是在一些方言中,二者的语音非常接近。该仿词实际上是对文坛的蔑称。我们将该显性近音仿词的生成过程用图 5-5 表示如下:

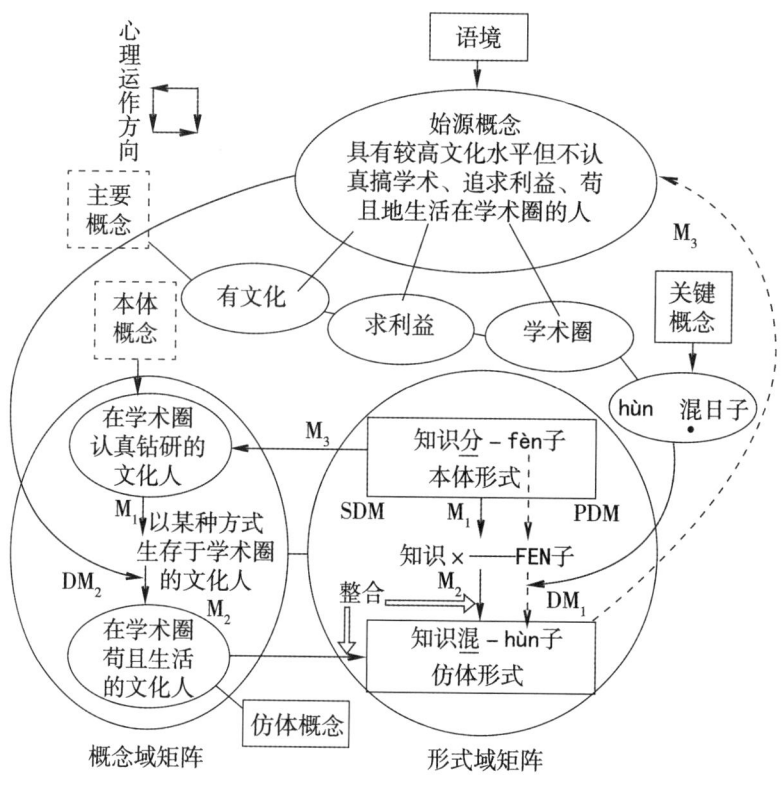

图 5-5　显性仿词"知识混子"的生成图示

根据图 5-5,"知识混子"的生成过程分析如下:首先,仿拟者受到语境刺激,在头脑中形成意向始源概念"具有较高文化水平但不认真搞学术、追求利益、苟且地生活在学术圈的人",但还没有明确的词语对其进行表征;始源概念中包含几个主要概念——"有文化""求利益""学术圈"和"混日子",其中关键概念"混日子"作为关键象征单位"[hùn/混]"的语义单位"[混]"激活其语音单位"[hùn]";同时,根据上文出现的本体形式"知识分子",我们将本体形式所在的形式域矩阵"DM_1"分为结构域矩阵"SDM"和语音域矩阵"PDM"。另外,本体形式中也有一个关键象征单位"[fēn/分]",其语音单位与始源概念中的关键单位"[hùn/混]"的语音单位虽然声母、韵母皆不同,但由于二者的声调以及韵母的韵尾相同,所以在一些方言中,二者的语音非常接近。本体形式通过"形式代概念"的符号转喻(M_3)激活本体概念"在学术圈认真钻研的文化人";然后,本体概念作为所在概念域矩阵"DM_2"中的一个次域,通过"部分代整体"转喻(M_1)或域扩展的方式激活该域矩阵中的主域或矩阵域,其意义为图式概念"以某种方式生存于学术圈的文化人";另一方面,本体形式通过"部分代整体"转喻(M_1)或域扩展的方式激活该形式域矩阵中结构域矩阵的主域或矩阵域,即抽象形式"知识×子";与此同时,本体中的关键象征单位"[fēn /分]"作为语音域矩阵的一个次域通过"部分代整体"转喻(M_1)或域扩展的方式激活该域矩阵中的主域或矩阵域,其形式表征为抽象单位"[FEN /×]",表示语音为"[FEN]"的象征单位的集合,而其图式语音单位"[FEN]"表示和语音"[fēn]"相近(音素相同、声调不同或部分音素相同、声调相同)的语音单位集合;然后根据始源概念,作为概念矩阵域的图式概念"以某种方式生存于学术圈的文化人"通过"整体代部分"转喻(M_2)或域减缩的方式激活次域,即仿体概念"在学术圈苟且生活、混日子的文化人";最后,结合始源概念中的关键概念"混日子"及其关键象征单位,抽象单位"[FEN /×]"通过"整体代部分"转喻(M_2)或"域减缩"的方式激活另一语音域的象征单位"[hùn /混]",同时,经仿体概念"在学术圈苟且生活、混日子的文化人"中的关键概念"苟且生活、混日子"激活的形式,即关键语素"混"与抽象形式"知识×子"的整合,以及通过"整体代部分"转喻(M_2)或域减缩的方式得到仿体形式"知识混子"。仿体形式可结合语境并通过"形式代概念"的符号转喻(M_3)随时激活始源概念。

显性语音仿词与隐性语音仿词的区别在于仿拟说写者在头脑中形成意向始源概念后,无须再根据其中的关键概念和其语音单位以及其他主要概念进行本体的推导,而是直接根据上文中出现的本体形式进行仿体的推导过程。

5.2 语音仿词的理解机制

仿拟听读者对仿词的理解过程与说写者的仿词生成过程大致相反,即首先由仿体形式出发,根据仿体形式以及个人百科知识经"部分代整体"与"整体代部分"两次转喻推导出本体形式,再经"形式代概念"转喻激活本体意义,然后根据本体意义再经两次转喻并结合语境和仿体形式,通过整合最终激活仿体意义。

5.2.1 隐性语音仿词的理解机制

我们先分析隐性语音仿词的理解机制。首先,仿拟听读者在听或看到仿词形式"$(X_2—x_1)--Y--Z$"(F_2)时,会根据自身的百科知识判断出该仿体形式中的关键语素"x_1"及其语音"X_2",该语素形式通过"形式代概念"的符号转喻(M_3)激活其意义"x"这一关键概念;我们将仿体所在的形式域矩阵"DM_1"分为结构域矩阵"SDM"和语音域矩阵"PDM"这两个分域矩阵,仿体结构"$(X_2—x_1)--Y--Z$"与其中关键语素的语音单位"$[X_2—x_1]$"分别作为结构域矩阵和语音域矩阵中的一个次域,通过"部分代整体"转喻(M_1)的方式并结合个人的百科知识激活结构域矩阵和语音域矩阵中的主域或矩阵域,即抽象形式"$(X_0—×)--Y—Z$"(F_0)和抽象语音单位"$[X_0—×]$",前者的图式结构表示关键语素空缺的抽象词语结构,后者的图式语音单位"$[X_0—×]$"表示和语音"X_2"相同或相近的语音单位集合;然后,再次根据百科知识,将抽象形式"F_0"和抽象语音单位"$[X_0—×]$"分别在各自分域矩阵通过"整体代部分"转喻(M_2)的方式激活另一次域,即作为本体形式"$(X_1—x_2)--Y--Z$"(F_1)以及具体语音单位"$[X_1—x_2]$";此时,听读者会将本体形式通过"形式代概念"的符号转喻(M_3)激活本体概念"C_1";然后,本体概念作为所在概念域矩阵"DM_2"中的一个次域,通过"部分代整体"转喻(M_1)的方式激活该域矩阵中的主域或矩阵域,其意义为图式概念"C_0";该图式概念结合仿体的关键概念,以整合的方式通过"整体代部分"转喻(M_2)激活概念域矩阵中的另一次域,即仿体概念"C_2";最后,结合语境,由仿体概念扩展至目标概念"C_T"。隐性语音仿词的理解过程可用图 5-6 表示:

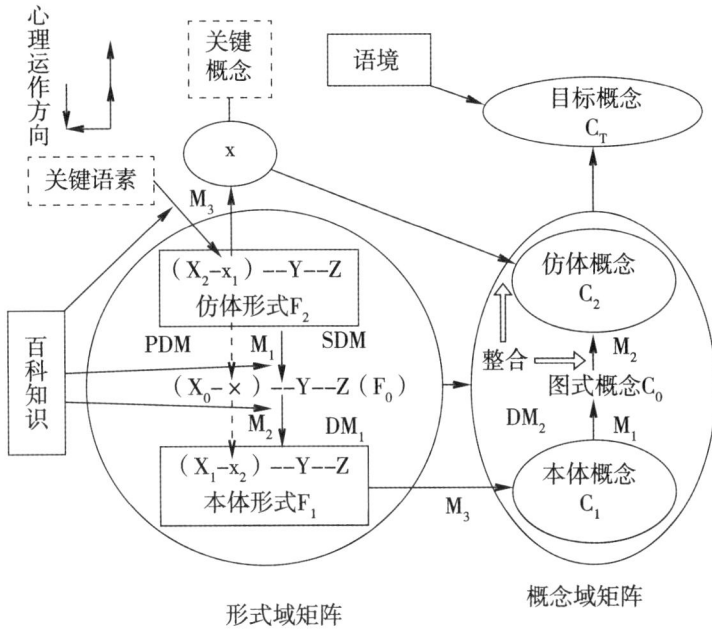

图 5-6 隐性语音仿词的理解图示

隐性仿词的本体一般都是人们熟悉的词语,如成语。我们通过例(1)中的"谊不容辞"对隐性语音仿词的理解机制进行阐释。仿词"谊不容辞"的理解过程如图 5-7 所示:

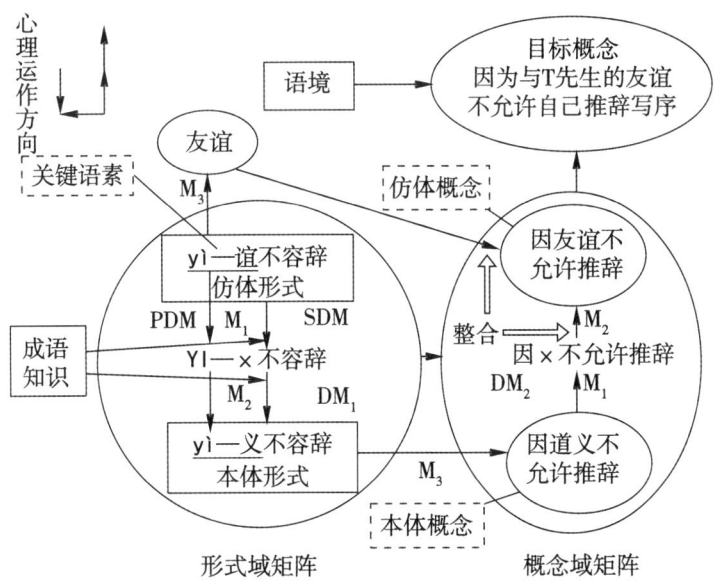

图 5-7 隐性语音仿词"谊不容辞"的理解图示

仿拟听读者在文中看到仿词"谊不容辞"时,首先会根据自身的百科知识,尤其是成语知识判断出该仿体形式中的关键语素"谊"及其语音"[yì]",该语素形式通过"形式代概念"的符号转喻(M_3)激活其意义"友谊"这一关键概念;我们将仿体所在的形式域矩阵"DM_1"分为结构域矩阵"SDM"和语音域矩阵"PDM"这两个分域矩阵,仿体结构"谊不容辞"与其中关键语素的语音单位"[yì—谊]"分别作为结构域矩阵和语音域矩阵中的一个次域,通过"部分代整体"转喻(M_1)的方式并结合个人的成语知识激活结构域矩阵和语音域矩阵中的主域或矩阵域,即抽象形式"×不容辞"和抽象语音单位"[YI—×]",前者的图式结构表示关键语素空缺的抽象成语结构,后者的图式语音单位"[YI—×]"表示和语音"[yì]"相同(音素和声调均相同)的语音单位集合;然后,再次根据成语知识,将抽象形式"×不容辞"和抽象语音单位"[YI—×]"分别在各自分域矩阵通过"整体代部分"转喻(M_2)的方式激活另一次域,即作为本体形式的成语"义不容辞"以及具体语音单位"[yì—义]";此时,听读者会将本体形式通过"形式代概念"的符号转喻(M_3)激活本体概念"因道义不允许推辞";然后,本体概念作为所在概念域矩阵"DM_2"中的一个次域,通过"部分代整体"转喻(M_1)的方式激活该域矩阵中的主域或矩阵域,其意义为图式概念"因×不允许推辞";该图式概念结合仿体形式中的关键语素及其概念,以整合的方式通过"整体代部分"转喻(M_2)激活概念域矩阵中的另一次域,即仿体概念"因友谊不允许推辞";最后,结合语境,由仿体概念扩展至目标概念"因为与T先生的友谊不允许自己推辞写序"。至此,仿拟听读者完成了获知仿体形式"谊不容辞"意义的过程。

5.2.2 显性语音仿词的理解机制

显性语音仿词是指在仿体所在的上下文中同时存在仿拟对象,即本体,仿拟听读者会根据二者的形式推导出仿体意义。具体地说,听读者首先根据文中出现的本体形式"(X_1—x_2)--Y--Z"(F_1)与仿体形式"(X_2—x_1)--Y--Z"(F_2),可以判断出二者的不同语素"x_2"与"x_1"为关键语素,其语音分别为"[X_1]"与"[X_2]",二者相同或相近;根据相同的结构与相同或相近的语音可以判断,本体形式与仿体形式处于相同形式域矩阵"DM_1"之中,该域矩阵又可分为结构域矩阵"SDM"和语音域矩阵"PDM";本体结构"$(X_1—x_2)--Y--Z$"与仿体结构"$(X_2—x_1)--Y--Z$"作为次域通过"部分代整体"转喻(M_1)激活该结构域矩阵的主域或矩阵域,即抽象形式或图式结构"$(X_0—×)--Y--Z$"(F_0);同时,关键语素的语音单位"$[X_1—x_2]$"与"$[X_2—x_1]$"作为语音域矩阵的次域也通过"部分代整体"转喻(M_1)激活该语音域矩阵中的主域或矩阵域,其形式表征为抽象单位"$[X_0—×]$",表示和语音"$[X_1]$"相同或相近的语音单位集合;然后,本体形式通过"形式代概念"的符号转喻(M_3)激活本体概念"C_1";本体概念作为所在概念域矩阵"DM_2"中的一个次域,结合抽象形式"F_0",通过"部分代整体"转喻(M_1)激活该域矩阵中的主域或矩阵域,即图式概念"C_0";仿体形式中的关键语素"x_1"结合语境通过"形式代概念"的符号转喻(M_3)激活其意义"x"这一关键概念,此概念与概念域矩阵中的图式概念进行整合,使图式概念"C_0"通过"整体代部分"转喻(M_2)激活该域矩阵中另一次域,即仿体概念"C_2";此概念再结合语境,最终得到目标概念"C_T"。显性语音仿词的理解过程可用图5-8表示:

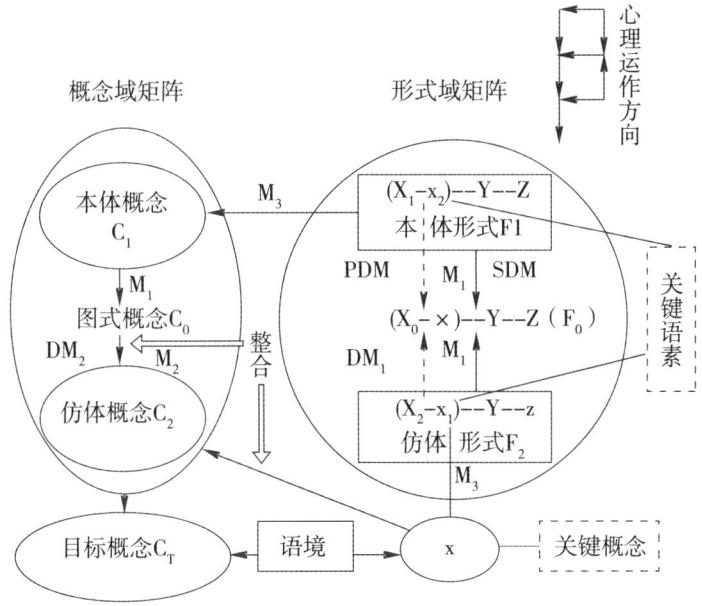

图5-8 显性语音仿词的理解图示

我们再以例(3)中的"知识混子"为例,对显性语音仿词的理解机制做出阐释。仿词"知识混子"的理解过程如图 5-9 所示:

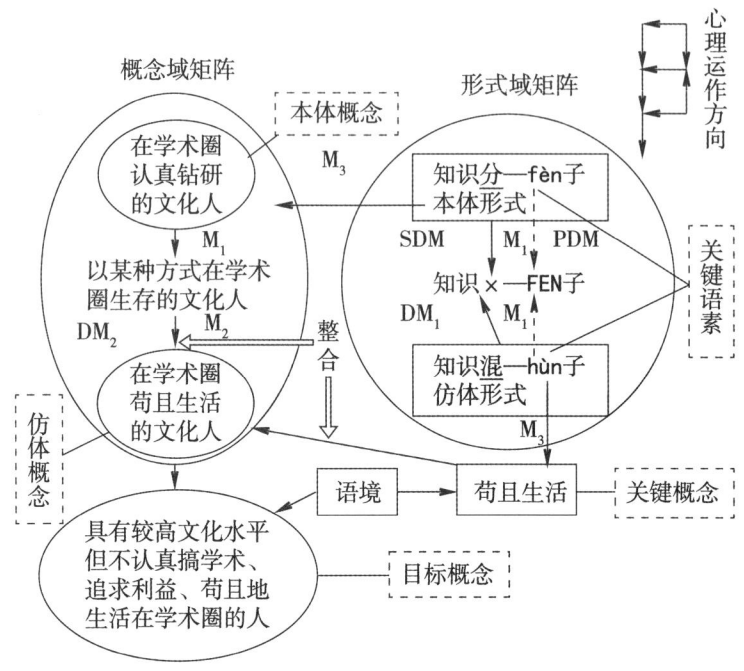

图 5-9　显性语音仿词"知识混子"的理解图示

如图 5-9 所示,根据在文中出现的本体形式"知识分子"与仿体形式"知识混子",仿拟听读者首先可以判断出二者的不同语素"分"与"混"为关键语素,其语音单位分别为"[fēn]"与"[hùn]",二者虽然声母、韵母皆不同,但由于二者的声调以及韵母的韵尾相同,可以认为语音相近;根据相同的结构与相近的语音可以判断,本体形式与仿体形式处于相同形式域矩阵"DM_1"之中,该域矩阵又可分为结构域矩阵"SDM"和语音域矩阵"PDM";本体与仿体的结构形式"知识分子"与"知识混子"作为次域通过"部分代整体"转喻(M_1)激活该结构域矩阵的主域或矩阵域,即图式结构"知识×子";同时,关键语素的语音单位"[fēn/分]"与"[hùn/混]"作为语音域矩阵的次域也通过"部分代整体"转喻(M_1)激活该语音域矩阵中的主域或矩阵域,其形式表征为抽象单位"[FEN/×]",该图式语音单位"[FEN]"表示和语音"[fēn]"相近(音素相同、声调不同或部分音素相同、声调相同)的语音单位集合;然后,本体形式通过"形式代概念"的符号转喻(M_3)激活本体概念"在学术圈认真钻研的文化人";本体概念作为所在概念域矩阵"DM_2"中的一个次域,结合抽象形式"知识×子",通过"部分代整体"转喻(M_1)激活该域矩阵中的主域或矩阵域,其意义为图式概念"以某种方式在学术圈生存的文化人";仿体形式中的关键语素"混"结合语境通过"形式代概念"的符号转喻(M_3)激活其意义"苟且生活"这一关键概念,此概念与概念域矩阵中的图式概念进行整合,使图式概念通过"整体代部分"转喻(M_2)激活该域矩阵中另一次域,即仿体概念"在学术圈苟且生活的文化人";此概念再结合语境,最终得到目标概念"具有较高文化水平但不认真搞学术、追求利益、苟且地生活在学术圈的人"。至此,仿拟听读者完成了获知仿体形式"知识混子"意义的过程。

综上所述,语音仿词中最典型的隐性语音仿词的生成过程包括以下步骤:仿拟说写者根据始源概念中包括关键象征单位在内的几个主要概念通过整合的方式激活本体形式,本体形式通过符号转喻激活本体概念,本体概念在概念域矩阵中分别通过域扩展和域减缩的转喻过程激活图式概念和仿体概念,本体形式在形式域矩阵中通过域扩展转喻激活抽象形式,最后,仿体概念中的关键概念激活的形式,即关键语素,与抽象形式进行整合获得仿体形式。其理解过程包括以下步骤:仿拟听读者在听或看到仿词形式后,根据个人百科知识判断出关键语素形式,通过符号转喻激活其概念;仿体结构与关键语素的语音单位分别在结构域矩阵和语音域矩阵中通过域扩展和域减缩或者"部分代整体"和"整体代部分"转喻依次激活图式结构和抽象语音单位,以及本体形式及其关键语音单位;然后通过符号转喻激活本体概念,随后激活概念域矩阵中的主域,即图式概念;最后该图式概念结合仿体的关键概念,以整合的方式通过域减缩或者"整体代部分"转喻激活概念域矩阵中的另一次域,即仿体概念。显性语音仿词与隐性语音仿词的生成与理解机制类似,主要区别在于生成与理解的出发点并非始源或仿体概念与仿体形式,而分别为本体形式与仿体和本体两个词汇形式,再通过转喻过程分别获得仿体形式与仿体概念。

第 6 章
基于转喻分析框架的语义仿词研究

语义仿词是指根据本体或其语素的意义仿造的新奇词语。按照仿体与本体或二者对应语素之间的语义关系,语义仿词可分为近义仿词、反义仿词和类义仿词;按照本体是否出现在上下文,语义仿词又可分为隐性仿词和显性仿词;按照本体意义是否变化,语义仿词还可分为直接仿词和间接仿词。

6.1 语义仿词的生成机制

6.1.1 隐性语义仿词的生成机制

语义仿词的分类根据是本体与仿体的对应语素之间的语义关系,但由于其他语素不变,除了特殊语义仿词以外,一般情况下,我们也可以说是按照本体与仿体之间的语义关系进行分类。以下三例分别为近义仿词、反义仿词和类义仿词,但都属于隐性语义仿词。

隐性语义仿词的生成过程大致如下:仿拟说写者在语境的作用下,首先在头脑中形成了始源概念,即仿体概念"$C_1(x_1\text{-}y\text{-}z\text{-}\cdots)$",但没有具体语言形式对其进行表征。其中有几个主要概念:"x_1""y"与"z","x_1"为关键概念;根据仿拟者的个人百科知识,此概念作为其所在的概念域矩阵"DM_1"的一个次域,通过"部分代整体"转喻(M_1)激活该域矩阵中的主域,其意义为图式概念"$C_0(x_0\text{-}y\text{-}z\text{-}\cdots)$";然后,再根据个人百科知识,作为概念矩阵域的图式概念通过"整体代部分"转喻(M_2)激活了域矩阵中的另一次域,即本体概念"$C_2(x_2\text{-}y\text{-}z\text{-}\cdots)$",其中"$x_2$"为关键概念;同样,本体概念中的一个关键概念"$x_1$"经"部分代整体"转喻($M_1$)激活矩阵域图式概念中的一个抽象概念"$x_0$",再经"整体代部分"转喻($M_2$)激活了仿体概念中的一个主要概念"$x_2$"。"$x_1$"与"$x_2$"之间存在某种语义关系(近义、反义或类义);本体概念作为词语语言单位的语义单位,随即通过象征的方式激活了与其对应的语音单位,即本体形式"$F_2(X_2\text{-}Y\text{-}Z\text{-}\cdots)$";本体形式作为一个次域通过"部分代整体"转喻($M_1$)激活该形式域矩阵"$DM_2$"中的主域,即抽象形式"$F_0(X_0\text{-}Y\text{-}Z\text{-}\cdots)$",与其相应的正是概念域矩阵中的图式概念"$C_0$","$X_0$"对应的概念为"$x_0$";最后,根据本体主要概念"$x_2$"与仿体主要概念"$x_1$"之间的语义关系,通过整合仿体主要概念"$x_1$"以及形式域矩阵的主域"$X_0\text{-}Y\text{-}Z\text{-}\cdots$",使得该图式结构经"整体代部分"转喻($M_2$)激活另一次域"$F_1(X_1\text{-}Y\text{-}Z\text{-}\cdots)$",即仿体形式。该仿体形式可通过"形式代概念"转喻(M_3)随时激活仿体概念"C_1"。需要注意的是,本体和仿体所含语素"X""Y"和"Z"只是为了方便标注,并不表示语素的数量,具体数量可能多于或少于三个。隐性语义仿词的生成过程可用图6-1表示:

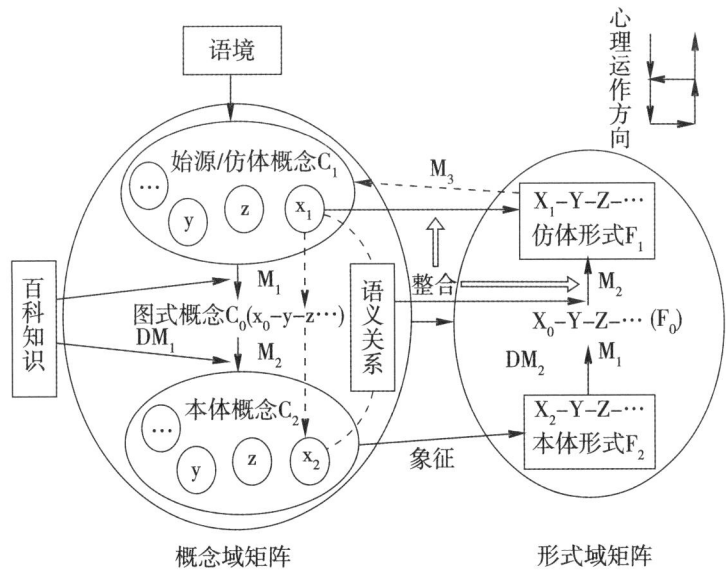

图6-1 隐性语义仿词的生成图示

6.1.1.1 近义仿词的生成机制

认知语法认为,不同语言单位表征不同的概念,没有两个词的意义相同,不同词语之间只存在近义关系。近义仿词指本体与仿体的意义相近,准确地说,是二者的对应语素之间的意义相近。例如:

(1)在最近各期的《综艺大观》中,牛群这个嘉宾主持越来越反"宾"为"主"了,直至有了今天的加盟。(《光明日报》1995 年 6 月 2 日)

此例中的仿体"反宾为主"是仿照隐性本体"反客为主"而造的。二者之中的关键语素"宾"与"客"之间为近义关系。该仿词的生成过程可用图 6-2 表示:

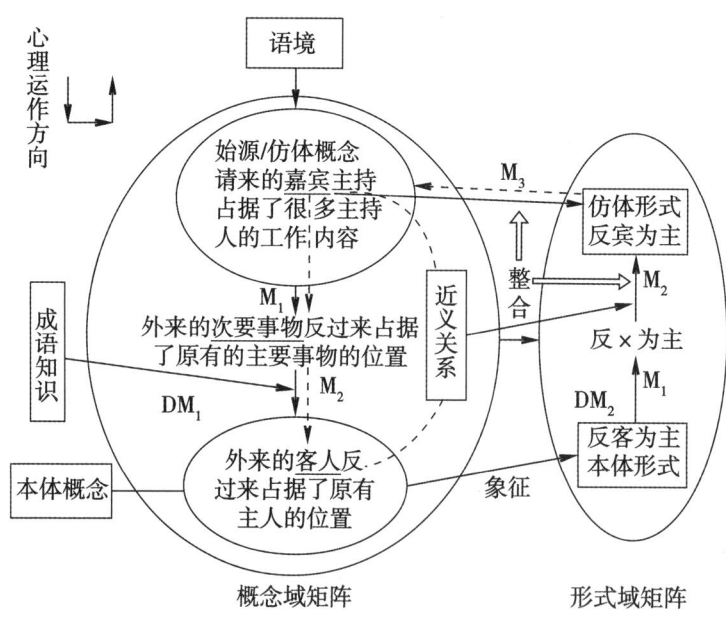

图 6-2 近义仿词"反宾为主"的生成图示

根据语境,我们知道该例中仿体词语"反宾为主"的"宾"是指综艺节目请来的嘉宾主持,即作为嘉宾的非长驻主持人,而"主"是指节目主持人。该仿词的生成过程大致如下:仿拟说写者首先根据语境的作用,在头脑中形成了始源概念"请来的嘉宾主持占据了很多主持人的工作内容",但没有具体语言形式对其进行表征;始源概念或仿体概念作为其所在的概念域矩阵"DM_1"的一个次域,通过"部分代整体"转喻(M_1)激活该域矩阵中的主域,其意义为图式概念"外来的次要事物反过来占据了原有的主要事物的位置";然后根据仿拟者的成语知识,作为概念矩阵域的图式概念,通过"整体代部分"转喻(M_2)激活了域矩阵中的另一次域,即本体概念"外来的客人反过来占据了原有主人的位置";同样,本体概念中的一个主要概念"嘉宾"经"部分代整体"转喻(M_1)激活矩阵域图式概念中的一个抽象概念"次要事物",再根据成语知识经"整体代部分"转喻(M_2)激活了仿体概念中的一个主要概念"客人","嘉宾"与"客人"之间为近义关系;本体概念作为成语语言单位的语义单位随即通过象征的方式激活了与其对应的语音单位,即本体形式"反客为主";本体形式作为一个次域通过"部分代整体"转喻(M_1)激活该形式域矩阵"DM_2"中的主域,即抽象形式"反×为主",与其相应的正是概念域矩阵中的图式概念,"×"对应的概念为"次要事物";最后,根据本体主要概念"客人"与仿体主要概念"嘉宾"之间的近义关系,通过整合仿体主要概念"嘉宾"以及形式域矩阵的主域"反×为主",使得该抽象形式经"整体代部分"转喻(M_2)激活另一次域"反宾为主",即仿体形式。该仿体形式可通过"形式代概念"转喻(M_3)随时激活仿体概念。

6.1.1.2 反义仿词的生成机制

反义仿词指本体与仿体的意义相反。例如:

(2)我近来对于年关颇有些*神经过钝*了,全不觉得怎样。其实,倘要觉得罢,可是也不胜其觉得。大家挂上五色旗,大街上搭起几坐彩坊,中间还有四个字道:"普天同庆",据说这算是过年。(《鲁迅全集·华盖集续编·杂论管闲事·做学问·灰色等》,181)

此例中的仿体"神经过钝"是仿照隐性本体"神经过敏"而造的。二者的关键语素"钝"与"敏"之间为反义关系,分别表"迟钝"与"敏感"之义。该仿词的生成过程可用图6-3表示:

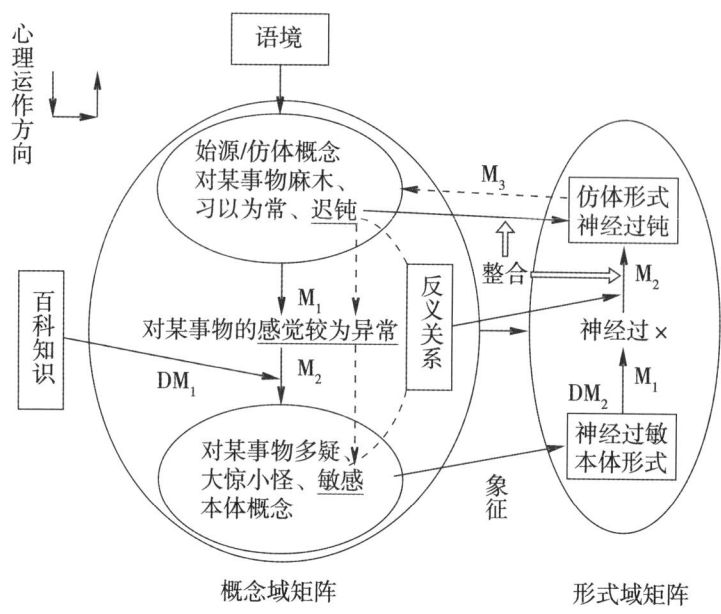

图 6-3 反义仿词"神经过钝"的生成图示

根据图 6-3,仿词"神经过钝"的生成过程大致如下:仿拟说写者首先根据语境的作用,在头脑中形成了始源概念"对某事物麻木、习以为常、迟钝",但没有具体语言形式对其进行表征;始源概念或仿体概念作为其所在的概念域矩阵"DM_1"的一个次域,通过"部分代整体"转喻(M_1)激活该域矩阵中的主域,其意义为图式概念"对某事物的感觉较为异常";然后根据仿拟者的百科知识,作为概念矩阵域的图式概念通过"整体代部分"转喻(M_2)激活了域矩阵中的另一次域,即本体概念"对某事物多疑、大惊小怪、敏感";同样,本体概念中的一个主要概念"迟钝"经"部分代整体"转喻(M_1)激活矩阵域图式概念中的一个抽象概念"感觉较为异常",再根据百科知识经"整体代部分"转喻(M_2)激活了仿体概念中的一个主要概念"敏感","迟钝"与"敏感"之间为反义关系;本体概念作为成语语言单位的语义单位随即通过象征的方式激活了与其对应的语音单位,即本体形式"神经过敏";本体形式作为形式域矩阵"DM_2"中的一个次域,通过"部分代整体"转喻(M_1)激活该域矩阵中的主域,即抽象形式"神经过×",与其对应的正是概念域矩阵中的图式概念"对某事物的感觉较为异常","×"对应的概念为"感觉异常之处";最后,根据本体的主要概念"迟钝"与仿体的主要概念"敏感"之间的反义关系,通过整合仿体的主要概念"迟钝"以及形式域矩阵的主域"神经过×",使得该抽象形式经"整体代部分"转喻(M_2)激活另一次域"神经过钝",即仿体形式。该仿体形式可通过"形式代概念"转喻(M_3)随时激活仿体概念。

6.1.1.3 类义仿词的生成机制

类义仿词是指本体与仿体的意义属于同类范畴。例如:

(3)大大前天第十次会见"*诗孩*",谈话之间,说到我可以对于《文学周刊》投一点什么稿子。我暗想倘不是在文艺上有伟大的尊号如诗歌小说评论等,多少总得装一些门面,使与尊号相当,而是随随便便近于杂感一类的东西,那总该容易的罢,于是即刻答应了。(《鲁迅全集·集外集拾遗·诗歌之敌》,620)

此例中的仿体"诗孩"是仿照隐性本体"诗人"而造,是指孙席珍这位非常年轻的诗人。其生成过程可用图6-4表示如下:

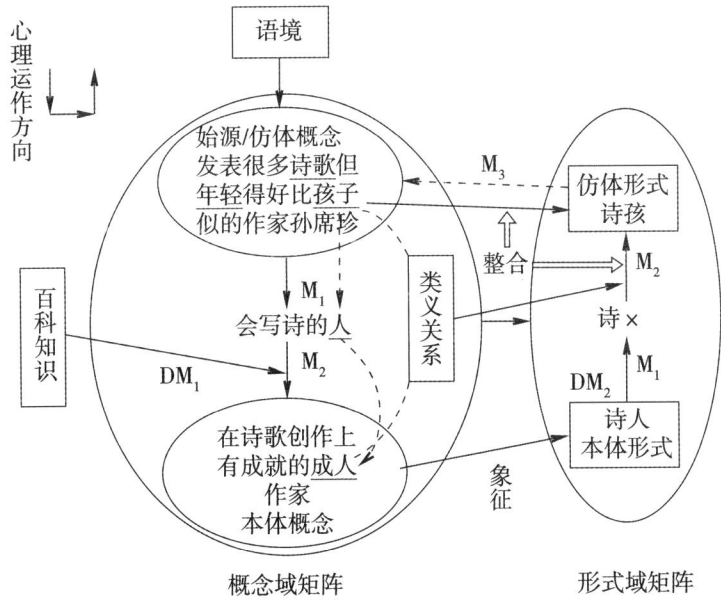

图6-4 类义仿词"诗孩"的生成图示

根据图 6-4,仿词"诗孩"的生成过程大致如下:仿拟说写者首先根据语境的作用,在头脑中形成了始源概念"发表很多诗歌但年轻得好比孩子似的作家孙席珍",但没有具体语言形式对其进行表征;始源概念或仿体概念作为其所在的概念域矩阵"DM_1"的一个次域,通过"部分代整体"转喻(M_1)激活该域矩阵中的主域,其意义为图式概念"会写诗的人";然后根据仿拟者的百科知识,作为概念矩阵域的图式概念通过"整体代部分"转喻(M_2)激活了域矩阵中的另一次域,即本体概念"在诗歌创作上有成就的成人作家";同样,仿体概念中的一个主要概念"孩子"经"部分代整体"转喻(M_1)激活矩阵域图式概念中的一个抽象概念"人",再根据百科知识经"整体代部分"转喻(M_2)激活了本体概念中的一个主要概念"成人","孩子"与"成人"都属于同一个范畴,二者之间为类义关系;本体概念作为成语语言单位的语义单位随即通过象征的方式激活了与其对应的语音单位,即本体形式"诗人";本体形式作为形式域矩阵"DM_2"中的一个次域,通过"部分代整体"转喻(M_1)激活该域矩阵中的主域,即抽象形式"诗×",与其相应的正是概念域矩阵中的图式概念"会写诗的人","×"对应的概念为"人";最后,根据仿体的主要概念"孩子"与本体的主要概念"成人"之间的类义关系,通过整合仿体的主要概念"孩子"以及形式域矩阵的主域"诗×",使得该抽象形式经"整体代部分"转喻(M_2)激活另一次域"诗孩",即仿体形式。该仿体形式可通过"形式代概念"转喻(M_3)随时激活仿体概念。

6.1.2 显性语义仿词的生成机制

例(1)(2)(3)均属于隐性语义仿词,下面讨论显性语义仿词的生成机制。显性语义仿词的生成大致如下:首先,根据语境,仿拟说写者将本体形式"$F_1(X_1-Y-Z-\cdots)$"通过"形式代概念"转喻(M_3)激活本体概念"$C_1(x_1-y-z-\cdots)$",其中"x_1"为关键概念;本体概念作为其所在的概念域矩阵"DM_1"的一个次域,通过"部分代整体"转喻(M_1)激活该域矩阵中的主域,其意义为图式概念"$C_0(x_0-y-z-\cdots)$";结合该图式概念,本体形式"F_1"作为形式域矩阵"DM_2"中的一个次域,通过"部分代整体"转喻(M_1)激活该域矩阵中的主域,即抽象形式或图式结构"$F_0(X_0-Y-Z-\cdots)$","X_0"对应的概念为"x_0";

然后,在语境的作用下,并根据仿拟者的百科知识,作为概念矩阵域的图式概念通过"整体代部分"转喻(M_2)激活了域矩阵中的另一次域,即仿体概念"$C_2(x_2-y-z-\cdots)$",仿体概念中的关键概念"x_2"与本体关键概念"x_1"之间存在某种语义关系;最后,根据该语义关系,通过整合仿体的主要概念"x_2"所激活的形式"X_2"以及形式域矩阵的主域"$X_0-Y-Z-\cdots$",使得该抽象形式经"整体代部分"转喻(M_2)激活另一次域的具体结构"$X_2-Y-Z-\cdots$",即仿体形式"F_2"。该仿体形式可通过"形式代概念"转喻(M_3)随时激活仿体概念"C_2"。显性语义仿词的生成过程可用图6-5表示:

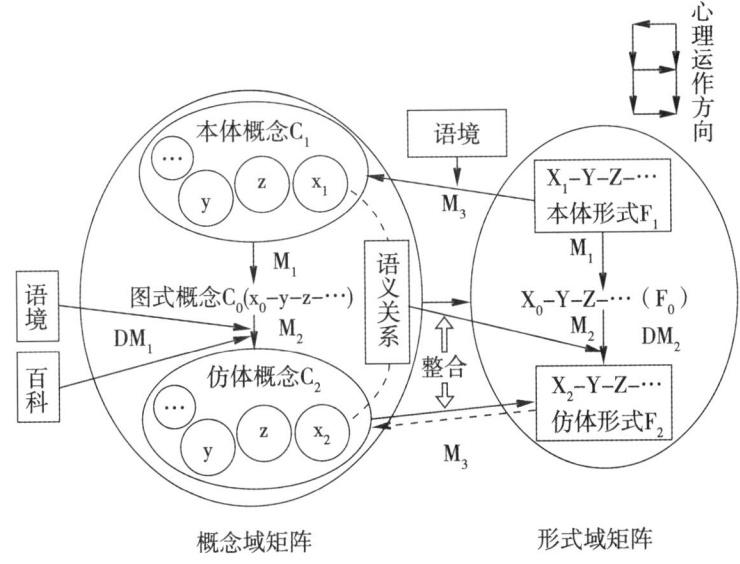

图6-5 显性语义仿词的生成图示

显性语义仿词是指作为仿照对象的本体出现在上下文中。例如:

(4)这里林黛玉体贴出手帕子的意思来,不觉神魂驰荡:宝玉这番苦心,能领会我这番苦意,又令我可喜;我这番苦意,不知将来如何,又令我可悲;忽然好好的送两块旧帕子来,若不是领我深意,单看了这帕子,又令我可笑了;再想令人私相传递与我,(令我)可惧;我自己每每好哭,想来也无味,又令我可愧。如此左思右想,一时五内沸然炙起。(《红楼梦》第三十四回,362)

此例中的仿体为"苦意",所仿照的本体"苦心"出现在前文中,仿拟者根据本体及其意义结合语境进行对仿体的仿造。该仿词的具体生成过程可用图6-6表示:

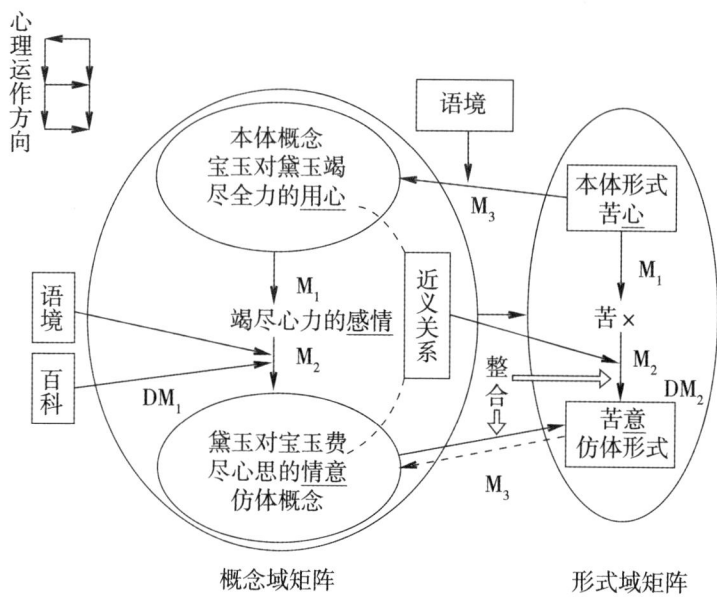

图6-6 显性仿词"苦意"的生成图示

如图6-6所示,由于此例中本体形式出现在了前文中,听读者从该形式出发开始仿拟过程。首先,根据语境,本体形式"苦心"通过"形式代概念"转喻(M_3)激活本体概念"宝玉对黛玉竭尽全力的用心",其中"用心"为关键概念;本体概念作为其所在的概念域矩阵"DM_1"的一个次域,通过"部分代整体"转喻(M_1)激活该域矩阵中的主域,其意义为图式概念"竭尽心力的感情";结合该图式概念,本体形式作为形式域矩阵"DM_2"中的一个次域,通过"部分代整体"转喻(M_1)激活该域矩阵中的主域,即抽象形式"苦×","×"对应的概念为"感情";然后,在语境的作用下,并根据仿拟者的百科知识,作为概念矩阵域的图式概念通过"整体代部分"转喻(M_2)激活了域矩阵中的另一次域,即仿体概念"黛玉对宝玉费尽心思的情意",仿体概念中的关键概念"情意"与本体关键概念"用心"之间为近义关系;最后,根据该近义关系,通过整合仿体的主要概念"情意"以及形式域矩阵的主域"苦×",使得该抽象形式经"整体代部分"转喻(M_2)激活另一次域"苦意",即仿体形式。该仿体形式可通过"形式代概念"转喻(M_3)随时激活仿体概念。

6.1.3 间接语义仿词的生成机制

前面所分析的均为直接语义仿词。而间接语义仿词是指仿体词语的仿拟对象并非出现在上文中或隐藏在语境中的实际本体,而是根据由本体经过语音或概念转喻后语素或意义发生改变而形成的新本体仿造而成的。由于间接仿造的词语都属于语义仿拟,因而间接语义仿词可简称为"间接仿词"。我们可用图6-7表示间接仿词的大致形成过程:

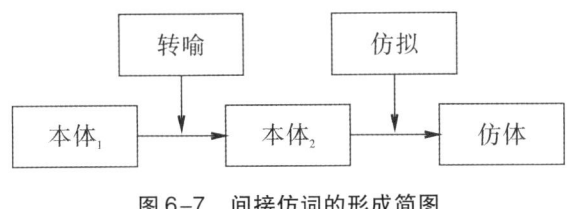

图6-7 间接仿词的形成简图

"本体$_1$"为实际本体或间接本体,即有实际意义和所指的本体;"本体$_2$"为虚拟本体或直接本体,即没有实际意义和所指的本体。仿拟者使用间接仿拟只是为了表达某种态度或感情,或者产生幽默效果。

按照直接本体的生成方式,可将间接仿词分为语音转喻间接仿词和语义转喻间接仿词。下面分别阐述二者的生成机制。

6.1.3.1 语音转喻间接仿词的生成机制

语音转喻间接仿词是指本体词语经过语音转喻后变换为同音异形词语,再根据该本体变体进行语义仿拟而得的仿词,即作为直接本体的A词语转指语音相同的作为间接本体的B词语,再根据A词语进行仿拟。具体过程大致如下:首先,仿拟者根据始源概念"C_1",结合语境,激活其对应形式"$(X_1—x_1)$-Y-Z",该形式为间接本体形式"F_1",始源概念为间接本体概念,二者构成间接本体象征单位"$[F_1/C_1]$";间接本体形式中的关键语素"x_1"及其语音"$[X_1]$"构成的语音单位"$[X_1—x_1]$"在其所处的语音域矩阵

("PDM")中作为一个次域,通过"部分代整体"转喻(M_1)激活该域矩阵中的主域或矩阵域,其形式表征为图式语音单位"$[X_0—×]$",表示语音为"$[X_1]$"的语音单位的集合,再结合个人百科知识,由图式语音单位"$[X_0—×]$"通过"整体代部分"转喻(M_2)激活另一语音次域"$[X_2—x_2]$";同时,间接本体形式"$(X_1—x_1)-Y-Z$"在其所处的结构域矩阵"SDM"中作为一个次域通过"部分代整体"转喻(M_1)激活该域矩阵中的主域或矩阵域,即图式结构"$(X_0—×)-Y-Z$"(F_1),再结合百科知识以及转喻语音单位"$[X_2—x_2]$",激活了另一形式次域"$(X_2—x_2)-Y-Z$",即直接本体形式"F_2";该本体形式中的关键语素"x_2"的意义为"v",形式"F_2"激活其概念"C_2?",即直接本体概念,其中的"?"表示此概念没有实际所指;直接本体形式与直接本体概念构成的直接本体象征单位是对间接本体象征单位的语音转喻(PM);然后,直接本体概念作为所在概念域矩阵"DM_2"中的一个次域,通过"部分代整体"转喻(M_1)激活该域矩阵中的主域或矩阵域,其意义为图式概念"C_0?";该图式概念再根据个人百科知识通过"整体代部分"转喻(M_2)激活另一次域,即仿体概念"C_3?",其关键概念"w"和直接本体概念中的关键概念"v"之间存在某种语义关系;最后,仿体中关键语义单位"w"所激活的语音单位"$X_3—x_3$"通过与图式结构"$(X_0—×)-Y-Z$"进行整合,得到仿体形式"$(X_3—x_3)-Y-Z$"(F_3)。语音转喻间接仿词的生成可用图6-8表示:

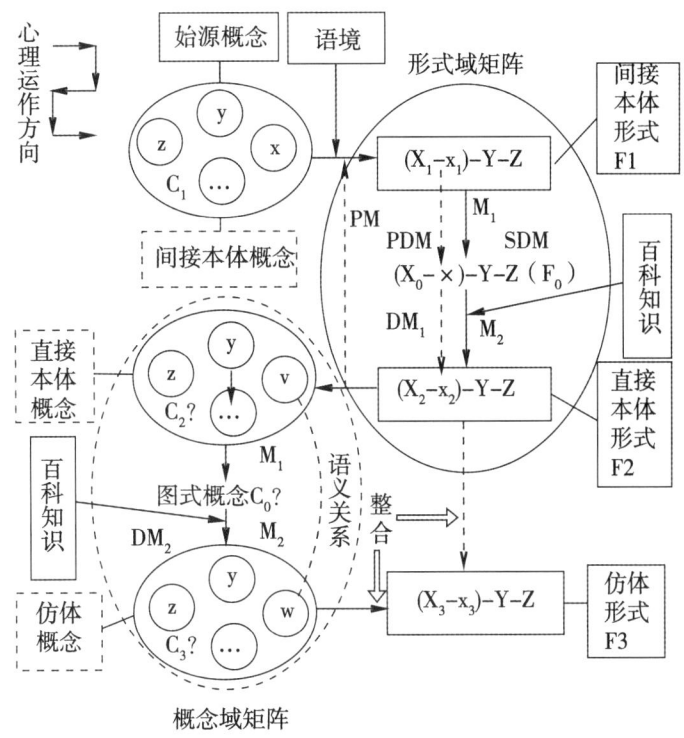

图6-8 语音转喻间接仿词的生成图示

语音转喻间接仿词的生成过程可概括为先进行语音转喻再进行仿拟。例如:

(5)(红玉)刚至沁芳亭畔,只见宝玉的奶娘李嬷嬷从那边来。红玉立住笑问道:"李奶奶,你老人家那里去了?怎打这里来?"李嬷嬷站住,将手一拍道:"你说说,好好的,又看上了那个种树的什么云哥儿雨哥儿的,这会子逼着我叫了他来。明儿叫上房里听见,可又是不好。"……这里红玉刚走至蜂腰桥门前,只见那边坠儿引着贾芸来了。(《红楼梦》第二十六回,271)

此例中的仿词"雨哥儿"是仿照"云哥儿"而造,但"云哥儿"为直接和虚拟本体,实际本体可根据语境判断出来是同音异形的"芸哥儿",即贾芸,但并未在上下文中出现。该仿词的生成过程可用图6-9表示:

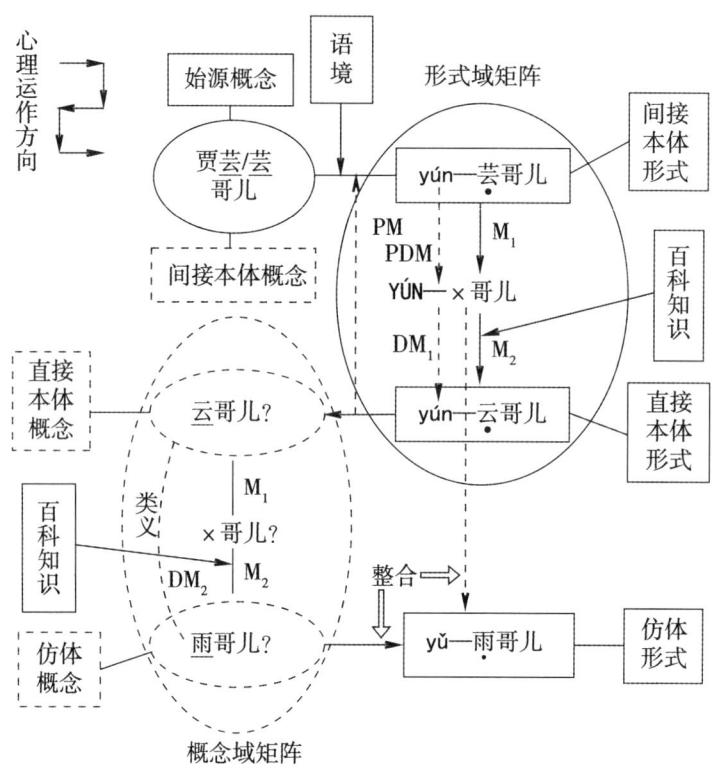

图 6-9 语音转喻间接仿词"雨哥儿"的生成图示

根据图 6-9 所示,仿拟者首先根据始源概念"贾芸/芸哥儿",结合语境,激活其对应形式"芸哥儿",该形式为间接本体形式,始源概念为间接本体概念,二者构成间接本体象征单位;间接本体形式中的关键语素"芸"及其语音"[yún]"构成的语音单位"[yún—芸]"在其所处的语音域矩阵("PDM")中作为一个次域,通过"部分代整体"转喻(M_1)激活该域矩阵中的主域或矩阵域,其形式表征为图式语音单位"[YN—×]",表示语音为"[yún]"的语音单位的集合,再结合个人百科知识,由图式语音单位"[YN—×]"通过"整体代部分"转喻(M_2)激活另一语音次域"[yún—云]";同时,间接本体形式"芸哥儿"在其所处的形式域矩阵"DM_1"中作为一个次域通过"部分代整体"转喻(M_1)激活该域矩阵中的主域或矩阵域,即抽象形式"×哥儿",再结合百科知识以及转喻语音单位"[yún—云]",激活了另一形式次域"云哥儿",即直接本体形式;该本体形式中的关键语素"云"的意义为"由水滴和冰晶聚集形成的空中悬浮物",该形式激活其概念"云哥儿?",即直接本体概念,其中的"?"表示此概念没有实际所指;直接本体形式与直接本体概念构成的直接本体象征单位是对间接本体象征单位的语音转喻(PM);然后,直接本体概念作为所在概念域矩阵"DM_2"中的一个次域,通过"部分代整体"转喻(M_1)激活该域矩阵中的主域或矩阵域,其意义为图式概念"×哥儿?","×"表示天气现象;该图式概念再根据个人百科知识通过"整体代部分"转喻(M_2)激活另一次域,即仿体概念"雨哥儿?",其关键概念"雨"和直接本体概念中的关键概念"云"之间为类义关系;最后,仿体概念中的关键语义单位"雨"所激活的语音单位"yǔ—雨"通过与图式结构"×哥儿"进行整合,得到仿体形式"雨哥儿"。

6.1.3.2 语义转喻间接仿词的生成机制

语义转喻间接仿词是指本体词语经过概念转喻后变换为同形异义词语,再根据该本体变体进行语义仿拟而得的仿词,即作为直接本体的 B 意义转指同形词语(间接本体)的 A 意义,再对 B 意义进行仿拟而得与其相关的仿体 C 意义。B 与 C 意义并无实际所指。具体过程大致如下:首先,仿拟说写者结合语境,根据间接本体形式"X_1-Y-Z(F_1)",通过"形式代概念"转喻(M_3)激活间接本体概念"C_1",其中"x"为关键概念;此时仿拟者没有按照该本体的意义直接进行仿拟,而是运用拆词手法将该本体形式分离为了"X_1"与"Y-Z"两个独立形式进行分析,其中"X_1"表征的是在本体形式的原本意义,即关键概念"x";"x_1"的这个原本意义作为所在概念域矩阵"DM_1"中的一个次域;通过"部分代整体"转喻(M_1)激活该域矩阵中的主域或矩阵域,其意义为"X_0",表示形式"X_1"的概念集合;抽象概念"X_0"再根据个人百科知识通过"整体代部分"转喻(M_2)激活另一次域,即"X_1"的原型意义"w_1";此概念再激活对应形式"X_2",与独立形式"Y-Z"整合为直接本体形式"X_2-Y-Z(F_2)","X_2"与"X_1"是同一个语素,可用"X"表示。也就是说,直接本体形式和间接本体形式相同,只是用"X_2"表示二者意义不同,而直接本体形式所表征的"新义"并无实际所指;"X"的原型意义"w_1"作为所在概念域矩阵"DM_2"中的一个次域,通过"部分代整体"转喻(M_1)激活该域矩阵中的主域或矩阵域,其意义为图式概念"W_0";该图式概念再根据个人百科知识通过"整体代部分"转喻(M_2)激活另一次域,即概念"w_2",它与"X"的原型意义之间存在某种语义关系;"w_2"作为"W"的原型意义激活其对应形式"X_3";同时,直接本体形式"F_2"作为所在形式域矩阵"DM_3"中的一个次域,通过"部分代整体"转喻(M_1)激活该域矩阵中的主域或矩阵域,即抽象形式"×-Y-Z"(F_0),该抽象形式对应于概念域矩阵"DM_2"中的主域"W_0";最后,经与形式"X_3"的整合,抽象形式"×-Y-Z"通过"整体代部分"转喻(M_2)激活形式域矩阵中的另一次域"X_3-Y-Z",即仿体形式"F_3"。同直接仿体形式一样,仿体形式所表征之义也无实际所指。语义转喻间接仿词的生成过程可用图6-10表示:

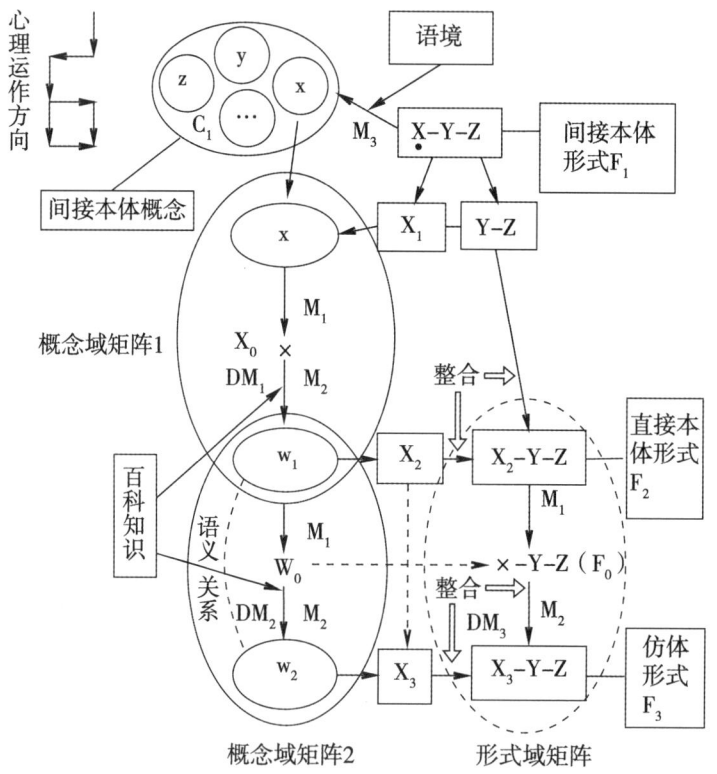

图6-10 语义转喻间接仿词的生成图示

该类仿词的形成过程为语义或概念转喻后再进行仿拟。例如:

(6)攻击礼教和*白话*,即有趋于赤化之忧。因为共产派无视一切旧物,而*白话*则始于《新青年》,而《新青年》乃独秀所办。今天看见北京教育部禁止*白话*的消息,我逆料《语丝》必将有几句感慨,但我实在是无动于中。我觉得连思想文字,也到处都将窒息,几句*白话黑话*,已经没有什么大关系了。(《鲁迅全集·而已集·扣丝杂感》,472—473)

此例中的仿词"黑话"是仿照前文的本体"白话"而造的。但此处作为仿拟对象,"白话"一词的意义其实发生了变化。"白话"的本义是指"现代汉语的书面形式";"黑话"并非"黑帮、盗匪等所用的秘密话语"之义,而是根据"白话"经概念转喻后的新义,即"白色"之"白"而仿造。该仿词的生成过程可用图6-11表示:

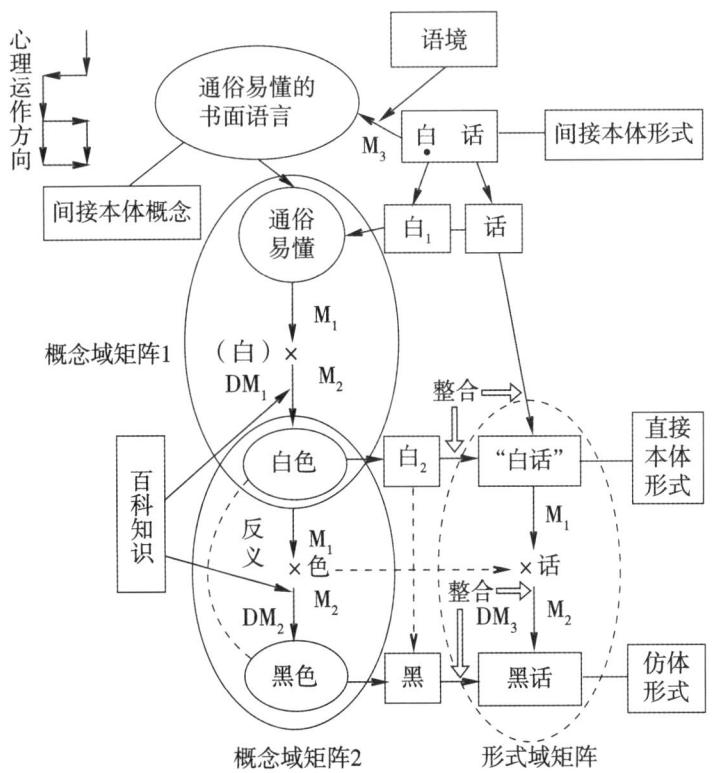

图6-11 语义转喻间接仿词"黑话"的生成图示

如图6-11所示,仿拟者首先结合语境,根据间接本体形式"白话",通过"形式代概念"转喻(M_3)激活间接本体概念"通俗易懂的书面语言";然而,此时仿拟者没有按照该本体的意义进行仿拟,而是运用拆词手法将该本体形式分离为"白"与"话"两个独立形式进行分析,其中"白$_1$"表征的是在间接本体中的原本意义(或实际意义),即"通俗易懂";接着,"白"的这个原本意义(个体概念)作为所在概念域矩阵"DM_1"中的一个次域,通过"部分代整体"转喻(M_1)激活该域矩阵中的主域或矩阵域,其意义为"×",表示"白"的图式概念(概念集合);该图式概念再根据个人百科知识通过"整体代部分"转喻(M_2)激活另一次域,即"白"的原型意义(个体概念)"白色";此概念再激活对应形式"白$_2$",与独立形式"话"整合为直接本体形式"'白话'",但该本体形式所表征的新义并无实际所指("白色的话语?");"白"的原型意义作为所在概念域矩阵"DM_2"中的一个次域,通过"部分代整体"转喻(M_1)激活该域矩阵中的主域或矩阵域,其意义为图式概念"×色","×"表示颜色;该图式概念再根据个人百科知识通过"整体代部分"转喻(M_2)激活另一次域,即概念"黑色",它与"白"的原型意义之间为反义关系;"黑色"作为"黑"的原型意义激活其对应形式"黑";同时,直接本体形式"'白话'"作为所在形式域矩阵"DM_3"中的一个次域,通过"部分代整体"转喻(M_1)激活该域矩阵中的主域或矩阵域,即抽象形式"×话",该抽象形式对应于概念域矩阵"DM_2"中的主域"×色";最后,经与形式"黑"的整合,抽象形式"×话"通过"整体代部分"转喻(M_2)激活形式域矩阵中的另一次域"黑话",即仿体形式。同直接仿体形式一样,仿体形式所表征之义也无实际所指("黑色的话语?")。该仿词的说写者借以用来表达讽刺之意。

6.2 语义仿词的理解机制

以上我们分别按照本体与仿体意义关系、本体出现与否,以及本体意义转变与否等情况,对语义仿词的生成机制进行了阐释。下面,我们对语义仿词的理解机制进行逐类分析。同为隐性或显性仿词的近义仿词、反义仿词与类义仿词的理解过程大同小异,我们就不再对这三类语义仿词的理解机制分别予以阐述,而是仅对区别稍大的隐性语义仿词、显性语义仿词以及间接仿词进行分析。

6.2.1　隐性语义仿词的理解机制

隐性语义仿词是指本体隐藏在语境之中,没有显现在上下文中。隐性语义仿词所占比例很小。《红楼梦》中的 26 例语义仿词无一例为隐性仿词,本体均出现在上下文中;而在《鲁迅全集》杂文集所收集的总共 64 例语义仿词中,仅有 12 例为隐性仿词。

隐性语义仿词的理解过程大致如下:仿拟听读者在听或看到仿词"X_1-Y-Z"(F_1)时,首先会根据自身的成语知识判断出该仿体形式中的关键语素"X_1",该语素形式在语境作用下激活其概念"x_1";仿体形式"F_1"作为其所在的形式域矩阵("DM_1")中的一个次域,通过"部分代整体"转喻(M_1)并结合个人的成语知识激活该域矩阵的主域或矩阵域,即图式结构或抽象形式"X_0-Y-Z-…"(F_0);之后,再次根据成语知识,将抽象形式"F_0"在形式域矩阵通过"整体代部分"转喻(M_2)激活另一次域,即本体形式"X_2-Y-Z"(F_2);此时,听读者会将本体形式通过"形式代概念"的符号转喻(M_3)激活本体概念"C_2"(x_2-y-z-…);然后,本体概念作为所在概念域矩阵"DM_2"中的一个次域,通过"部分代整体"转喻(M_1)的方式,结合形式域矩阵中的抽象形式,激活该域矩阵中的主域或矩阵域,其意为图式概念"C_0"(x_0-y-z-…);最后,经整合图式概念与仿体形式中的关键语素的概念,在语境的作用下,通过"整体代部分"转喻(M_2)激活概念域矩阵中的另一次域,即仿体概念"C_1"(x_1-y-z-…)。仿体概念和本体概念中的关键概念"x_1"与"x_2"之间存在某种语义关系。该过程可用图 6-12 表示:

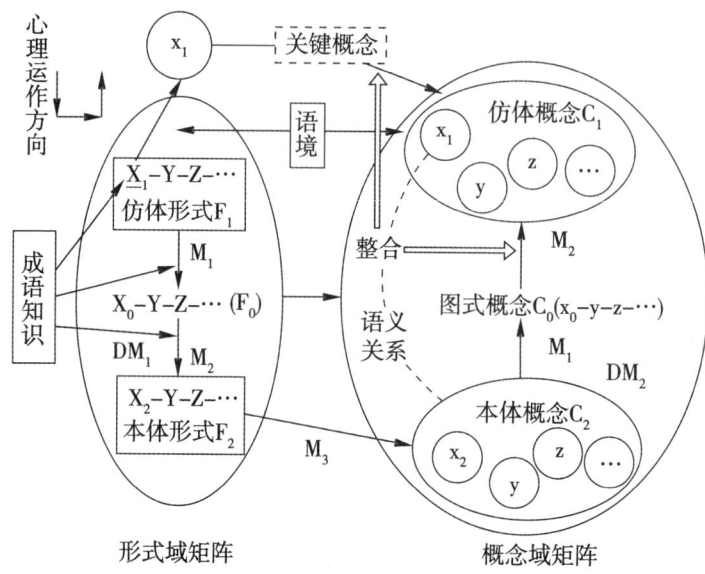

图 6-12　隐性语义仿词的理解图示

我们通过例(1)中的"反宾为主"对隐性语义仿词的理解机制进行阐释。仿词"反宾为主"的理解过程如图 6-13 所示：

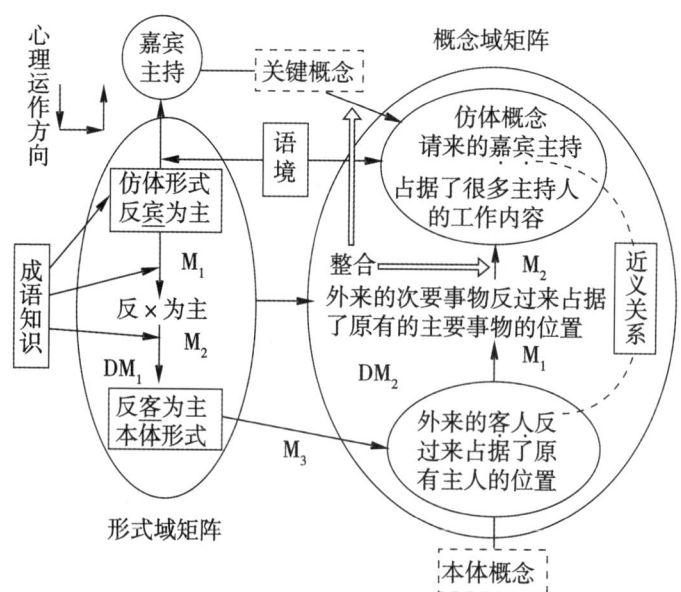

图 6-13　隐性语义仿词"反宾为主"的理解图示

如图6-13所示,仿拟听读者在文中看到仿词"反宾为主"时,首先会根据自身的成语知识判断出该仿体形式中的关键语素"宾",该语素形式在语境作用下激活其概念"嘉宾主持";仿体形式作为其所在的形式域矩阵("DM_1")中的一个次域,通过"部分代整体"转喻(M_1)并结合个人的成语知识激活该域矩阵的主域或矩阵域,即抽象形式"反×为主";之后,再次根据成语知识,使抽象形式"反×为主"在形式域矩阵通过"整体代部分"转喻(M_2)激活另一次域,即作为本体形式的成语"反客为主";此时,听读者会使本体形式通过"形式代概念"的符号转喻(M_3)激活本体概念"外来的客人反过来占据了原有主人的位置";然后,本体概念作为所在概念域矩阵"DM_2"中的一个次域,通过"部分代整体"转喻(M_1)的方式,结合形式域矩阵中的抽象形式,激活该域矩阵中的主域或矩阵域,其意义为图式概念"外来的次要事物反过来占据了原有的主要事物的位置";最后,经整合图式概念与仿体形式中的关键语素的概念,在语境的作用下,通过"整体代部分"转喻(M_2)激活概念域矩阵中的另一次域,即仿体概念"请来的嘉宾主持占据了很多主持人的工作内容"。仿体概念和本体概念中的关键概念"嘉宾"与"客人"之间为近义关系。至此,仿拟听读者完成了对"反宾为主"这一隐性语义仿词的理解过程。

6.2.2 显性语义仿词的理解机制

显性语义仿词是指语义仿词的本体显现在上下文中,仿拟听读者会根据本体和仿体的形式推导出仿体意义。显性语义仿词所占比例很大。《红楼梦》中的26例语义仿词全部为显性仿词;而在《鲁迅全集》杂文集中的64例语义仿词中,有52例均为显性仿词。

显性语义仿词的理解过程大致如下:首先,根据在文中出现的本体形式"X_2-Y-Z-…"(F_2)与仿体形式"X_1-Y-Z-…"(F_1),仿拟听读者可以判断出二者的不同语素"X_2"与"X_1"为关键语素,其中语素形式"X_1"可根据语境激活其概念"x_1";另外,根据相同的结构可以判断,本体形式与仿体形式处于相同形式域矩阵"DM_1"之中,并且"F_2"与"F_1"作为该域矩阵中的两个次域,通过"部分代整体"转喻(M_1)激活该形式域矩阵的主域或矩阵域,即图式结构或抽象形式"X_0-Y-Z-…"(F_0);然后,根据语境和听读者的个人百科知识,本体形式"F_2"通过"形式代概念"转喻(M_3)激活本体概念"C_2"(x_2-y-z-…);本体概念作为其所在的概念域矩阵"DM_2"的一个次域,通过"部分代整体"转喻(M_1)激活该域矩阵中的主域,其意义为图式概念"C_0"(x_0-y-z-…),该图式概念对应于形式域矩阵的抽象形式"F_0"(X_0-Y-Z-…);最后,在语境的作用下,经整合图式概念与仿体的关键概念,该图式概念通过"整体代部分"转喻(M_2)激活了概念域矩阵中的另一次域,即仿体概念"C_1"(x_1-y-z-…)。仿体概念和本体概念中的关键概念"x_1"与"x_2"之间存在某种语义关系。该过程可用图6-14表示:

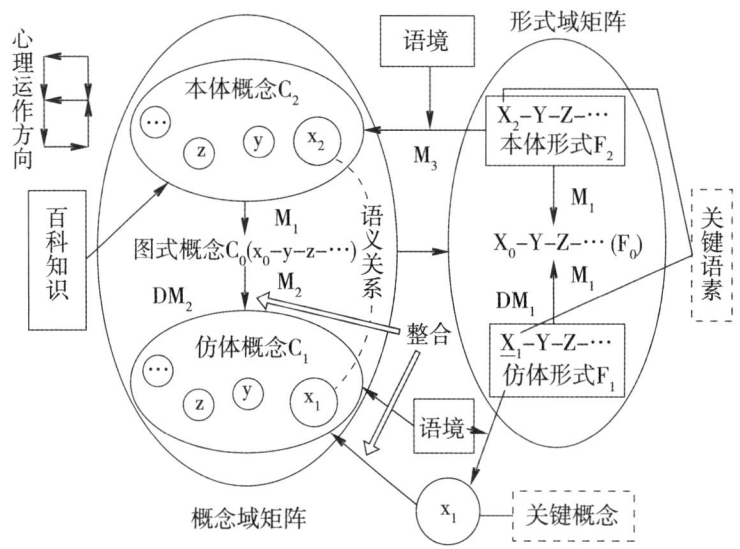

图6-14 显性语义仿词的理解图示

我们通过例(4)中的"苦意"对显性语义仿词的理解机制进行阐释。仿词"苦意"的理解过程如图6-15所示:

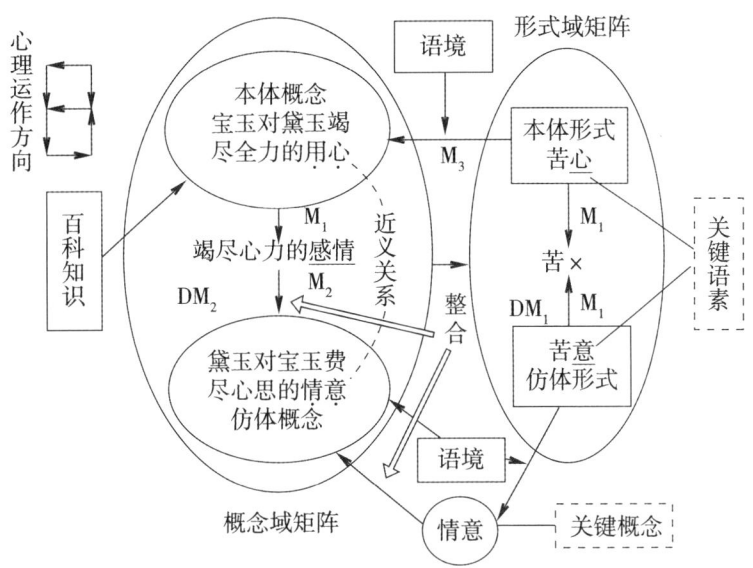

图6-15 显性语义仿词"苦意"的理解图示

如图6-15所示,根据在文中出现的本体形式"苦心"与仿体形式"苦意",仿拟听读者首先可以判断出二者的不同语素"心"与"意"为关键语素,其中语素形式"意"可根据语境激活其概念"情意";另外,根据相同的结构可以判断,本体形式与仿体形式处于相同形式域矩阵"DM_1"之中,并且"苦心"与"苦意"作为该域矩阵中的两个次域,通过"部分代整体"转喻(M_1)激活该形式域矩阵的主域或矩阵域,即抽象形式"苦×";然后,根据语境和听读者的个人百科知识,本体形式"苦心"通过"形式代概念"转喻(M_3)激活本体概念"宝玉对黛玉竭尽全力的用心";本体概念作为其所在的概念域矩阵"DM_2"的一个次域,通过"部分代整体"转喻(M_1)激活该域矩阵中的主域,其意义为图式概念"竭尽心力的感情",该图式概念对应于形式域矩阵的抽象形式"苦×",因此可以推出"×"对应的概念为"感情";最后,在语境的作用下,经整合图式概念与仿体的关键概念,该图式概念通过"整体代部分"转喻(M_2)激活了概念域矩阵中的另一次域,即仿体概念"黛玉对宝玉费尽心思的情意"。仿体概念和本体概念中的关键概念"情意"与"用心"之间为近义关系。至此,仿拟听读者完成了对"苦意"这一显性语义仿词的理解过程。

6.2.3　间接语义仿词的理解机制

间接语义仿词是指仿照本体经过语音或概念转喻意义发生改变后形成的新本体而造的仿词。由于间接语义仿词主要是为了表达说写者的幽默或者发泄不满、嘲讽的情绪,因而多以口头语为主。间接语义仿词的另一个特征是,由于仿体并非根据间接或实际本体所造,作为仿拟对象的直接本体一般都会显现在仿体前面与之连用,即均为显性仿词。在《红楼梦》中的 26 例语义仿词中,间接语义仿词接近半数;而在《鲁迅全集》杂文集所收集的 64 例语义仿词中,仅有 9 例为间接仿词。我们还是按照语音转喻间接仿词和语义转喻间接仿词两类来分析其理解机制。

6.2.3.1　语音转喻间接仿词的理解机制

语音转喻间接仿词是指所仿本体经语音转喻后变为同音异形词语,再根据该词语进行仿拟而得的仿词。语音转喻间接仿词的理解过程大致如下:

首先,根据在上文中出现的直接本体形式"$(X_2—x_2)-Y-Z$"(F_2)与紧随其后的仿体形式"$(X_3—x_3)-Y-Z$"(F_3),仿拟听读者首先将二者作为所在"形式域矩阵 1"(DM_1)中的两个次域通过"部分代整体"转喻(M_1)激活该形式域矩阵的主域或矩阵域,即图式结构或抽象形式"$(X_0—×)-Y-Z$"(F_0);另外,可以判断出二者的不同语素"x_2"和"x_3"为关键语素,但在当前语境中,并结合个人百科知识可推知,二者并不表征书中人物姓名,而是表征各自的原型意义,即"v"和"w",二者之间存在某种语义关系。因此,根据百科知识可判断"F_2"这个直接本体形式所激活的概念意义"C_2?"("?"表示没有实际意义)并无真实所指。此时,仿词解读者开始寻找真正本体及其实际意义:首先,将直接本体所在的"形式域矩阵 2"(DM_2)分为结构域矩阵"SDM"和语音域矩阵"PDM"这两个分域矩阵,直接本体形式"$(X_2—x_2)-Y-Z$"与其中的关键语素及其语音"$[X_2—x_2]$"分别作为结构域矩阵和语音域矩阵中的一个次域,通过"部分代整体"转喻(M_1)激活结构域矩阵和语音域矩阵中的主域或矩阵域,即图式结构或抽象形式"$(X_0'—×')-Y-Z$"(F_0')和抽象语音单位"$[X_0'—×']$",前者表示关键语素空缺的图式结构,后者表示和语音

"$[X_2]$"相同(音素和声调均相同)或相近(音素或声调相同)的语音单位集合;然后结合语境,将图式结构"$(X_0'—x')-Y-Z$"和抽象语音单位"$[X_0'—x']$"分别在各自分域矩阵通过"整体代部分"转喻(M_2)的方式激活另一次域,即具体结构"$(X_1—x_1)-Y-Z$"(F_1)和具体语音单位"$[X_1—x_1]$";该结构作为间接本体形式结合语境通过"形式代概念"转喻(M_3)激活间接本体概念"C_1"(x-y-z-⋯),该形式中的关键语素"x_1"激活概念"x",这一概念与直接本体形式关键语素的意义"v"之间产生语义冲突,而且直接本体象征单位语音转喻(PM)间接本体象征单位,这就导致听读者不得不回到之前所激活的直接本体概念;由于没有真实所指,此概念作为所在的虚拟概念域矩阵(DM_3)中的一个次域通过"部分代整体"转喻(M_1)激活此概念域矩阵的主域或矩阵域,即图式概念"C_2?"(x_0-y-z-⋯),"x_0"表示与"v"和"w"相关的抽象概念,它对应于"形式域矩阵1"中的抽象形式"$X_0—x$";最后,根据听读者的个人百科知识,并结合仿体形式,图式概念"C_0?"通过"整体代部分"转喻(M_2)激活了虚拟概念域矩阵中的另一次域,即仿体概念"C_3"(w-y-z-⋯)。语音转喻间接仿词的理解过程可用图6-16表示:

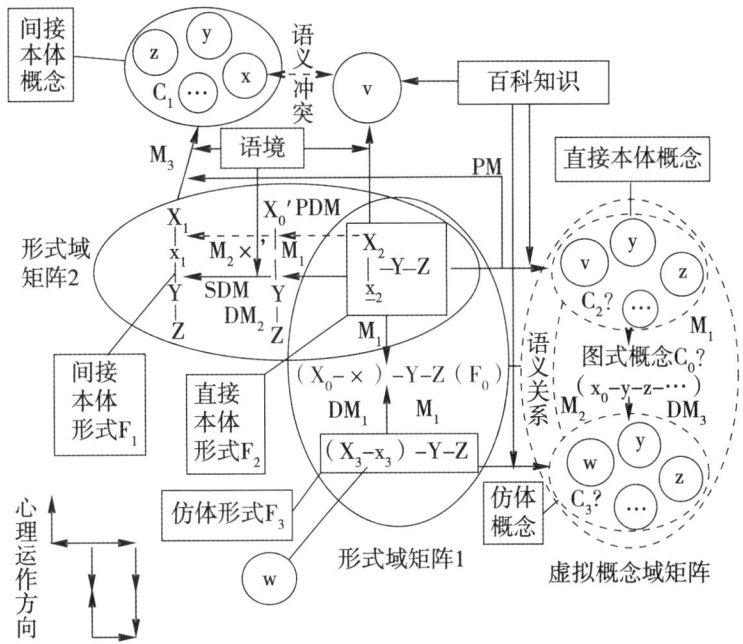

图6-16 语音转喻间接仿词的理解图示

我们通过例(5)中的"云哥儿雨哥儿"对语音转喻间接仿词的理解机制进行阐释。仿词"雨哥儿"的理解过程如图6-17所示：

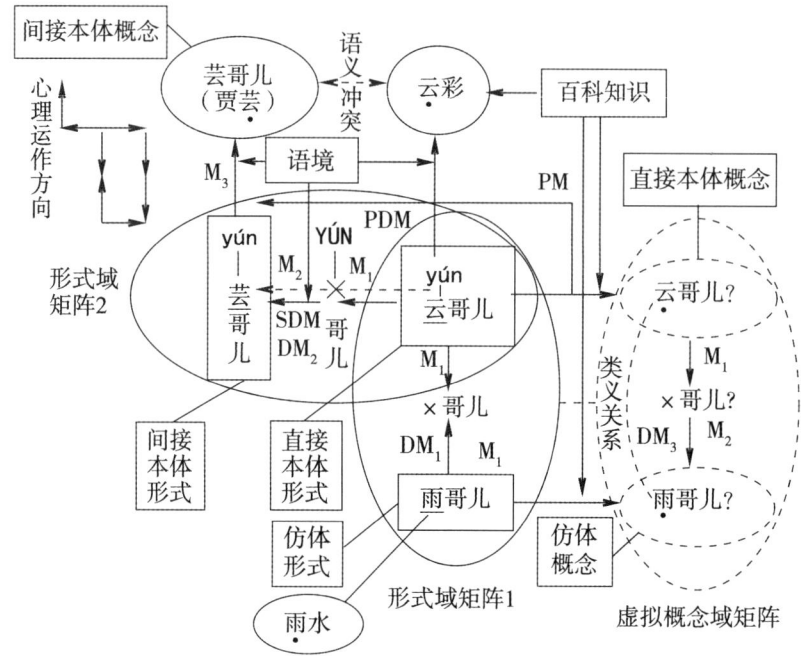

图6-17 语音转喻间接仿词"雨哥儿"的理解图示

如图6-17所示，根据在上文中出现的本体形式"云哥儿"与紧随其后的仿体形式"雨哥儿"，仿拟听读者首先将二者作为所在形式域矩阵1（"DM_1"）中的两个次域分别通过"部分代整体"转喻（M_1）激活该形式域矩阵的主域或矩阵域，即抽象形式"×哥儿"；另外，可以判断出二者的不同语素"云"和"雨"为关键语素，但在当前语境中，并结合个人百科知识可推知，二者并不表征书中人物姓名，而是表征各自的原型意义，即"云彩"和"雨水"，二者之间为类义关系。因此，根据百科知识可判断"云哥儿"这个直接本体形式所激活的概念意义"云哥儿?"（"?"表示没有实际意义）并无真实所指；此时，仿词解读者开始寻找真正本体及其实际意义：首先，将直接本体所在的形式域矩阵2（"DM_2"）分为结构域矩阵"SDM"和语音域矩阵"PDM"这两个分域矩阵，直接本体形式"云哥儿"与其中的关键语素及其语音"[yún—云]"分别作为结构域矩阵和语音域矩阵中的一个次域，通过"部分代整体"

转喻(M_1)激活结构域矩阵和语音域矩阵中的主域或矩阵域,即抽象形式"×哥儿"和抽象语音单位"[YN—×]",前者表示关键语素空缺的图式结构,后者表示和语音"[yún]"相同(音素和声调均相同)的语音单位集合;然后结合语境,将图式结构"×哥儿"和抽象语音单位"[YN—×]"分别在各自分域矩阵通过"整体代部分"转喻(M_2)的方式激活另一次域,即具体结构"芸哥儿"和具体语音单位"[yún—芸]";该结构作为间接本体形式结合语境通过"形式代概念"转喻(M_3)激活间接本体概念"芸哥儿(贾芸)",该形式中的关键语素"芸"激活概念"贾芸",这一概念与直接本体形式关键语素的意义"云彩"之间产生语义冲突,而且直接本体象征单位语音转喻(PM)间接本体象征单位,这就导致听读者不得不回到之前所激活的直接本体概念;由于没有真实所指,此概念作为所在的虚拟概念域矩阵中的一个次域通过"部分代整体"转喻(M_1)激活此概念域矩阵的主域或矩阵域,即图式概念"×哥儿?","×"表示"云、雨之类的自然现象",它对应于形式域矩阵1中的抽象形式"×哥儿";最后,根据听读者的个人百科知识,并结合仿体形式,图式概念"×哥儿?"通过"整体代部分"转喻(M_2)激活了虚拟概念域矩阵中的另一次域,即仿体概念"雨哥儿",其中的关键概念"雨"和本体的关键概念"云"之间为类义关系。至此,仿拟听读者完成了对"雨哥儿"这个语音转喻间接仿词的理解过程。

6.2.3.2 语义转喻间接仿词的理解机制

语义转喻间接仿词是指所仿本体经语音转喻后变为同音异形词语,再根据该词语进行仿拟而得的仿词。语义转喻间接仿词的理解过程大致如下:首先,根据在文中出现的直接本体形式"$(X_2—x_2)$-Y-Z"(F_2)与紧随其后的仿体形式"$(X_3—x_3)$-Y-Z"(F_3),仿拟听读者将二者作为所在"形式域矩阵1"(DM_1)中的两个次域通过"部分代整体"转喻(M_1)激活该形式域矩阵的主域或矩阵域,即图式结构或抽象形式"$(X_0—×)$-Y-Z";另外,还可判断出二者的不同语素"x_2"和"x_3"为关键语素;如果此处的本体形式"F_2"与出现在前文中的语素相同的本体形式"F_1"意义相同,那么听读者会根据语境,使直接本体形式通过"形式代概念"转喻(M_3)激活本体概念,即"C_1"(x-y-z…),该本体的关键语素"x_2"的意义为"x";该本体意义作为所在的概念域矩阵("DM_2")的一个次域,通过"部分代整体"转喻(M_1)激活该域矩阵的主域或矩阵域,即图式概念"C_0"(x_0-y-z-…);再根据"F_2"与"F_3"之间的仿拟关系以及语素"x_2"和"x_3"所表征的原型意义之间的语义关系,该图式概念通过"整体代部分"转喻(M_2)激活了概念域矩阵中的另一次域,即仿体概念"C_1'"(x'-y-z-…)。但是,根据语境和百科知识可知,该"仿体概念"与仿体形式"F_3"所真正要表征的概念并不一致,因为表征此"仿体概念"的应该是对应的"仿体形式""(X_1'—x_1')-Y-Z"(F_1'),也就是说,这个所谓的"仿体概念"(C_1')与文中的实际仿体形式"F_3"之间并非对应的象征关系,"F_1'"与"F_3"是冲突、矛盾的。此时,仿词解读者不得不回到本体形式"F_2",以寻找真正的本体意义。既然本体形式的意义发生了变化,那么可以将仿体前的本体形式称为直接仿体形式"F_2",标记为"(X_2—x_2)-Y-Z",而表征"C_1"的为间接仿体形式"F_1",标记为同形异义词"(X_1—x_1)-Y-Z"。为了确定直接仿体形式的概念,听读者会先将"x_1"的意义"x"作为所在概念域矩阵("DM_3")中的一个次域,通过"部分代整体"或"具体代抽象"转喻(M_1)激活该域矩阵中的主域或矩阵域,其意义为"×",表示"F_1"与"F_2"的共有语素"X"的图式概念;该图式概念再根据个人百科知识通过"整体代部分"或"抽象代具体"转喻(M_2)激活另一次域,即"X"的原型意义"v",这正是直接仿体形式中"x_2"所表征的概念,经过与直接本体形式的其他语素"Y-Z"所表征意义"y,z"进行整合,得到了该本体形式"F_2"的概念"C_2?"(v-y-z…)("?"表示没有实际所指);最后,直接本体概念作为所在概念域矩阵"DM_4"中的一个次域,通过"部分代整体"转喻(M_1)激活该域矩阵中的主域或矩阵域,其意义为图式概念"C_2?"(x_0? -y-z…),"x_0?"表示与"v"和"w"相关的抽象概念;该图式概念再根据个人百科知识通过"整体代部分"转喻(M_2)激活另一次域,即仿体概念"C_3?"(w-y-z…)",同直接本体形式一样,仿体形式所表征之义也无实际所指。语义转喻间接仿词的理解过程可用图6-18表示:

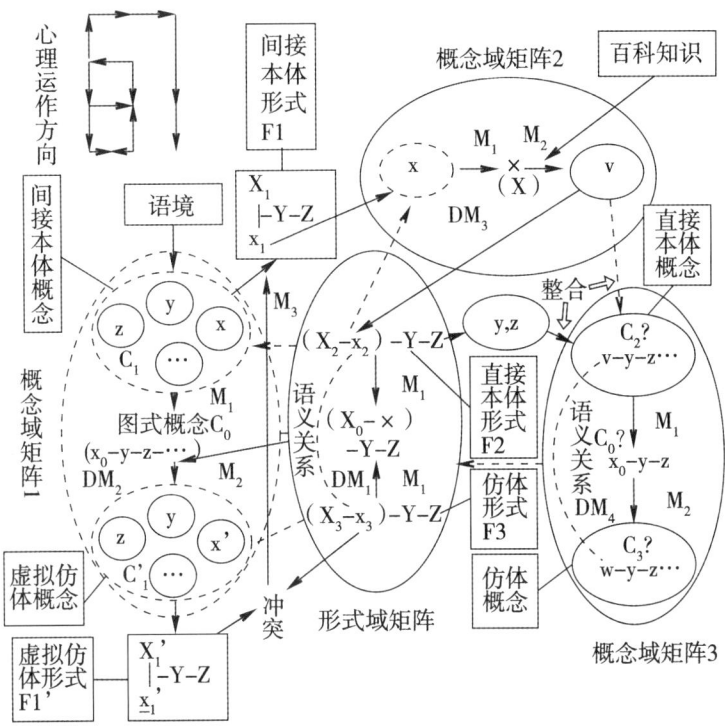

图 6-18 语义转喻间接仿词的理解图示

我们通过例(6)中的"白话黑话"对语音转喻间接仿词的理解机制进行阐释。仿词"黑话"的理解过程如图 6-19 所示:

168　转喻视角下汉语仿词的认知机制研究

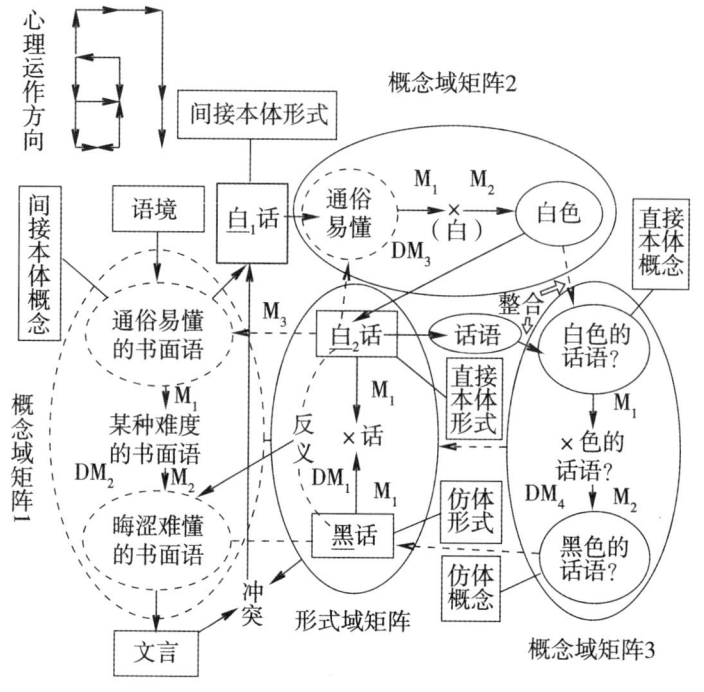

图6-19　语义转喻间接仿词"黑话"的理解图示

如图6-19所示,由于在上文中出现的本体形式"白话"与紧随其后的仿体形式"黑话",仿拟听读者首先将二者作为所在形式域矩阵1("DM₁")中的两个次域分别通过"部分代整体"转喻(M₁)激活该形式域矩阵的主域或矩阵域,即抽象形式"×话";另外,可以判断出二者的不同语素"白"和"黑"为关键语素;如果此处的本体形式"白话"与出现在前文中的本体形式"白话"意义相同,那么听读者会根据语境,使本体形式通过"形式代概念"转喻(M₃)激活本体概念,即"通俗易懂的书面语",该本体的关键语素"白"的意义为"通俗易懂";该本体意义作为所在的概念域矩阵("DM₂")的一个次域,通过"部分代整体"转喻(M₁)激活该域矩阵的主域或矩阵域,即图式概念"某种难度的书面语";再根据"白话"与"黑话"之间的仿拟关系以及语素"白"和"黑"所表征的原型意义之间的反义关系,该图式概念通过"整体代部分"转喻(M₂)激活了概念域矩阵中的另一次域,即仿体概念"晦涩难懂的书面语"。但是,根据语境和百科知识可知,该"仿体概念"与仿体形式"黑话"所真正要表征的概念并不一致,因为表征此仿体概念的形式应该是"文言"一词,也就是说,这个所谓的仿体概念与仿体形式之间并非对应的象征关系,而是冲突、矛盾的。此时,仿词解读者不得不回到本体形式"白话",以寻找真正的本体意义。既然本体形式的意义发生了变化,那么可以将仿体前的本体形式称为直接本体形式,标记为"白$_2$话",而在前文表征"通俗易懂的书面语"的为间接本体形式,标记为同形异义词"白$_1$话"。为了确定直接仿体形式的概念,听读者会先将"白$_1$"的实际意义"通俗易懂"作为所在概念域矩阵("DM$_3$")中的一个次域,通过"部分代整体"或"具体代抽象"转喻(M_1)激活该域矩阵中的主域或矩阵域,其意义为"×",表示"白"的图式概念;该图式概念再根据个人百科知识通过"整体代部分"或"抽象代具体"转喻(M_2)激活另一次域,即"白"的原型意义"白色",这正是直接本体形式中"白"所表征的概念,经过与直接本体形式的另一语素"话"所表征意义"话语"进行整合,得到了直接本体形式"白$_2$话"的概念"白色的话语?"("?"表示无实际意义);最后,"白$_2$话"所表征的直接本体概念作为所在概念域矩阵"DM$_4$"中的一个次域,通过"部分代整体"转喻(M_1)激活该域矩阵中的主域或矩阵域,其意义为图式概念"×色的话语?","×"表示颜色;该图式概念再根据个人百科知识通过"整体代部分"转喻(M_2)激活另一次域,即仿体概念"黑色的话语?",它与直接本体概念之间为反义关系;仿体概念同直接本体概念一样,也无实际所指,只是为了表达该仿词说写者的幽默与讽刺。

第 7 章
基于转喻分析框架的结构仿词研究

结构仿词是指仿照词语的语法结构,同时替换其中某个语素而造的新奇词语。其实语音仿词和语义仿词大多数也只是替换其中某个语素而得,但这两种仿词与本体之间存在语音或语义上的联系,而结构仿词则没有这种联系。结构仿词在文学作品中的占比不一,口语比重较大的作品中的结构仿词较少,反之则较多。《红楼梦》中的 37 例仿词中,结构仿词仅有 6 例,约占 1/6;而在《鲁迅全集》杂文集所收集的总共 313 例仿词中,有 245 例为结构仿词,占比近八成。下面,我们对结构仿词的生成与理解机制分别进行阐释。

7.1 结构仿词的生成机制

顾名思义,结构仿词仿照的是本体的语法结构,并没有语音和语义上的关联。但是,根据本体形式出现在上下文中与否,结构仿词可分为隐性结构仿词和显性结构仿词两类。

7.1.1 隐性结构仿词的生成机制

隐性结构仿词是指仿体是仿照本体的结构而造,但本体未在文中出现。这里的本体是指具有相同结构的原型或典型词语,其原型性或典型性对于不同仿拟者可能有所不同。由于本体的"隐身",需要仿拟说写者从头脑中的意向概念出发找到本体,再根据本体结构进行仿造。隐性结构仿词的生

成过程大致如下:

　　首先,仿拟说写者根据语境首先在头脑中形成一个意向始源概念,即仿体概念"$C_1(x_1\text{-}y\text{-}z\text{-}\cdots)$",最终目的是找到一个恰当的语言形式用以表征此概念;根据仿拟者的百科知识,始源概念或仿体概念作为其所在的概念域矩阵"DM_1"的一个次域,通过"部分代整体"转喻(M_1)激活该域矩阵中的主域,其意义为图式概念"$C_0(x_0\text{-}y\text{-}z\text{-}\cdots)$";然后,再次根据个人百科知识,作为概念矩阵域的图式概念通过"整体代部分"转喻(M_2)激活了域矩阵中的另一次域,即本体概念"$C_2(x_2\text{-}y\text{-}z\text{-}\cdots)$";本体概念作为语言象征单位的语义单位随即通过象征的方式激活了与其对应的语音单位,即本体形式"$F_2(X_2\text{-}Y\text{-}Z\text{-}\cdots)$";本体形式作为形式域矩阵"$DM_2$"中的一个次域,通过"部分代整体"转喻($M_1$)激活该域矩阵中的主域,即图式结构或抽象形式"$F_0(X_0\text{-}Y\text{-}Z\text{-}\cdots)$",与其相应的正是概念域矩阵中的图式概念"$C_0(x_0\text{-}y\text{-}z\text{-}\cdots)$","$X_0$"对应的概念"$x_0$"为与"$x_1$"和"$x_2$"相关的抽象概念;最后,通过整合仿体中的关键概念"x_1"所激活的对应形式"X_1"以及形式域矩阵的主域"$X_0\text{-}Y\text{-}Z\text{-}\cdots$",使得该抽象形式经"整体代部分"转喻($M_2$)激活另一次域"$F_1(X_1\text{-}Y\text{-}Z\text{-}\cdots)$",即仿体形式。该仿体形式"$F_1$"可通过"形式代概念"转喻($M_3$)随时激活仿体概念"$C_1$"。

　　整个过程可用图 7-1 表示:

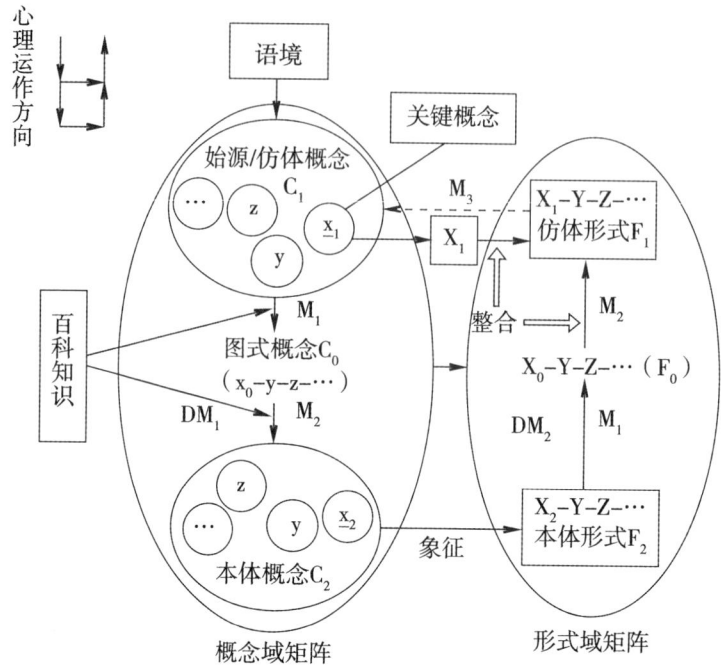

图 7-1 隐性结构仿词的生成图示

例如:

(1)古今中外,其揆一也。即如目前的事,吴稚晖先生不也有一种主义的么?而他不但不被普天同愤,且可以大呼"打倒……严办"者,即因为赤党要实行共产主义于二十年之后,而他的主义却须数百年之后或者才行,由此观之,近于废话故也。人那有遥管十余代以后的灰孙子时代的世界的闲情别致也哉?(《鲁迅全集·而已集·答有恒先生》,445)

此例中的仿词"普天同愤"是仿照成语"普天同庆"而造,但该本体形式没有出现在上下文之中。该仿词的生成过程可用图 7-2 表示:

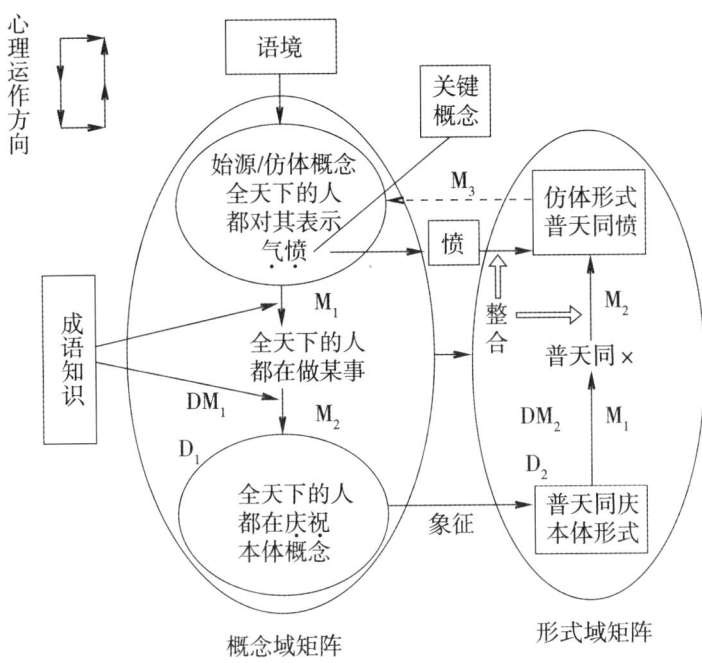

图 7-2 隐性结构仿词"普天同愤"的生成图示

如图 7-2 所示,仿拟说写者根据语境首先在头脑中形成一个意向始源概念,即仿体概念"全天下的人都对其表示气愤",仿拟的目的是找到一个恰当的语言形式用以表征此概念;始源概念或仿体概念作为其所在的概念域矩阵"DM_1"的一个次域,通过"部分代整体"转喻(M_1)激活该域矩阵中的主域,其意义为图式概念"全天下的人都在做某事";然后根据仿拟者的成语知识,作为概念矩阵域的图式概念通过"整体代部分"转喻(M_2)激活了域矩阵中的另一次域,即本体概念"全天下的人都在庆祝";本体概念作为成语语言象征单位的语义单位随即通过象征的方式激活了与其对应的语音单位,即本体形式"普天同庆";本体形式作为形式域矩阵"DM_2"中的一个次域,通过"部分代整体"转喻(M_1)激活该域矩阵中的主域,即抽象形式"普天同×",与其相应的正是概念域矩阵中的图式概念"全天下的人都在做某事","×"对应的概念为"做某事";最后,通过整合仿体中的关键概念"气愤"所激活的对应形式"愤"以及形式域矩阵的主域"普天同×",使得该抽象形式经"整体代部分"转喻(M_2)激活另一次域"普天同愤",即仿体形式。该仿体形式可通过"形式代概念"转喻(M_3)随时激活仿体概念。

7.1.2 显性结构仿词的生成机制

显性结构仿词是指作为仿照对象的本体出现在了上下文中。仿拟者根据本体及其意义结合语境进行对仿体的仿造。显性结构仿词的生成过程大致如下：

首先，根据语境，本体形式"$F_1(X_1-Y-Z-\cdots)$"通过"形式代概念"转喻(M_3)激活本体概念"$C_1(x_1-y-z-\cdots)$"，其中"x_1"为关键概念；本体概念作为其所在的概念域矩阵"DM_1"的一个次域，通过"部分代整体"转喻(M_1)激活该域矩阵中的主域，其意义为图式概念"$C_0(x_0-y-z-\cdots)$"；结合该图式概念，本体形式作为形式域矩阵"DM_2"（此处为结构域）中的一个次域，通过"部分代整体"转喻(M_1)激活该域矩阵中的主域，即图式结构"$F_0(X_0-Y-Z-\cdots)$"，其中的部分结构"Y-Z"为本体和仿体所共有；然后，在语境的作用下，作为概念矩阵域的图式概念"C_0"通过"整体代部分"转喻(M_2)激活了域矩阵中的另一次域，即仿体概念"$C_2(x_2-y-z-\cdots)$"，其中"x_2"为关键概念；最后，通过整合此关键概念所激活的形式"X_2"以及形式域矩阵的图式结构"$X_0-Y-Z-\cdots$"，使得该抽象形式经"整体代部分"转喻(M_2)激活另一次域"$F_2(X_2-Y-Z-\cdots)$"，即仿体形式。该仿体形式可通过"形式代概念"转喻(M_3)随时激活仿体概念。

该过程可用图 7-3 表示：

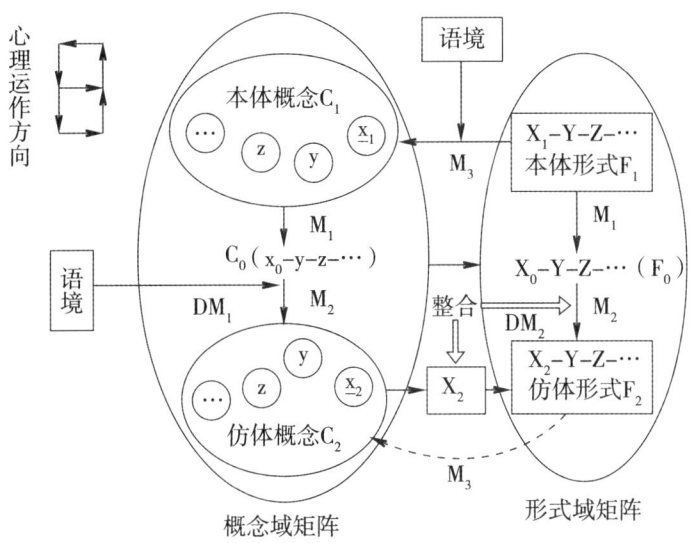

图 7-3　显性结构仿词的生成图示

例如：

(2)《读书忌》——记得中国的医书中,常常记载着"食忌",就是说,某两种食物同食,是于人有害,或者足以杀人的,例如葱与蜜,蟹与柿子,落花生与王瓜之类。但是否真实,却无从知道,因为我从未听见有人实验过。

读书也有"忌",不过与"食忌"稍不同。这就是某一类书决不能和某一类书同看,否则两者中之一必被克杀,或者至少使读者反而发生愤怒。(《鲁迅全集·花边文学·读书忌》,644)

此例中的仿体为"读书忌",所仿照的本体"食忌"出现在了文中。该仿词的具体生成过程可用图 7-4 表示:

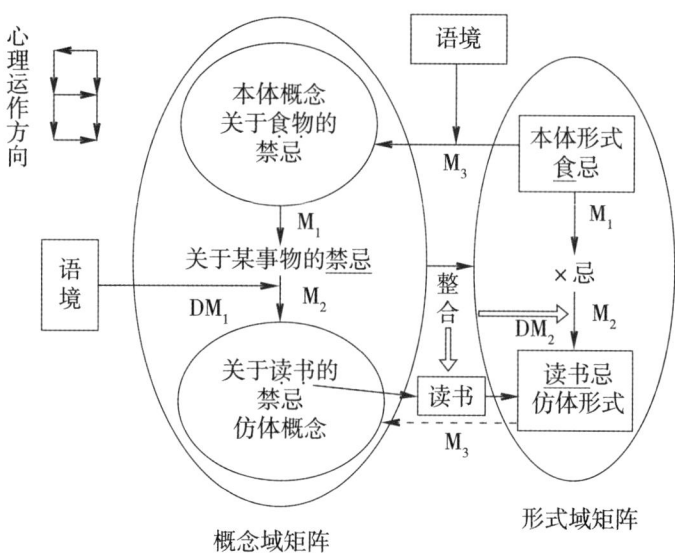

图 7-4　显性结构仿词"读书忌"的生成图示

如图 7-4 所示,由于此例中仿体为文章标题,本体形式出现在了后文中,听读者从该形式出发开始仿拟过程。首先,根据语境,本体形式"食忌"通过"形式代概念"转喻(M_3)激活本体概念"关于食物的禁忌",其中"食物"为关键概念;本体概念作为其所在的概念域矩阵"DM_1"的一个次域,通过"部分代整体"转喻(M_1)激活该域矩阵中的主域,其意义为图式概念"关于某事物的禁忌";结合该图式概念,本体形式作为形式域矩阵"DM_2"(此处为结构域)中的一个次域,通过"部分代整体"转喻(M_1)激活该域矩阵中的主域,即图式结构"×忌","×"对应的概念为"禁忌";然后,在语境的作用下,作为概念矩阵域的图式概念通过"整体代部分"转喻(M_2)激活了域矩阵中的另一次域,即仿体概念"关于读书的禁忌",其中"读书"为关键概念;最后,通过整合仿体概念的关键概念以及形式域矩阵的图式结构"×忌",使得该抽象形式经"整体代部分"转喻(M_2)激活另一次域"读书忌",即仿体形式。该仿体形式可通过"形式代概念"转喻(M_3)随时激活仿体概念。

7.2 结构仿词的理解机制

以上我们分别按照本体出现与否对结构仿词的生成机制进行了阐释。下面,我们仍按此分类对结构仿词的理解机制进行逐类分析。

7.2.1 隐性结构仿词的理解机制

隐性结构仿词同隐性语义仿词一样,所占比例相对较小。《红楼梦》6 例结构仿词中有 2 例为隐性结构仿词;在《鲁迅全集》杂文集所收集的 245 例结构仿词中,有 98 例为隐性仿词。隐性结构仿词的理解过程大致如下:

首先,仿拟听读者在听或看到仿词"X_2-Y-Z-…"(F_2)时,首先会根据自身的百科知识判断出该仿体形式中的关键语素"X_2",该语素形式在语境作用下激活其概念"x_2";仿体形式"F_2"作为其所在的形式域矩阵(DM_1)中的一个次域,通过"部分代整体"转喻(M_1)并结合个人的百科知识激活该域矩阵的主域或矩阵域,即图式结构或抽象形式"$F_0(X_0$-Y-Z-…)";之后,再次根据百科知识,将抽象形式"F_0"在形式域矩阵通过"整体代部分"转喻(M_2)激活另一次域,即本体形式"$F_1(X_1$-Y-Z-…)";此时,听读者会将本体形式通过"形式代概念"的符号转喻(M_3)激活本体概念"$C_1(x_1$-y-z-…)";然后,本体概念作为所在概念域矩阵"DM_2"中的一个次域,通过"部分代整体"转喻(M_1)的方式,结合形式域矩阵中的抽象形式,激活该域矩阵中的主域或矩阵域,其意义为图式概念"$C_0(x_0$-y-z-…)";最后,经整合图式概念与仿体的关键概念"x_2",在语境的作用下,通过"整体代部分"转喻(M_2)激活概念域矩阵中的另一次域,即仿体概念"$C_2(x_2$-y-z-…)"。

该过程可用图 7-5 表示:

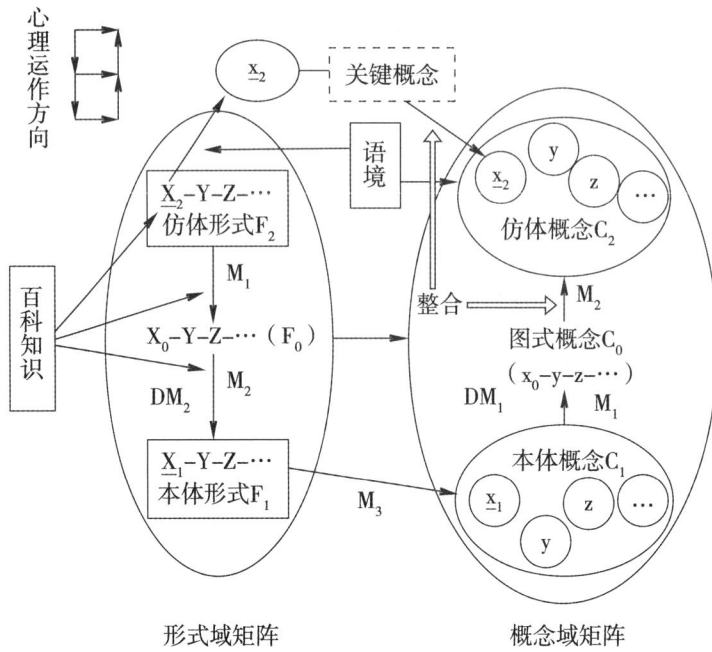

图 7-5 隐性结构仿词的理解图示

我们通过例(1)中的"普天同愤"对隐性结构仿词的理解机制进行阐释。仿词"普天同愤"的理解过程如图 7-6 所示:

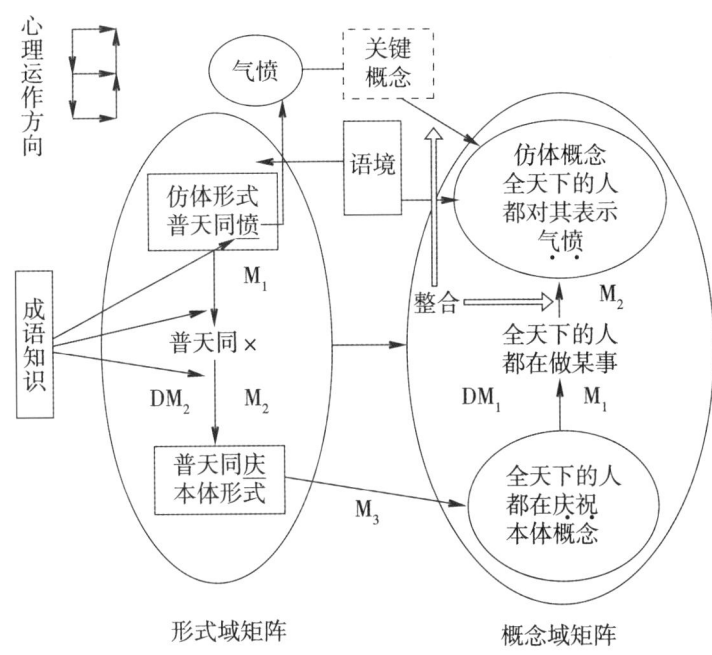

图 7-6 隐性结构仿词"普天同愤"的理解图示

如图 7-6 所示,仿拟听读者在文中看到仿词"普天同愤"时,首先会根据自身的成语知识判断出该仿体形式中的关键语素"愤",该语素形式在语境作用下激活其概念"气愤";仿体形式作为其所在的形式域矩阵("DM_2")中的一个次域,通过"部分代整体"转喻(M_1)并结合个人的成语知识激活该域矩阵的主域或矩阵域,即抽象形式"普天同×";之后,再次根据成语知识,将抽象形式"普天同×"在形式域矩阵通过"整体代部分"转喻(M_2)激活另一次域,即作为本体形式的成语"普天同庆";此时,听读者会将本体形式通过"形式代概念"的符号转喻(M_3)激活本体概念"全天下的人都在庆祝";然后,本体概念作为所在概念域矩阵"DM_1"中的一个次域,通过"部分代整体"转喻(M_1)的方式,结合形式域矩阵中的抽象形式,激活该域矩阵中的主域或矩阵域,其意义为图式概念"全天下的人都在做某事";最后,经整合图式概念与仿体形式中的关键语素的概念,在语境的作用下,通过"整体代部分"转喻(M_2)激活概念域矩阵中的另一次域,即仿体概念"全天下的人都对其表示气愤"。至此,仿拟听读者完成了对"普天同愤"这一隐性语义仿词的理解过程。

7.2.2 显性结构仿词的理解机制

根据收集的语料,显性结构仿词在所有结构仿词中的占比较大。显性结构仿词的理解过程大致如下:

根据在文中出现的本体形式"$F_1(X_1\text{-}Y\text{-}Z\text{-}\cdots)$"与仿体形式"$F_2(X_2\text{-}Y\text{-}Z\text{-}\cdots)$",仿拟听读者首先可以判断出二者的不同语素"$X_1$"与"$X_2$"为关键语素,其中仿体形式中的语素"$X_2$"激活其概念"$x_2$";另外,根据相同的结构可以判断,本体形式与仿体形式处于相同形式域矩阵"DM_1"(此处为结构域矩阵)之中,并且"F_1"与"F_2"作为该域矩阵中的两个次域,通过"部分代整体"转喻(M_1)激活该形式域矩阵的主域或矩阵域,即图式结构或抽象形式"$F_0(X_0\text{-}Y\text{-}Z\text{-}\cdots)$";然后,根据语境,本体形式"$F_1(X_1\text{-}Y\text{-}Z\text{-}\cdots)$"通过"形式代概念"转喻($M_3$)激活本体概念"$C_1(x_1\text{-}y\text{-}z\text{-}\cdots)$";本体概念作为其所在的概念域矩阵"$DM_2$"的一个次域,通过"部分代整体"转喻($M_1$)激活该域矩阵中的主域,其意义为图式概念"$C_0(x_0\text{-}y\text{-}z\text{-}\cdots)$",该图式概念对应于形式域矩阵的图式结构"$X_0\text{-}Y\text{-}Z\text{-}\cdots$";最后,在语境的作用下,经整合图式概念"$C_0$"与仿体的关键概念"$x_2$",该图式概念通过"整体代部分"转喻($M_2$)激活了概念域矩阵中的另一次域,即仿体概念"$C_2(x_2\text{-}y\text{-}z\text{-}\cdots)$"。

该过程可用图 7-7 表示:

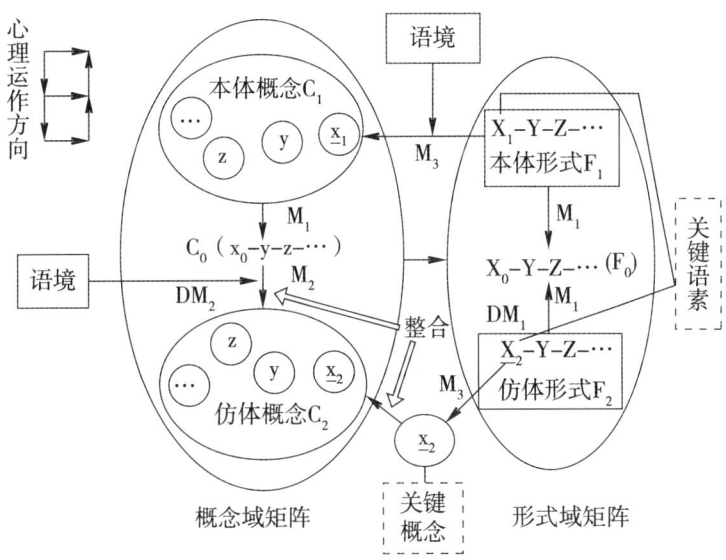

图 7-7　显性结构仿词的理解图示

我们通过例(2)中的"读书忌"对显性结构仿词的理解机制进行阐释。仿词"读书忌"的理解过程如图 7-8 所示：

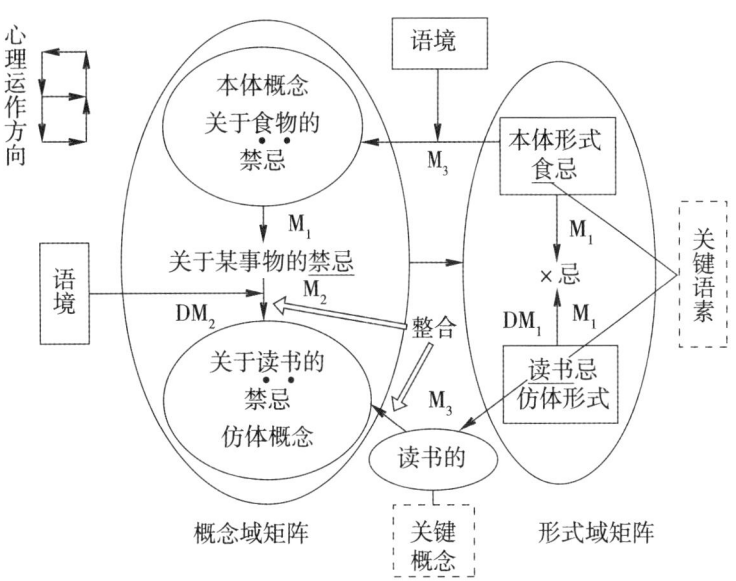

图 7-8　显性结构仿词"读书忌"的理解图示

如图7-8所示,根据在文中出现的本体形式"食忌"与仿体形式"读书忌",仿拟听读者首先可以判断出二者的不同语素"食"与"读书"为关键语素,其中语素形式"读书"经"形式代概念"转喻(M_3)激活其概念"读书的";另外,根据相同的结构可以判断,本体形式与仿体形式处于相同形式域矩阵"DM_1"(此处为结构域矩阵)之中,并且"食忌"与"读书忌"作为该域矩阵中的两个次域,通过"部分代整体"转喻(M_1)激活该形式域矩阵的主域或矩阵域,即图式结构"×忌";然后,根据语境,本体形式"食忌"通过"形式代概念"转喻(M_3)激活本体概念"关于食物的禁忌";本体概念作为其所在的概念域矩阵"DM_2"的一个次域,通过"部分代整体"转喻(M_1)激活该矩阵中的主域,其意义为图式概念"关于某事物的禁忌",该图式概念对应于形式域矩阵的图式结构"×忌";最后,在语境的作用下,经整合图式概念与仿体的关键概念"读书的",该图式概念通过"整体代部分"转喻(M_2)激活了概念域矩阵中的另一次域,即仿体概念"关于读书的禁忌"。至此,仿拟听读者完成了对"读书忌"这一显性语义仿词的理解过程。

以上我们讨论了结构仿词的生成与理解机制,所用例子"普天同愤"和"读书忌"分别为隐性结构仿词和显性结构仿词,所仿结构分别为"普天同×"和"×忌",二者的原型结构或者说本体分别为"普天同庆"和"食忌"。由于替换语素"愤"和"读书"与被替换语素"庆"和"食"之间均无语音上或语义上的联系,上述两例均为标准的结构仿词,还可以分别拟构出若干其他具有相同结构的仿词,如"普天同悲""普天同乐""普天同观""普天同玩",以及"病忌""产忌""穿衣忌",等等。

但是,还有一些仿词介于结构仿词和语义仿词之间,即仿词是仿照某结构而成的,并且仿体和本体之间存在某种语义关系。例如"飞的"。该仿词可以从结构仿词和语义仿词两个角度进行解释,前者是指由抽象结构"×的"仿造而得,后者是指由作为本体的同类词语"面的"仿造而得。具体生成过程可用图7-9表示:

第 7 章 基于转喻分析框架的结构仿词研究

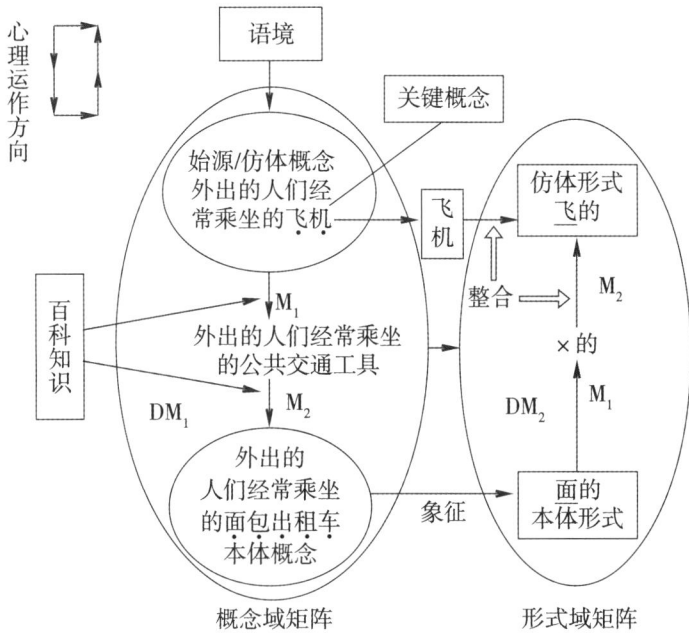

图 7-9 结构仿词"飞的"的生成图示

如图 7-9 所示,仿拟说写者根据语境首先在头脑中形成一个意向始源概念,即仿体概念"外出的人们经常乘坐的飞机",下面要找到一个恰当的词用以表征此概念;始源概念作为其所在的概念域矩阵"DM_1"的一个次域,通过"部分代整体"转喻(M_1)激活该域矩阵中的主域,其意义为图式概念"外出的人们经常乘坐的公共交通工具";然后根据仿拟者的百科知识,作为概念矩阵域的图式概念通过"整体代部分"转喻(M_2)激活了域矩阵中的另一次域,即本体概念"外出的人们经常乘坐的面包出租车",此概念为该域矩阵或者范畴中的原型概念;本体概念随即通过象征的方式激活了与其对应的语言形式,即本体"面的";本体形式作为形式域矩阵"DM_2"中的一个次域,通过"部分代整体"转喻(M_1)激活该域矩阵中的主域,即抽象形式"×的",与其相应的正是概念域矩阵中的图式概念,其中"×"对应的概念为"交通工具";最后,通过整合仿体中的关键概念"飞机"所激活的对应形式"飞机"以及形式域矩阵的主域"×的",使得该抽象形式经"整体代部分"转喻(M_2)激活另一次域"飞的",即仿体形式。

以上是按照结构仿词进行的分析,下面我们从语义仿词的角度对其生成过程进行解释。具体生成过程可用图7-10表示:

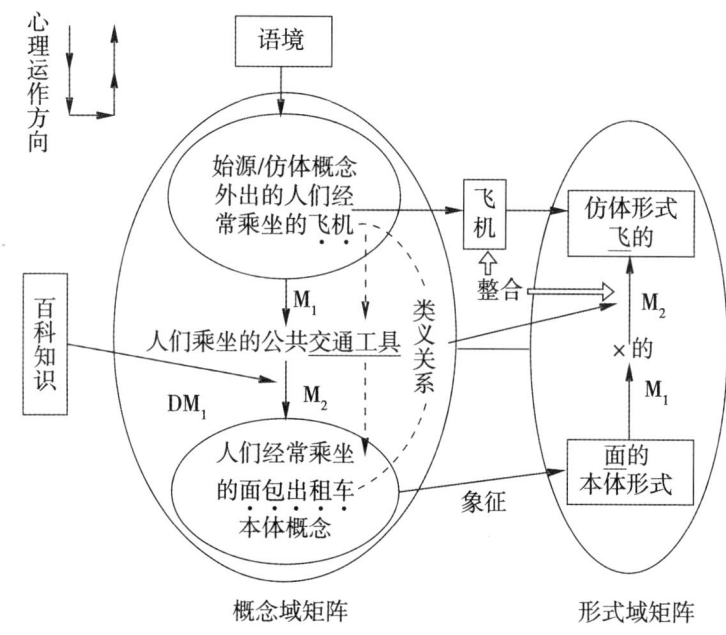

图7-10 类义仿词"飞的"的生成图示

如图7-10所示,仿拟说写者首先根据语境的作用,在头脑中形成了始源概念"外出的人们经常乘坐的飞机",但没有具体语言形式对其进行表征;始源概念或仿体概念作为其所在的概念域矩阵"DM_1"的一个次域,通过"部分代整体"转喻(M_1)激活该域矩阵中的主域,其意义为图式概念"人们乘坐的公共交通工具";然后根据仿拟者的百科知识,作为概念矩阵域的图式概念通过"整体代部分"转喻(M_2)激活了域矩阵中的另一次域,即本体概念"人们经常乘坐的面包出租车";同样,仿体概念中的主要概念"飞机"经"部分代整体"转喻(M_1)激活矩阵域图式概念中的一个抽象概念"交通工具",再根据百科知识经"整体代部分"转喻(M_2)激活了仿体概念中的主要概念"面包车","飞机"与"面包车"都属于同一个范畴,二者之间为类义关系;本体概念随即通过象征的方式激活了与其对应的语言形式,即本体形式"面的";本体形式作为形式域矩阵"DM_2"中的一个次域,通过"部分代整体"转喻(M_1)激活该域矩阵中的主域,即抽象形式"×的",与其相应的正是概念域矩阵中的图式概念"人们乘坐的公共交通工具","×"对应的概念为"交通工具";最后,根据仿体的主要概念"飞机"与本体的主要概念"面包车"之间的类义关系,通过整合仿体的主要概念"飞机"激活的形式"飞机"以及形式域矩阵的主域抽象形式"×的",使得该抽象形式经"整体代部分"转喻(M_2)激活另一次域"飞的",即仿体形式。

从图7-9、图7-10可以看出,其实两种分析方法大同小异,差别在于在寻找本体的过程中,凸显的是整个图式结构还是其中的图式概念,若是前者,则是按照结构仿词的思路进行本体的确定;若是后者,则为语义仿词。在这里,我们省略对仿词"面的"理解过程的分析。

虽然,此类仿词可以分别按照结构仿词和类义仿词进行解释,但由于作为类义仿词的上例所仿对象根据语境或者仿拟听读者的不同会有所差异,也就是说,作为本体词语的与仿体处于相同范畴内的典型成员会有所差别。比如,不同听读者对于类义仿词"飞的"解读时所搜寻到的本体可能是"面的",但也有可能是"摩的"或者"轿的",甚至"板的",换句话说,本体是不固定的。因此,我们倾向于将此类仿词仍然归为结构仿词。

第 8 章
结　论

仿词,作为仿拟辞格的一类,在人们的生活中随处可见。其在电视、报刊、音乐、网络以及文学作品等众多领域中被广泛运用,甚至在人们的日常谈话中也时常被使用。它早已不仅仅是一种修辞现象,而是成了一种造词方式、言语方式以及思维方式。仿词如此受欢迎,原因在于它可以使人们利用熟悉的既成词语为模板来表征新的概念,以获得讽刺、幽默等效果或者表达嘲讽、不满等情感,同时也符合人类言语行为中的省力原则,即改造现有的词语易于创造新的词语。

仿词就是仿照既成词语或其中某语素的语音、意义或结构而拟构出的新奇词语。按照仿拟性质,可将仿词分为语音仿词、语义仿词和结构仿词三类。语音仿词是指仿照现成的词语临时造出语音相同或相近的新奇词语,可再分为同音仿词和近音仿词,如"草木皆冰""谊不容辞""文摊"等。语义仿词是指根据与本体词语中某个语素的语义关系仿照本体而造的新词语,可再分为近义仿词、反义仿词和类义仿词,如"菩萨散""神经过钝""文学小囡囡"等。结构仿词是仿照本体词语的结构,同时替换其中某个语素而得,如"怒目主义""唠叨家"等。

自20世纪70年代确立"仿词"这一概念之后,许多学者对其进行了大量研究,但主要以修辞学方面的定义、分类与特征为主。21世纪伊始,仿词研究仿佛进入了"青春期",从心理学、翻译、中外对比,再到语用、认知等多方面迅猛发展。其中从认知角度的解释尤其突出。对仿词认知机制的研究所用理论主要包括原型范畴理论、概念整合理论、关联理论、图形—背景理论以及构式语法理论。但遗憾的是,没有分别说明具体如何找到原型进行类推、利用映射进行合成、借助关联创造新词、仿体替换本体图形,以及仿体构式语义压制等,这些对仿拟进行的分析似乎不能充分解释其生成与理解机制。因此,我们从转喻视角提出一个新的理论框架,试图对仿词的生成与理解过程做出统一的阐释。

我们对汉语仿词进行研究的理论基础主要有概念转喻和概念整合理论。转喻是对仿词进行解释的核心机制,仿词的生成与理解中分别存在着两次"部分代整体"或域扩展和"整体代部分"或域减缩的转喻过程。概念整合理论在仿拟的认知机制中起到了很重要的作用,它帮助位于经过转喻操作而得的仿拟域矩阵中的语音、语义或者结构与本体的相关元素进行整合,而分别得到仿体形式和仿体意义。

我们认为,仿拟的生成过程是:说写者首先在受到外界刺激后,头脑中出现仿体的概念意义,然后据此始源概念通过转喻过程确定本体概念,之后本体概念激活用以表征的本体表达,之后再次通过转喻以及概念整合过程最终获得仿体表达。仿拟的理解过程是:听读者首先根据仿体表达结合个人百科知识,通过语音转喻或概念转喻得到本体表达形式,再通过符号转喻激活本体概念,最后通过概念转喻获得仿体意义。

8.1 主要发现

第一,在所有仿词中,多数为隐性仿词,即所仿本体词语未出现在上文或下文之中,但由于本体是人们熟悉的词语,特别是成语,因而说写者直接在话语或文中做出仿体,听读者也能根据仿体的语音、语义或结构推导出其意义。然而,恰恰是因为本体为人们所熟悉,在对仿体的生成与理解机制的研究中反而忽略了对本体的搜寻和确定作为仿拟的出发点。人们在生成仿词之前,首先会根据头脑中的仿体概念通过转喻激活本体概念以及本体形式,再由此得出仿体形式;而在理解隐性仿词时,会根据语境和个人百科知识首先推断出本体词语,然后据此推导出仿体意义。

第二,从认知的角度对语音仿词、语义仿词和结构仿词的生成与理解过程进行了解释,找出了关键的认知机制。具体可见本书第 5 章至第 7 章,此处不再赘述。

第三,在某些特殊的词语仿造过程中,作为仿拟对象的本体并非出现在前文中的词语,而是根据前文的某个词语的语音或语义,经过变换谐音语素或者相关语素字形未变但意义经过转变之后而拟造。也就是说,所仿本体是前文某个词语的同音异形词或同形异义词。该仿体本身不具有实际意义,因而据此而得的仿词也没有实际所指。仿拟者创造这种仿词旨在表达反感、不屑的态度,或者产生幽默、打趣的效果。我们将这类仿词称为间接仿词,实际所仿对象是语境中具有实际意义的"间接本体",仿体和"直接本体"并无实际意义,"直接本体"因同音异形或同形意义关系喻指"间接本体"。前人对此类仿词早有研究。庞蔚群(1982)认为,此类"特殊性仿词"的形成是一个谐音仿词加反义仿词的过程。林兴仁(1982)也认为间接仿词是先谐音后仿词。吴鼎(1982)认为间接仿词是谐音拈连和类义拈连的结果。武占坤(1990)称这类仿词为"曲折仿词",即并非根据本体的本义或本形,而是其中某个字的非实际意义或者利用某个字的谐音关系进行仿拟。孔昭琪(1999)称其为"综合仿词",认为这类仿词是以同音关系为基础,构成同音仿词,再根据反义或类属关系构成反义仿词或类属仿词。徐国珍(2003)称其为"间接仿"或"曲折仿",认为间接仿拟中本体的曲折形式是由曲解而得。我们认为,间接仿词的产生是由本体经语音或概念转喻后成为本体变体或者间接本体,再对其进行语义仿拟后得到仿体。由于仿拟本身也是一个转喻过程,因而可以将间接仿词视为"双重转喻",即在语音或概念转喻后紧接着再次进行语义仿拟转喻。根据间接仿词的本体变化性质,即变为同音异形词还是同形异义词,间接仿词可分为语音转喻间接仿词和语义转喻间接仿词。语音转喻间接仿词是指仿词的生成并非根据本体象征单位本身,而是先由本体利用谐音手段进行语音转喻形成一个具有相同语音单位、不同语义单位的本体变体象征单位,再据此进行语义仿拟而造出仿词。语义转喻间接仿词是指仿词的生成并非根据本体象征单位本身,而是先由本体进行概念转喻形成一个具有相同形式、不同意义的本体变体象征单位,再根据不同的语义关系进行语义仿拟而造出仿词。

8.2 本研究的理论意义和实践意义

8.2.1 理论意义

首先,本研究区分并强调了在隐性仿词的生成过程中确定本体这一关键步骤的认知阐释。对于隐性仿词来说,本体并非在仿拟过程之初就存在于说写者头脑之中,而是先由仿体概念出发,在语境和个人百科知识的作用下,经转喻过程激活本体概念,再由本体概念利用象征化关系激活其表征形式,即本体。该本体的确定过程与显性仿词的本体具有明显差异。

其次,尝试提出基于转喻的仿词认知机制分析框架,分别对语音仿词、语义仿词及结构仿词等三类仿词的生成与理解的具体认知过程进行统一的阐释。我们认为,仿词的生成过程可概括为:说写者在受到外界刺激后,首先在头脑中形成仿体的概念意义,然后据此始源概念通过所在概念域矩阵中的两次转喻确定本体概念,然后本体概念利用象征化关系激活用以表征的本体形式,最后再通过形式域矩阵中的两次转喻以及概念整合最终获得仿体形式。仿拟的理解过程是听读者首先根据仿体表达结合个人百科知识通过形式域矩阵中的两次转喻得到本体表达形式,再通过符号转喻激活本体概念,最后通过概念域矩阵中的两次转喻以及概念整合过程获知仿体意义。总之,仿词就是经历多重转喻的结果,也就是说,仿词的本质就是转喻。另外,我们发现,结构仿词与语音仿词和语义仿词在认知机制上非常相似,但不同的是,语音仿词和语义仿词中本体和仿体的对应关键语素之间分别存在语音和语义上的关联,而结构仿词中两个对应语素之间没有语音和语义上的关联。

再次,我们提出"语音转喻",并用来解释间接仿词中的语音转喻间接仿词。语音转喻是指某个词语喻指位于相同语音域中,即语音相同或相似的另一个词语。如用《红楼梦》人物"甄士隐"喻指"真事隐(去)","贾雨村"喻指"假语村(言)"等。我们认为,象征单位"甄士隐"与"真事隐"的语音单位之间的映射关系引发了前者对后者的激活,二者构成转喻关系;前者为喻体,即文中的显性语言表达;后者为本体,即作者想要"转达"的隐含意义。

最后,对两类间接仿词,即语音转喻间接仿词和语义转喻间接仿词的认知机制研究进行探索性的研究。间接仿词是指此类仿词并非直接仿照文中的本体其本义而拟得,而是本体先经过一次转喻过程之后仿照其转义再经仿拟而得。如仿词"草姑娘"的意义并非直接由本体"花姑娘"的原义经仿拟而得,而是由本体中"花"字的原义经转喻后再经仿拟过程而得。间接仿词的本质是本体经语义或语音转喻后成为同形异义或同音异义词,再经仿拟过程而得仿体。由于本体的本义发生了改变,所以由此拟得的仿体没有实际所指和意义。此类仿词一般都是显性仿拟,即本体与仿体均在上下文之中,用来表达说写者开玩笑或不耐烦的情绪。

8.2.2 实践意义

第一,本文提出的基于转喻的仿词认知机制的分析框架强调语境、本体的客观存在性和个人百科知识、心理推衍的主观能动性。在仿词的生成与理解过程中,语境起到了非常重要的作用。对于仿词的生成与理解来说,仿拟说写者和听读者在一般情况下(除了翻译等跨语言交际行为),共处于相同的语言语境和情景语境,而双方对相关语境因素的认知和推理不尽相同,即仿拟者所依赖的世界知识或个人百科知识以及经验知识与接受者的有所差异。但二者的相近度越大,对仿词的认知处理相似度越大,仿词交际的完成度也就越大。另外,若上下文中有本体出现,听读者必须具备相关背景知识,否则不能将仿体作为仿拟进行理解;若文中无本体出现,听读者必须将其推衍出来,否则不能将该文本作为仿拟进行理解。对本体的心理推衍过程本身就是对比仿照的过程。"(仿拟)构成的偶发词要与原有的格式相对照。没有这个对照,这些偶发词就不能成立;没有这个对照,仿拟的幽默、风趣等情调就不复存在。可见,仿拟不能离开一定的上下文。"(王希杰,1983:311)仿拟的出现,要以语言中既有的词语为本体,以一定的语境为背景。没有本体,也就无所谓仿体,没有需要仿拟的语境,也就无由出现仿体。"仿体所赖以形成的与本体的客观联系性,也需靠说者或写者的主观心理联想来构通。……无有这种主观性的心理联想的桥梁,客观事物间的联系性,是无由构通为仿拟现象的本体和仿体间的关系的。"(武占坤,1990:251—253)

第二,我们提出了基于转喻的仿词认知机制分析框架并用其解释各类仿词的生成与理解过程,表明了转喻对很多修辞现象具有很强的解释力。国内众多学者尝试从关联理论、概念整合理论、原型范畴理论、图形—背景理论以及构式语法等多个视角对仿拟的生成或理解机制进行阐述。

有学者认为,仿拟是利用两个词语或语篇之间语音、语义或语调的关联性进行推导和仿造,以最小的仿拟努力获取最大的语境效果。仿拟无疑会带来较大的语境效果,但所付出的努力却不是最小的。另外,我们也无法从中得知基于关联的联想和类比的具体运作,即仿拟产生的具体过程。我们认为,本体和仿体之间语音、语义或语调的关联性并非一开始就显现出来,而是靠说写者大量的思维加工获得的。而且,所谓的"基于关联的联想和类比"其实应为在概念或形式域矩阵中的域扩展和域减缩的转喻过程。

前人利用概念整合理论对仿拟产生或理解的过程进行阐释时,将本体的形式与意义以及仿体的意义分别作为两个输入空间,类属空间提取出二者共同的形式或意义元素,两个输入空间进行选择性投射至合成空间,形成突现结构,即仿体。但问题是,将本体作为一个输入空间掩盖了本体隐藏在上下文之外这种情况,也就是说,当本体没有出现时,将其推导出来的过程没办法交代清楚;另外,没有说明两个输入空间之间如何通过映射分别进行"仿"与"拟"这两个具体过程。我们使用转喻分析框架可以对隐性仿词生成过程中本体的确定这一步骤进行较好的解释:本体形式是仿体概念在语境和个人百科知识的作用下,通过两次转喻后激活的本体概念利用象征化关系激活而得的。

有学者用原型范畴理论和类推机制对仿拟的创造与理解过程做了分析。将仿拟的创造过程归纳为以下模式:一方面,仿拟说写者通过感知客体而激发联想,从而提取到本体,再经过类推创造过程后生成仿体;另一方面,仿拟听读者通过感知仿体,对原型进行探究,从而确定本体,再通过类推完形达到对仿体的理解。这两个模式的结合构成了仿拟行为的基本认知过程。但其没有展开说明仿拟说写者如何具体通过联想和类推分别进行提取本体和生成仿体，以及仿拟听读者如何通过探究原型和类推完形进行理解本体的具体过程。我们利用概念转喻理论很好地解释了本体的确定过程以及仿体的生成与理解过程。所谓的"联想和类推"其实也应为在概念或形式域矩阵中的域扩展和域减缩的转喻过程。

还有学者使用图形—背景理论对仿词的原理做出了解释，称这些不同语法单位的词语为仿拟的本体背景，当这个本体背景中的某个或某些语素成为认知域中最突显的焦点时，它们就成了仿拟的本体图形。语言使用者根据表达的需要，以仿拟背景为依托，对仿拟的本体图形进行聚合关系的替换，创造出偶发的词语，这些偶发词语就是仿体背景，替换的语素部分就是仿体图形。此观点认为，被仿拟的是作为本体背景的词语的一部分，称为本体图形，将其替换为仿体图形后得到作为仿体背景的新的词语。但是对于异素仿词，即本体与仿体的语素均不相同的情况来说，很难区别清楚本体与仿体词语的图形与背景。而且也没有交代清楚本体图形是如何以及为何替换为仿体图形的。

有些学者从构式语法的角度对仿拟的机制与制约因素做了分析。他们认为，仿拟运用的方法就是，语言运用者使用认知和语用能力借用已知的旧构式的概念或概念系统（构式的句法结构和语义结构知识）感知新信息，仿拟出一种简洁、新奇的表达形式。由于仿用后的词语在句法语义上有可能出现不协调，所以仿拟构式必须改变仿用后部分词汇单位的句法语义特征，使之与该构式的结构与意义协调，这一过程被称为语义压制。构式中没有被扭曲的成分是压制者，称为压制因子，被扭曲的成分是被压制者。压制力的来源或基础是构式本身相对固化的语言形式和语义内容。仿拟机制包括语音压制、转喻压制以及隐喻压制。但他们没有交代清楚构式压制的具体过程。而且，同样对于异素仿词来说，构式的所有成分都发生了变化，因而无法区分出压制者与被压制者。例如，"菩萨散"是仿照"金刚丸"而造，这是由本体构式中的两个成分"金刚"与"丸"分别在各自的概念域矩阵中经两次转喻激活了仿体构式的两个成分"菩萨"与"散"之后，再经整合而得的。这就避免了有时压制力来源不明确的问题。

综上所述,诸多学者运用不同理论对仿拟的认知机制进行了探讨,但都没有说明具体的类推、合成、关联、替换以及压制的过程。因此,我们引入概念转喻思维,同时融合概念整合理论形成新的仿词认知机制分析框架,试图对仿词生成与理解的具体过程做出充分的统一解释。我们假设,仿词的生成与理解是在语境和个人百科知识的作用下,经概念域矩阵和形式域矩阵中的多次转喻过程完成的。

第三,对于仿拟构词法具有较强的解释力。仿词是根据原有词语临时仿造而成的,其核心特征是模仿性和临时性。所谓模仿性,是指仿拟者必须按照本体词语的语音、语义或结构特点进行拟构,仿体与本体之间自然存在相似性;所谓临时性,是指仿照现成词语而得的新奇词语不具有词汇身份,只能在当下语境中临时使用,若脱离该语境就不能为人们所理解。但是,我们发现,人们在日常生活中所使用的词语很多都是以前通过仿拟手段而得的,尤其是结构仿词,如仿照"酒吧"而得的"餐吧""迪吧""网吧""氧吧""书吧"等"×吧"系列词语。所有仿词皆为"仿而拟之",起初都是新奇的、"临时"的,但历经时间检验后留存并固定下来的仿词会演变为新词,成为词汇家族中的一员。也就是说,仿体(临时词语)经过人们大量反复使用可以规约化(词汇化)为新的词语。尤其是结构仿词,由于是仿照具有某个固定结构的词语,很可能会在反复使用后成为规约词语。我们发现,语音仿词多为修辞性仿拟,结构仿词多为构词性仿拟,而语义仿词则包括以上两种性质的仿拟。其实如上所述,所谓构词性仿拟起初也是修辞性的,只不过后来人们多次使用而被固定下来(词汇化)成了新词汇。因此,仿词也是常见的构词法之一。一般的仿词有可能由临时性词语过渡到规约性词语,但特殊的间接仿词虽说也是临时仿造而得,但其本身并无实际概念意义和现实所指。语音转喻仿词和语义转喻仿词都是由"本体$_1$"经语音转喻或概念转喻过渡到"本体$_2$",再经转喻和整合得到仿体,其中"本体$_1$"是固定搭配,有实际意义和所指,是真实的;"本体$_2$"与仿体是临时构造,无实际意义和所指,是虚构的,因而无法规约化或词汇化。

第四,对仿词的生成具有指导性和规范性。对于隐性仿词来说,先要根据始源概念通过转喻找到仿拟对象(本体),再根据本体形式通过转喻和整合得到仿体形式。成功的仿词必须以现有合适的始源或仿体概念作为前提。而对于显性仿词来说,不能仅仅依据本体词语的语音、语义或结构特征进行生搬硬套的"硬仿"或"乱仿",那样只是纯粹为了仿拟而仿拟,并无实际意义,有时甚至会适得其反。如"用'新'良苦""有'痔'无恐""一'箭'如故""有'杯'无患"等语音仿词均让人不明所以,或者容易引起误解。这些广告词语不顾其义、一味硬仿,并不为人们所接受,反而会对其产品产生反感。我们认为,合格仿词的生成不仅要求在语音域和形式域矩阵中的转喻,更重要的是发生在概念域矩阵中的转喻过程。

8.3 本书的局限性和未来研究的方向

8.3.1 本书的局限性

本书旨在通过建立基于转喻的认知分析框架对各类仿词的生成与理解机制做出统一解释,但其中仍存在一些局限性。首先,我们收集的语料主要来自《红楼梦》以及《鲁迅文集》中的杂文集,还有一些来自报刊、小说、广告等。但由于《红楼梦》以及《鲁迅文集》杂文集里的语料分属典型的口头语和书面语仿拟,我们利用两套经典著作建立了仿拟语料库,以便于分析其中的仿词类型与特征。而当下流行的仿词多为语音仿词,因此,对其他领域,尤其是网络流行用语中仿词涉猎较少。其次,我们利用提出的基于转喻的仿词认知机制分析框架对各类仿词进行统一阐释,但该分析框架还不够简洁,所用图示显得较为烦琐,可以进一步研究是否能够更加精简地表示出仿词的认知机制。最后,本书是以仿拟现象中的仿词类为对象,分为语音、语义和结构三种性质的仿拟进行阐释,而仿句和仿篇等其他语言单位层面的仿拟现象并未涉及。我们提出的仿词认知机制分析框架相信也能够解释其他单位层面的仿拟现象,但由于篇幅所限并没有涵盖进去。我们在此试举仿句几例,尝试利用本文提出的分析框架进行简要分析。

按照仿拟的性质,仿句可分为语音仿句、语义仿句、结构仿句和语调仿句。例如:

(1) 我为自己"*带盐*"。(网友自嘲语)

(2) 做主子时以一切别人为奴才,则有了主子,一定以奴才自命;这是天经地义,无可动摇的。

所以被压制时,信奉着"各人*自*扫门前雪,*莫管*他家瓦上霜"的格言的人物,一旦得势,足以凌人的时候,他的行为就截然不同,变为"各人*不扫*门前雪,*却管*他家瓦上霜"了。(《鲁迅全集·南腔北调集·谚语》,136—137)

(3) 在这三足月里,我仅仅有了一点"烟士披离纯",是套罗兰夫人的腔调的:"*批评批评,世间多少作家,借汝之骂以存!*"(《鲁迅全集·花边文学·推己及人》,531—532)

上述例(1)属于仿音,是网友对酷热天气中自身状态的自嘲语,仿照的是"我为自己代言"这句某网站的广告语。作为替换与被替换词语的"带盐"与"代言"同音。例(2)中的仿句属于仿义,本体为前文的"各人自扫门前雪,莫管他家瓦上霜"。对应词语"不扫"与"自扫"以及"却管"与"莫管"之间均为反义关系。例(3)中的仿句为仿调性质,是仿照法国历史上罗兰夫人的名言"自由自由,世间多少罪恶,假汝之名以行!"一句而成。根据我们收集的语料,近半数仿句为结构仿拟,例如:

(4) 去年,自从章士钊提了"整顿学风"的招牌,上了教育总长的大任之后,学界里就官气弥漫,*顺我者*"*通*",*逆我者*"*匪*",官腔官话的余气,至今还没有完。(《鲁迅全集·华盖集续编·学界的三魂》,200)

此例中的仿句是仿照"顺我者生,逆我者死"的结构"顺我者×,逆我者×"而造,该句本体语出《庄子·盗跖》:"顺吾意则生,逆吾心则死。"仿句中的"通"字和"匪"字源自章士钊曾称赞陈西滢为"通品",而称马裕藻一派为"学匪"。鲁迅仿造词句,借以讽刺章士钊的官腔官话。该仿句的生成过程大致如下[①]:

仿拟说写者根据语境首先在头脑中形成一个意向始源概念,即仿体概念"赞成章士钊的学者被称为'通品',反对他的学者被称为'学匪'",仿拟的目的是找到一个恰当的句子形式用以表征此概念;始源概念或仿体概念作为其所在的概念域矩阵"DM_1"的一个次域,通过"部分代整体"转喻(M_1)激活该域矩阵中的主域,其意义为图式概念"顺从的人有某个好结果,反抗的人有某个坏结果";然后根据仿拟者的成语知识,作为概念矩阵域的图式概念通过"整体代部分"转喻(M_2)激活了域矩阵中的另一次域,即本体概念"顺从我的人才能生存,违抗我的人就要灭亡";本体概念作为成语语言象征单位的语义单位随即通过象征的方式激活了与其对应的语音单位,即本体形式"顺我者生,逆我者死";本体形式作为形式域矩阵"DM_2"中的一个次域,通过"部分代整体"转喻(M_1)激活该域矩阵中的主域,即抽象形式"顺我者×,逆我者×",与其相应的正是概念域矩阵中的图式概念"顺从的人有某个好结果,反抗的人有某个坏结果",两个"×"对应的概念分别为"某个好结果"和"某个坏结果";最后,通过整合仿体中的关键概念"通品"与"学匪"所激活的对应形式"通"与"匪"这两个关键语素,以及形式域矩阵的主域"顺我者×,逆我者×",使得该抽象形式经"整体代部分"转喻(M_2)激活另一次域"顺我者'通',逆我者'匪'",即仿体形式。

该过程可用图8-1表示:

[①] 此处省略对该仿句的理解过程的分析。

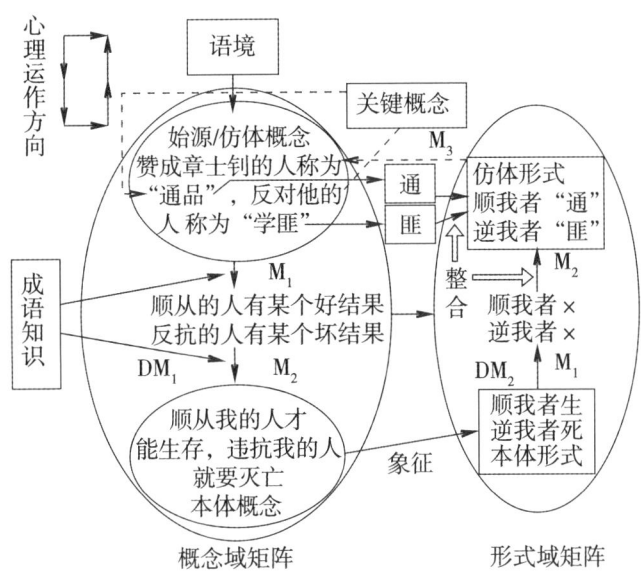

图 8-1　仿句"顺我者'通',逆我者'匪'"的生成图示

8.3.2　未来研究的方向

将来还有一些相关问题需要进一步研究。首先,我们知道,仿词包括仿音、仿义和仿构三类,仿句包括仿音、仿义、仿构和仿调四类,而仿篇则分为仿构和仿调两类。前文我们运用概念转喻和概念整合理论分析了仿音、仿义和仿构三类仿词的生成与理解机制,认为在概念域矩阵以及包括语音域和结构域在内的形式域矩阵中的域扩展和域减缩的转喻过程,决定了本体词语的确定和仿体词语的生成与理解。根据认知语法,不论词语、句子或篇章都是由语音单位和语义单位构成的具有不同大小和复杂性的语法单位,处在一个连续统之中。因此,仿句和仿篇这两类仿拟不论在仿音、仿义或仿构的认知机制方面与仿词并无太大差别。但仿调与仿音、仿义和仿构的性质不同,是专属于句子和篇章的仿拟。仿调是指根据特定句子或篇章的语调、腔调或格调进行的仿拟。一般来说,句子仿调多指语调或腔调,篇章仿调多指格调,前者多指口头语,后者多指书面语。如:

(5) 借目连的巡行来贯串许多故事,除《小尼姑下山》外,和刻本的《目连救母记》是完全不同的。其中有一段《武松打虎》,是甲乙两人,一强一弱,扮着戏玩。先是甲扮武松,乙扮老虎,被甲打得要命,乙埋怨他了,甲道:"你是老虎,不打,不是给你咬死了?"乙只得要求互换,却又被甲咬得要命,一说怨话,甲便道:"你是武松,不咬,不是给你打死了?"(《鲁迅全集·且介亭杂文·门外文谈》,108)

(6) 记得《三国志演义》记袁术(?)死后,后人有诗叹道:"长揖横刀出,将军盖代雄,头颅行万里,失计杀田丰。"当三个有闲之暇,也活剥一首来吊卢骚——"脱帽怀铅出,先生盖代穷。头颅行万里,失计造儿童。"(《鲁迅全集·三闲集·头》,102)

例(5)为句子仿调,后句是仿照前句的腔调而造;例(6)为篇章仿调,后一首诗是仿照前一首诗的格调而造。

我们发现,仿句不论是仿义、仿构或是仿调,都要与本体句子的结构保持相同或近似。那么,仿调与仿义和仿构在句子仿拟中的区别,以及仿调能否用我们的转喻分析框架进行解释等问题还有待进一步研究。

其次,根据本体是否出现在语境中,可将仿词分为隐性仿词和显性仿词。隐性仿词是先由始源概念转喻而得本体,再经转喻和概念整合而得仿体。而仿句和仿篇是否也有隐性与显性之分,以及若有隐性仿句和仿篇,其认知机制为何等问题也值得研究。

再次,无论仿音、仿义还是仿构,隐性仿拟中的本体都是具体的语言单位,只不过对于不同的仿拟听读者来说,由于具有不同的个人百科知识以及概念化过程,所确定的本体形式可能也会不同。但与之相反,仿调的本体可分有形和无形两种,即具体(某一个)语言实例和抽象(某一类)的语/腔调或格调。所谓格调是指不同作家或不同作品的艺术特点的综合表现。具体仿调是指通过替换具有某种语/腔调或格调的句子或篇章中的某个/些语素、词语或句子这一加工手段而拟构的新奇句子或篇章;抽象仿调是指通过仿照某种语/腔调或格调而拟创的全新句子或篇章,如在文艺作品中某人物模仿古人或戏曲人物的腔调说话,再如毛主席的《沁园春·雪》和《沁园春·长沙》,均为仿照词牌《沁园春》所创作的词。像此类抽象仿调的生成与理解机制也有待进一步研究。

最后,各类性质的仿拟除了仿音、仿义、仿构和仿调以外,还有另外一种,即文体仿拟。曾毅平(1999)提出了"语体仿拟",如"就题旨和内容论,当按文艺语体的语言规范成文,作者却以应用语体中的下位分体'菜谱体'为仿拟对象,写成了一则形似菜谱的奇文"(曾毅平,1999:13)。但我们认为,他这里所说的"语体",其实质应该是指文体。语体是指"语言为适应不同的交际需要(内容、目的、对象、场合、方式等)而形成的具有不同风格特点的表达形式。通常分为口语语体和书面语体"[《现代汉语词典》(第7版),2016:1601]。语体大致可分为古代语体与现代语体,书面语体与口头语体,以及文学语体与日常语体等。而文体是指文章的体裁,如公文、广告、书信等归为应用文体。历史上最有名的文体仿拟当属唐朝希迁和尚(无际禅师)所著的《心药方》。此类文体仿拟的认知机制也值得研究。

参考文献

[1] COULSON S. Semantic leaps:frame-shifting and conceptual blending in meaning construction[M]. Cambridge:Cambridge University Press,2001.

[2] CROFT W. The role of domains in the interpretation of metaphors and metonymies[J]. Cognitive Linguistics,1993 (4):335-370.

[3] EVANS V,GREEN M. Cognitive linguistics:an introduction[M]. Edinburgh:Edinburgh University Press,2006.

[4] FAUCONNIER G. Mental spaces:aspects of meaning construction in natural language[M]. Cambridge, MA/London:MIT Press/Bradford,1985.

[5] FAUCONNIER G. Mappings in thought and language [M]. Cambridge:Cambridge University Press,1997.

[6] FAUCONNIER G, TURNER M. Conceptual integration networks [J]. Cognitive Science,1998, 22(2):133-187.

[7] FAUCONNIER G,TURNER M. The way we think:conceptual blending and the mind's hidden complexities[M]. New York:Basic Books,2002.

[8] FÓNAGY, IVAN. Why Iconicity [C]//NANNY M, FISCHER O. Form Miming Meaning:Iconicity in Language and Literature. Amsterdam:John Benjamins,1999:3-36.

[9] GOLDBERG A E. Constructions:a construction grammar approach to argument structure[M]. Chicago/London:University of Chicago Press,1995.

[10] GOLDBERG A E. Constructions at work:the nature of generalizations in language[M]. Oxford:Oxford University Press,2006.

[11] GRICE H P. Logic and conversation[M]//COLE P,MORGAN J L. Syntax and Semantics, VOL 3, Speech Acts. New York:Academic Press, 1975:

41-58.

[12] KÖVECSES Z, RADDEN G. Metonymy: developing a cognitive linguistic view[J]. Cognitive Linguistics,1998,9(1):37-77.

[13] LAKOFF G. Women, fire, and dangerous things: what categories reveal about the mind[M]. Chicago/London: University of Chicago Press,1987.

[14] LAKOFF G, JOHNSON M. Metaphors we live by[M]. Chicago/London: University of Chicago Press,1980.

[15] LAKOFF G, TURNER M. More than cool reason: a field guide to poetic metaphor[M]. Chicago/London: The University of Chicago Press,1989.

[16] LANGACKER R W. Foundations of cognitive grammar, vol. 1: theoretical prerequisites[M]. Stanford: Stanford University Press,1987.

[17] LANGACKER R W. Reference - point constructions [J]. Cognitive Linguistics,1993,4(1):1-38.

[18] LANGACKER R W. Cognitive grammar: a basic introduction[M]. Oxford: Oxford University Press,2008.

[19] LEECH G N. Principles of pragmatics[M]. London: Longman,1983.

[20] LEVINSON S C. Pragmatics [M]. Cambridge: Cambridge University Press,1983.

[21] PANTHER K-U, RADDEN G. Metonymy in language and thought[C]. Amsterdam: John Benjamins Publishing Company,1999.

[22] RADDEN G, KÖVECSES Z. Towards a theory of metonymy. [C]//K-U PANTHER, RADDEN G. Metonymy in Language and Thought. Amsterdam: John Benjamins Publishing Company,1999:17-59.

[23] RUIZ DE MENDOZA F. The role of mappings and domains in understanding metonymy [C]//BARCELONA A. Metaphor and Metonymy at the Crossroads: A Cognitive Perspective. Berlin: Mouton de Gruyter, 2000: 109-132.

[24] RUIZ DE MENDOZA F, OTAL CAMPO J. Metonymy, grammar, and communication[M]. Granada: Editorial Comares,2002.

[25] RUIZ DE MENDOZA F,PÉREZ HERNÁNDEZ L. Cognitive operations and pragmatic implication[C]//PANTHER K-U, THORNBURG L. Metonymy and Pragmatic Inferencing. Amsterdam: John Benjamins Publishing Company,2003:23-49.

[26] SPERBER D, WILSON D. Relevance: communication and cognition[M]. 2nd ed. Oxford: Blackwell,1995.

[27] TALMY L. How language structures space[C]//PICK H L JR, ACREDOLO L P. Spatial orientation: Theory, research, and application[C]. New York: Plenum Press,1983:225-282.

[28]《逻辑语法修辞漫谈》编写组. 逻辑语法修辞漫谈[M]. 上海:上海教育出版社,1978.

[29]《修辞》编写组. 修辞[M]. 上海:上海教育出版社,1978.

[30] 北京大学中文系. 语法 逻辑 修辞[M]. 石家庄:河北人民出版社,1973.

[31] 曹雪芹,高鹗. 红楼梦[M]. 俞平伯,校点. 启功,注. 北京:人民文学出版社,2000.

[32] 陈树民,袁浩. 李老师讲修辞[M]. 南京:江苏人民出版社,1979.

[33] 陈望道. 修辞学发凡[M]. 上海:大江书铺,1932.

[34] 陈望道. 修辞学发凡[M]. 上海:上海人民出版社,1976.

[35] 陈勇. 英语仿拟修辞格的语用特点[J]. 常德师范学院学报(社会科学版),2000,25(1):49-50.

[36] 崔锡臣. 修辞方法辨析[M]. 北京:海洋出版社,1990.

[37] 崔珣丽,吕汝茵. 仿拟修辞的认知阐释[J]. 石家庄学院学报. 2008,10(2):63-67.

[38] 邸巨. 试谈"仿拟"辞格的分类及作用[J]. 当代修辞学,1984(3):43-44,42.

[39] 关滢,江天. 修辞谈要[M]. 西宁:青海人民出版社,1980.

[40] 何明延. 仿词简论[J]. 当代修辞学,1982(1):16-18.

[41] 胡剑波,唐忠顺. 试论仿拟的心理基础[J]. 四川外语学院学报,2002,18(4):89-91.

[42]胡裕树.现代汉语[M].上海:上海教育出版社,1962.

[43]胡裕树.现代汉语:增订本[M].上海:上海教育出版社,1981.

[44]胡裕树.现代汉语:重订本[M].7版.上海:上海教育出版社,2011.

[45]华中师范学院中文系现代汉语教研组.现代汉语修辞知识[M].武汉:湖北人民出版社,1972.

[46]黄伯荣,廖序东.现代汉语:试用本:下册[M].兰州:甘肃人民出版社,1980.

[47]黄伯荣,廖序东.现代汉语:增订版[M].北京:高等教育出版社,1991.

[48]黄伯荣,廖序东.现代汉语[M].4版.北京:高等教育出版社,2007.

[49]黄汉生.现代汉语:语法修辞[M].北京:书目文献出版社,1981.

[50]黄民裕.辞格汇编[M].长沙:湖南人民出版社,1984.

[51]蒋大山.试论"语音隐喻"[J].现代语文,2016(9):79-82.

[52]蒋大山.基于转喻框架的隐性语义仿词研究[J].现代语文,2019(8):51-57.

[53]蒋大山.转喻框架下显性语义仿词探析[J].开封大学学报,2021,35(3):26-31.

[54]金慧萍.对仿拟的再认识[J].丽水师专学报,1987(1):89-94,27.

[55]靳琰,王小龙.英汉仿拟的心理空间理论阐释[J].外语教学,2006,27(4):15-18.

[56]孔昭琪.《红楼梦》的仿词艺术[J].泰安师专学报,1999,21(2):24-28.

[57]李弘.语音隐喻初探[J].四川外语学院学报,2005,21(3):70-74.

[58]李鑫华.试论仿拟的哲学思维特点[J].四川外语学院学报,2001,17(6):49-51.

[59]林兴仁.妙极之文 巧极之法:谈《红楼梦》的仿词艺术[J].名作欣赏,1982(4):112-113.

[60]刘辰诞,赵秀凤.什么是篇章语言学[M].上海:上海外语教育出版社,2011.

[61]刘荣征.浅谈广告英语中双关语、杜撰词、仿拟、明喻和暗喻的翻译[J].中国地质大学学报(社会科学版),2002,2(4):75-78.

[62] 刘叔新. 释义中的相对和反义关系[J]. 辞书研究,1986(2):23-28.

[63] 刘宇红,谢亚军. 从构式语法看汉语成语的仿用[J]. 解放军外国语学院学报,2007,30(6):10-13.

[64] 龙绍赟. 仿拟辞格的社会认知心理动因[J]. 山东外语教学,2008(5):27-31.

[65] 卢培培. 从合成空间理论看仿拟手机短信的意义建构[J]. 黑龙江教育学院学报,2011,30(1):198-200.

[66] 鲁迅. 鲁迅全集[M]. 北京:人民文学出版社,1973.

[67] 陆文蔚. 修辞基础知识[M]. 南京:江苏教育出版社,1984.

[68] 罗胜杰. 相关理论在仿拟构成中的运用[J]. 怀化学院学报,2007,26(1):99-101.

[69] 罗胜杰,张从益,李娟. 英汉仿拟之本体和仿体研究[J]. 湖南工程学院学报,2008,18(3):40-44.

[70] 罗胜杰,张从益. 合成空间理论对仿拟的阐释力[J]. 外语教学,2009,30(1):49-52.

[71] 罗胜杰. 广告仿拟的认知研究[J]. 外语学刊,2010(1):52-56.

[72] 马瑞云. 基于构式语法理论的汉语网络语言仿拟研究[D]. 长春:长春理工大学,2013.

[73] 马松亭. 汉语语法修辞[M]. 济南:山东人民出版社,1981.

[74] 毛泽东. 毛泽东选集[M]. 北京:人民出版社,1991.

[75] 倪宝元. 修辞[M]. 杭州:浙江人民出版社,1980.

[76] 牛保义,席留生. 仿拟构式生成的认知语用学解释[J]. 现代外语(季刊),2009,32(2):118-126.

[77] 潘嘉静. 汉语修辞常识[M]. 天津:天津人民出版社,1979.

[78] 庞蔚群. 谈特殊性仿词[J]. 当代修辞学,1982(2):22.

[79] 彭先初. 修辞自学入门[M]. 武汉:湖北人民出版社,1981.

[80] 彭艳,夏耕. 从空间合成理论看仿拟的实时意义建构[J]. 语文学刊(读写教学版),2005(6):6-9.

[81] 濮侃. 辞格比较[M]. 合肥:安徽教育出版社,1983.

[82]权巧丽.浅谈仿拟言语的语用解读[J].双语学习,2007(6):106-107,109.

[83]上海师范大学复旦大学中文系《语法 修辞 逻辑》编写组.语法 修辞 逻辑:第二分册:修辞[M].试用本.上海:上海人民出版社,1975.

[84]宋振华,吴士文,张国庆,等.现代汉语修辞学[M].长春:吉林人民出版社,1984.

[85]孙立华.从认知的角度看仿拟的生成过程[J].科技信息,2009(8):446-447.

[86]孙荣实.汉语新词语运用研究[D].上海:复旦大学,2004.

[87]索绪尔.普通语言学教程[M].高名凯,译.北京:商务印书馆,1980.

[88]谭永祥.修辞例谈[M].合肥:安徽人民出版社,1982.

[89]谭正璧.修辞新例[M].上海:棠棣出版社,1953.

[90]唐松波,黄建霖.汉语修辞格大辞典[M].北京:中国国际广播出版社,1989.

[91]王得后,钱理群,周振甫.鲁迅作品全编:杂文卷[M].杭州:浙江文艺出版社,1998.

[92]王希杰.汉语修辞学[M].北京:北京出版社,1983.

[93]王寅.认知语言学[M].上海:上海外语教育出版社,2007.

[94]王占福.古代汉语修辞学[M].石家庄:河北教育出版社,2001.

[95]吴鼎.试论拈连[J].南昌师范学院学报,1982(2):89-94.

[96]吴积才,程家枢.现代汉语[M].昆明:云南人民出版社,1981.

[97]吴家珍,刘培育,胡耀鼎.修辞与逻辑[M].北京:广播出版社,1982.

[98]吴士文.修辞讲话[M].兰州:甘肃人民出版社,1982.

[99]吴亚芝.英汉仿拟对比研究:认知角度新探索[D].福州:福建师范大学,2004.

[100]吴宗渊.关于拈连、仿词与仿拟[J].宁夏大学学报(社会科学版),1981(2):24-29.

[101]武占坤.常用辞格通论[M].石家庄:河北教育出版社,1990.

[102]徐国珍.仿拟行为心理机制探析[J].云南师范大学学报,2002a,34

(4):93-98.

[103] 徐国珍. 仿拟研究[M]. 南昌:江西人民出版社,2003.

[104] 徐国珍. 仿拟行为的认知结构及认知过程[J]. 语言研究,2006,26(1):23-26.

[105] 杨才元,吴彩亚. 英汉仿拟格的语用比较[J]. 苏州大学学报(哲学社会科学版),2002(3):87-90.

[106] 杨晓黎. 仿拟型新词语试析[J]. 当代修辞学,1993(5):17-19.

[107] 么孝颖. 从图形—背景理论看仿拟修辞格生成的认知本质[J]. 外语研究,2007a(4):21-25.

[108] 么孝颖.《红楼梦》中音位结构仿拟的语用价值[J]. 唐山师范学院学报,2012b,34(6):45-47.

[109] 么孝颖.《红楼梦》中仿拟话语的类型研究[J]. 长城,2012c(6):103-104.

[110] 么孝颖. 仿拟话语的认知语用研究[M]. 北京:国防工业出版社,2008.

[111] 么孝颖. 仿拟话语构建的语言整合研究[M]. 上海:同济大学出版社,2013.

[112] 姚殿芳,潘兆明. 实用汉语修辞[M]. 北京:北京大学出版社,1987.

[113] 岳本杰. 广告语中仿拟现象的关联论分析[D]. 长春:吉林大学,2007.

[114] 曾毅平. 语体仿拟[J]. 修辞学习,1999(6):13-15.

[115] 张清. 仿拟行为的认知语用阐释[J]. 考试周刊,2009(51):30-31.

[116] 张扒之. 现代汉语[M]. 上海:上海教育出版社,1987.

[117] 赵艳芳. 认知语言学概论[M]. 上海:上海外语教育出版社,2001.

[118] 郑丽芳,戴聪腾. 英汉广告中仿拟的特点及翻译[J]. 青海师专学报(教育科学),2005(2):107-109.

[119] 郑远汉. 现代汉语修辞知识[M]. 武汉:湖北人民出版社,1979.

[120] 郑远汉. 辞格辨异[M]. 武汉:湖北人民出版社,1982.

[121] 中国社会科学院语言研究所词典编辑室. 现代汉语词典[M]. 7版. 北京:商务印书馆,2016.

[122] 周淑萍. 语境研究:传统与创新[M]. 厦门:厦门大学出版社,2011.

[123] 周双娥. 英汉仿拟修辞格的运用[J]. 宁波高等专科学校学报,2001,13(1):61-63.

[124] 朱德熙. 语法修辞讲义[M]. 北京:新闻红专学院,1959.

后　记

　　本书利用转喻研究汉语仿词的认知机制,明确了在生成隐性仿词时,人们首先会根据头脑中的仿体概念通过转喻激活本体概念以及本体形式,再由此得出仿体形式。从认知的角度对语音仿词、语义仿词和结构仿词的生成与理解过程进行了解释,找出了关键的认知机制。对间接仿词的生成与理解机制进行了阐释。同时提出"语音转喻",并用来解释间接仿词中的语音转喻间接仿词,并对语音转喻间接仿词和语义转喻间接仿词的认知机制进行探索性的研究。经过实证,转喻框架对于仿拟构词法具有较强的解释力,并对仿词的生成具有一定的指导性和规范性。按照仿拟性质,仿词可分为仿音、仿义和仿构三类,仿句包括仿音、仿义、仿构和仿调四类,而仿篇则分为仿构和仿调两类。我们发现,仿句不论是仿义、仿构或是仿调,都要与本体句子的结构保持相同或近似。那么,仿调与仿义和仿构在句子仿拟中的区别,以及仿调能否用我们的转喻分析框架进行解释等问题还有待进一步研究。

　　本书初稿早已完成,衷心感谢河南省高等学校哲学社会科学优秀著作资助项目给我机会,使我时隔数年再次与"老友"见面。是的,我愿将本书称为老朋友,因为它与我共同见证了人生中极其重要的一段时光,与我一起成长。在繁忙的工作之余,经过数月的修改,本书即将出版。正如恩师所讲,对于步入不惑之年的我来说,这位越发成熟的老友是个再合适不过的见面礼。它会使我回忆起自己的奋斗时光,更将激励我在教育教学和科学研究的大道上继续前行,结交更多的良师益友。

　　在本书即将付梓之际,除了回忆从前,我想由衷地表达内心的感谢之情。首先,衷心感谢我的博士生导师刘辰诞教授。感谢他用渊博的学术知识、严谨的治学态度为我指明了奋斗的方向,感谢他用幽默朴实而充满哲理的话语点亮了我的人生课堂。我会终生铭记老师的教诲,在学术与人生道路上继续勇往前行。然后,衷心感谢另外两位导师——牛保义教授和张克定教授。感谢他们对我的传授和指导。我还要感谢徐盛桓教授、王寅教授、文旭教授、覃修桂教授、高继海教授、杨朝军教授、李香玲教授、姜玲教授等前辈的指导与帮助。另外,还要感谢我的工作单位——开封大学——时任领导拜五四校长与宋志敏校长、现任校长宋晓炜教授、副校长李治教授、赵辉教授、万是明教授等对我的支持与帮助。感谢开封大学国际教育学院的各位领导、同事对我教学和科研工作上的鼓励与帮助,感谢开封大学科研外事处的各位领导与老师的帮助。感谢匿名评审专家提出的宝贵意见,感谢郑州大学出版社的成振珂副编审和刘晓晓编辑的审稿以及席静雅编辑的帮助。当然,必须感谢的还有我的家人——关心我学习和身体的父亲,帮忙照顾幼子的岳父岳母,鼓励和关心我的妻子,带来欢声笑语的儿女,为家族操劳的姑姑,教我练拳的大叔,传授人生经验的老叔,还有塑造我性格和美德、现已远在天堂的祖父母。感谢他们给予我精神上的支持和鼓励,生活上的关心和照顾。

本书在成稿之前进行了部分结构调整和内容修改,但由于本人的水平和阅读的资料有限,文中可能会有疏漏的地方,恳请各位前辈、同人和热心读者批评与指正。

蒋大山
2022 年 4 月